全国中等职业学校课程改革规划教材

U0868098

Qiche Gailun
汽车概论

（第二版）

李景芝　主　编

人民交通出版社股份有限公司
China Communications Press Co.,Ltd.

内 容 提 要

本书是全国中等职业学校课程改革规划教材。全书分为5章,分别为汽车发展简史、现代汽车概貌、现代汽车工业、汽车商务概论、汽车使用技巧。

本书内容翔实、条理清晰、语言朴实、通俗易懂,非常适合读者自学。

本书可作为职业院校汽车运用与维修专业、汽车商务专业的教材,也可以作为汽车爱好者了解汽车的参考读物。

图书在版编目(CIP)数据

汽车概论 / 李景芝主编. —2版. —北京:人民交通出版社股份有限公司, 2017.4

全国中等职业学校课程改革规划教材

ISBN 978-7-114-13705-1

Ⅰ. ①汽… Ⅱ. ①李… Ⅲ. ①汽车—中等专业学校—教材 Ⅳ. ①U46

中国版本图书馆CIP数据核字(2017)第045016号

全国中等职业学校课程改革规划教材

书　　名: **汽车概论**(第二版)
著 作 者: 李景芝
责任编辑: 李　良　郭　跃
出版发行: 人民交通出版社股份有限公司
地　　址: (100011)北京市朝阳区安定门外外馆斜街3号
网　　址: http://www.ccpcl.com.cn
销售电话: (010)59757973
总 经 销: 人民交通出版社股份有限公司发行部
经　　销: 各地新华书店
印　　刷: 北京虎彩文化传播有限公司
开　　本: 787×1092　1/16
印　　张: 11.25
字　　数: 279千
版　　次: 2011年5月　第1版
　　　　　2017年4月　第2版
印　　次: 2023年9月　第2版　第2次印刷　总第5次印刷
书　　号: ISBN 978-7-114-13705-1
定　　价: 25.00元

第二版前言

改革开放以来，尤其是我国加入 WTO 以来，民用汽车保有量急剧增加，私人汽车的比例也在不断提高。2015 年，我国汽车产销量均超过了 2450 万辆，连续 7 年蝉联世界第一。截至 2015 年年底，我国民用汽车保有量为 1.72 亿辆，相当于 1978 年民用汽车保有量 142 万辆的 121 倍。至 2016 年年底，我国私人轿车保有量为 1.46 亿辆。中国，正在快速进入汽车社会。

作为未来建设者的大学生、中职生，了解汽车工业的基本概况，熟悉汽车的基本原理与结构，掌握汽车的驾驶、维护、保险、二手车交易等知识，已经成为时代的要求，成为很多专业大学生、中职生的必修课程。

本书从专业的角度介绍了汽车发展简史、现代汽车概貌、现代汽车工业、汽车商务概论、汽车使用技巧等内容。本书内容翔实、条理清晰、语言朴实、通俗易懂，非常便于读者自学。

本书由山东交通学院李景芝主编，具体编写分工为：第 1 章、第 2 章、第 5 章，李景芝；第 3 章，刘圣田（山东交通学院）；第 4 章，张春翠（山东管理学院）。全书由李景芝统稿。本书在编写过程中得到了行业内相关专家、学者的无私帮助，同时也参考了许多相关的著作、论文及网站材料，在此一并表示感谢。

由于编著水平有限，书中难免存在不足之处，恳请广大读者批评指正。

编者
2017 年 1 月

目录

第1章 汽车发展简史

1.1 汽车的发展历史 …… 2

1.2 中国汽车工业的发展历史 …… 10

1.3 历史上的畅销车型 …… 14

1.4 汽车发展需要解决的三大问题 …… 22

第2章 现代汽车概貌

2.1 汽车的分类 …… 34

2.2 汽车的识别代码 …… 37

2.3 汽车的基本结构 …… 41

2.4 汽车的基本性能参数 …… 68

第3章 现代汽车工业

3.1 现代汽车工业的发展历史 …… 79

3.2 现代汽车工业的主要特点 …… 86

3.3 现代汽车的设计 …… 88

3.4 汽车制造工艺 …… 93

3.5 汽车生产实施过程 …… 96

3.6 汽车的主要材料 …… 99

3.7 汽车试验 …… 103

第4章 汽车商务概论

4.1 汽车营销模式 …… 108

4.2 汽车维修服务 …… 111

4.3 汽车保险与理赔 …… 118

4.4 二手车交易 …… 124

第5章　汽车使用技巧

5.1　家用汽车的选购 …… 134
5.2　汽车运行材料 …… 140
5.3　新车使用须知 …… 144
5.4　汽车驾驶基本知识 …… 145
5.5　汽车美容与装饰 …… 163
5.6　汽车日常护理 …… 165
5.7　汽车部分故障的应急处理 …… 169

参考文献

第 1 章　汽车发展简史

本章导读

汽车，是在众多人类前辈发明创造基础上发展的一项伟大成果，它的问世给人类社会的进一步发展带来了极大的促进作用，汽车的发展历程让我们知道汽车作为一项伟大成果问世的不易；中国汽车工业的发展经历，让我们体会到了今天中国成为世界第一大汽车生产国的艰辛；汽车史上的 5 款畅销车型让我们领略了世界名车的风采，而汽车发展需要解决的三大问题则指出了安全、环保、节能是汽车工业未来发展的方向。

通过本章的学习，可以使您对汽车的发明、发展、畅销车型有一个大概的了解，也对中国汽车工业有所熟悉，同时对汽车技术未来的发展方向有所把握。

本章要点

汽车的发展历程；
现代汽车的发明；
中国汽车工业的发展；
汽车史上的畅销车型；
汽车技术的发展方向。

1.1 汽车的发展历史

一 人力车的出现与发展

1 车轮的发明

车轮是人类在搬运物体的劳动实践中逐渐被发明的。人们发明车轮的目的很简单，那就是以更加省力的方式将物体或人从一个地方运送到另外一个地方，而且希望运送过程平稳，运送快捷。

在原始社会，人类祖先以采集和打猎为生。为了运送粮食或猎物，人们想出了各种办法：

开始时，他们所能弄到的食物非常有限，轻而易举地就能随身把它带回住处。

当捕获到体积较大的猎物时，运回住处就显得较为吃力。于是，有人就想出一种方法：从地上捡几根折断的粗树枝，用藤蔓将这些树枝连接在一起，然后把猎物放在上面，双手抓住两根长树枝拖着走。这种方法比用肩扛背驮轻快多了。

有人想出另外一种方法：用一根木棒，一端扛在肩上，另一端触到地上，把重物吊在木棍中间拉着走。这种方法也比用手搬运要省力得多。

还有人干脆就把两根木棍并排起来，中间系上多条藤蔓，形成类似于今天担架的结构，双手持两棍端，另一端在地上拖着走。

上述这些，就是人们最初发明的一种"轻橇"，其特点是可以在地上滑动以减轻运送阻力。不过，当时在几乎没有道路的荒山野地上拖拽这种原始的橇仍然是非常困难的。

在远古时代，人们十分吃力地运送着捕获的猎物或收获的作物。也许在某一天，正当人们在运送重物时，突然变了天，身边狂风大作。细心的人发现：在风的吹动下，圆滑的石头或圆木滚动得比别的东西要快得多。这个自然现象给人们以很大的启示，人们用石斧把圆木截短，并把砍下的两端圆木在中间凿一个圆洞，再在洞里穿上一根细一点的木棍将其连接起来。这样，一种滚子橇就做成了。用它来拖运东西比过去那种轻橇又轻快得多了。这就是从滚子开始的车的发展学说，也给今人留下了"见飞蓬转而知为车"的历史记载。

图 1-1　古代车轮

关于车轮（图 1-1），今天的人们已经不可能找到十分有效的证据来证明是谁最早发明的。中国人说是黄帝最先发明的，因为《文史考》给我们留下了黄帝于 4600 多年前发明车的记载；德国 Flintbek 巨石墓下的车辙是公元前 4800 ~ 4700 年间留下的；在波兰 Bronocice 发现的带车形图案的罐子被确定为是公元前 4725 年以前的物品，但是对该地层的7次"碳-14"测年倾向于公元前4610～4440年的结论；而近年来所发现的轮式运输工具的最早证据是美国考古学家Baldia在位于叙利亚的晚期URUK遗址发现的，那里出土了一个带有轮子的模型和"货车"的壁画，推测证实：这些东西是先民在距今6400～6500年前留下的。

2 马车的出现及兴盛

古代的车最初由人推挽——人力车的载运能力比人本身的搬运能力大得多，后来利用畜力牵引车辆，使得车的载运能力更大、速度更快、行驶里程也更远。

马车的历史极为久远，它几乎与人类的文明史一样漫长。自从人类发明了车轮并制造出车辆之后，就开始用驯化了的马、牛拉车。马车是运输、代步和打仗时最主要的工具。

1）中国古代的车

马车作为我国古代陆地主要交通工具，制车业曾经是一个集大成于一体的手工业，我国古车以其优异的性能在世界上长期处于领先地位。在这方面，我国对人类文明的发展作出了巨大贡献，也成为中华民族古老文化中不可或缺的一部分。

相传，4600多年前，黄帝创造了车。后人出于纪念黄帝这一丰功伟绩的考虑，称他为"轩辕黄帝"。据《路史》记载：黄帝在空桑山北创造车子，"横木为轩，直木为辕，故号曰轩辕氏"。传说黄帝与另一个部落九黎族的首领蚩尤在"逐鹿之战"中就用到了牲畜拉的"车"。此役，虽然蚩尤以金作兵器，并能"呼风唤雨"，但在拥有"车"的黄帝面前，还是被打得大败，丢了性命。从此，黄帝统一了华夏各民族，奠定了中华民族大家庭的基础。黄帝战蚩尤也因此而成为影响中国历史的第一件大事。

公元前，中国就有了掌管道路的"长官"，开始了有组织地修筑道路，发展交通。

《说文解字》载："车，舆轮之总名，夏后时奚仲所造。"

《左传》提到，公元前2250年夏朝初，车正（专司车旅交通、车辆制造的官吏）奚仲造出了第一辆车（图1-2），设有车架、车轴、车箱，为保持平衡，采用左、右两个轮子。由于车有两轮且对称，故称"车两"。随时间推移，改称"车辆"。

《墨子》在"非儒"篇中提到："左者羿作弓，仔作甲、奚仲作车，巧垂作舟"。关于"奚仲造车"的史实，史书记载较多，《左传》、《荀子》、《说文解字》、《通志・氏族》及《纲鉴易知录》等均有记载。

据《滕县志》记载："当夏禹之时封为薛，为禹掌车服大夫。奚仲生吉光，吉光是始以木为车。以木为车盖仍缵车正旧职，故后人亦称奚仲造车。"

目前，出土最早的车是由殷代制造的。1953年，在河南省安阳县大司空村发掘出殷代马车遗迹（图1-3）。这是一种造型非常精致的二轮单辕马车，有栅栏车身和辐式车轮。可见，在3000多年前，我国造车的技术水平已经相当高了。那时的车都是独辕，约有18根辐条，长方形车厢，一般可坐2～3人，大多由2匹马驾辕。安阳殷墟的考古发掘表明，我国在商代晚期已使用双轮马车。

商代的甲骨文是我国汉字的雏形，其中就有许多"车"字。这种象形文字由轮、舆、辕、轭等形状的图形组成（图1-4）。

周朝古礼中有"六艺"之说。所谓的"六艺"，据《周礼・保氏》记载："养国子以道，乃教之六艺：一曰五礼，二曰六乐，三曰五射，四曰五驭，五曰六书，六曰九数。"也就是指礼节、音乐、射箭、驾车、书写、计算。可见，"会驾车"在周朝已经成为一个人学识和身份的象征。

在马车的制作方面，周朝的人们已能制造出相当精美的两轮车。

图 1-2　奚仲造车

图 1-3　河南省安阳县出土的殷代马车

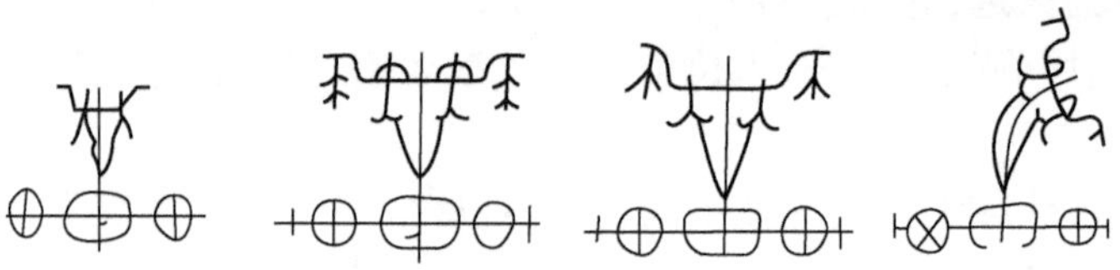

叔车觚　　父己车鼎　　乙示车鼎　　习车卣

图 1-4　甲骨文中的车

周朝的车与商代的车基本相同，但在结构上有所改进，车马的配件也更为完备，增加了许多新的零部件，而且在许多关键部位使用了青铜材料的构件，驾车的马由商代的 2 匹增加到了 3 ~4 匹，甚至6 匹，但以驾 4 匹马的车为主，故而，多以“驷”为单位计数车辆。《论语 · 季氏》：“齐景公有马千驷”，就是说齐景公有 1000 辆车和 4000 匹马，4 马加 1 车称为“一乘”，所以又有了“千乘之国”的说法。

思想家孔子，其本人就是一位非常优秀的“驾驶员”兼“教练员”。因为他不仅“精通六艺”，而且还向学生传授“六艺”。他用自己的实际行动诠释着对车的无限爱恋。

公元前 221 年，秦始皇完成了对古中国的统一大业并建立了中国历史上第一个多民族的统一的中央集权国家。统一之后，为便于统治，秦朝出台了一系列的改革措施，其中包括“车同轨、书同文、统一度量衡”，这对推动中国古车的发展起到了重要的作用。由于统一了道路和车轨宽度，便利了交通往来，使车的作用得以更好地发挥。

公元 100 年前后，汉代科学家张衡[图 1-5c)]发明了举世闻名的记里鼓车[图1-5a)]，该车外形为一辆车子，车上设两个木人及一鼓一钟，木人分别击鼓、敲钟。车上装有一组减速齿轮，与轮轴相连，利用车轮在地面的转动带动齿轮转动，变换为凸轮杠杆作用使木人抬手击鼓。车行一里，控制击鼓木人的中平轮正好转动一周，木人便击鼓一次；车行 10 里时，控制敲钟木人的上平轮正好转动一周，木人便敲钟一次。坐在车上的人只要聆听钟鼓声，就可知车已行多少路程。从记里鼓车的内部构造来说，它所应用的减速齿轮系统已相当复杂，可以说是现代车辆计程仪的始祖，充分体现了我国古代机械技术的高超水平。

三国时期，诸葛亮所创“木牛流马”，其实就是今天仍在某些地区得以保留的独轮车的前身。这种独轮车，在北方汉族地区，因其与排子大车相比体形较小，俗称“小车”；在西南汉族地区，因它行驶时“叽咯叽咯”响个不停，俗称“鸡公车”；在江南汉族地区，因它前头尖，后头两个推把如同羊角，俗称“羊角车”。独轮车，不论在山地或者平原，宽路还是小道都可使用，是一种经济实用的运输工具，成为在相当长的一段时间内使用最广也最经济的交通工具。难怪英国著名的研究中国古代机械的科技史大师李约瑟说：中国人独特地贡献给世界其他国家的技术中，独轮车(图 1-6)就包括在内。

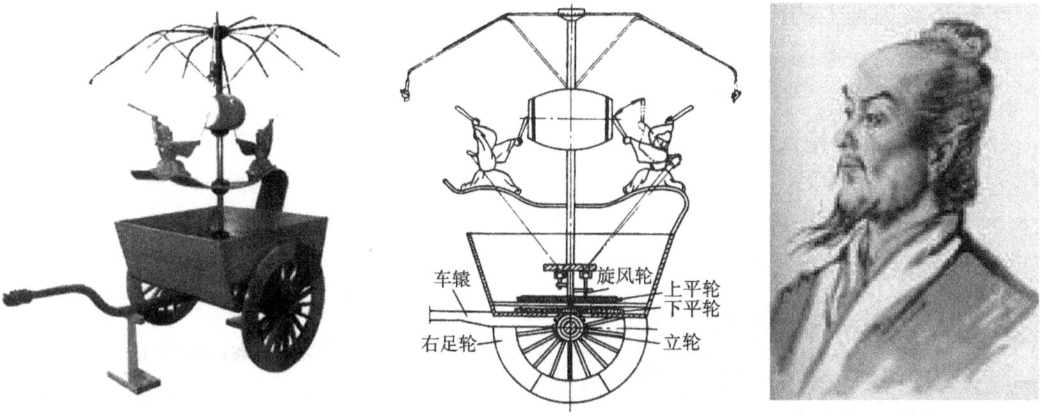

a) 记里鼓车　　b) 记里鼓车原理图　　c) 张衡像

图 1-5　张衡及其发明的记里鼓车

2) 外国的马车

大约在公元前 2000 年，黑海附近大草原的几个部落带着马来到底格里斯—幼发拉底河流域，开始用马来拉有轮子的车，这种车轮已经有轮辐，而不像早期的车轮那样是整个木头块做成的(图 1-7)。这种车轮比较轻便，易于操纵。

图 1-6　独轮车

图 1-7　整木制成的车轮

相传公元前 1675 年，古埃及人发明了有制动装置的马车，能使马车在很短时间停止下来。公元前 1 世纪，罗马制车匠将塞尔特人最早发明的四轮车加以改造，装上了旋转式前轴以转动方向，采用整片的轮辋与轮箍以增加强度，同时用镶有金属边的轮毂以减少摩擦。这种结构使得马车的性能大为提高。到公元 200 年时，坚固的罗马四轮车已经能够在宽敞的大道上隆隆驶过，马拉的邮车和客车可以每天行驶约 160km，而且中途停车更换马匹之后还可以继续前进。

在此后的 1000 多年时间里，这种用作长途运输的马拉车成为世界各国主要的运输车辆。当然，这些马车不仅可以拉货运物，同时也用作载人远行。四轮马车将人从一个地方快速地运到另一个地方，让人们真切地感受到了马车所带来的便利。

四轮车的优点是载质量大、运行平稳。缺点是四轮马车需要较为平坦的路面行驶。鼎盛时期的罗马帝国具备很好的平坦大道，使得这种四轮马车可以大展身手，备受青睐。

罗马帝国灭亡后，道路失修日渐崩坏。此时最实用的不再是笨重的四轮马车，而是轻便的两轮马车，因为它可以在崎岖的道路上较为平稳地行驶。

四轮马车的车厢最初只不过是一个装有窗户的箱子。它的结构就是以皮带悬吊在无弹簧板的车架上，相对而坐的旅客需要忍受不断地摇动与跳跃。到了中世纪后，欧洲改用弹簧悬置车厢和较为宽大的坐垫，大大地提高了四轮车的舒适性，使得马车开始向豪华型发展。较为典型的代表是英国皇室于 1763 年为英皇乔世所建造的马车，被称为“史上最华丽的马车”。

1662 年，法国南特人埃米尔·卢巴首次将马车轨道嵌入路面，这样一来，在巴黎街头就首次出现了轨道马车。人们发现，车轮在轨道上的滚动阻力远比在普通路面上的滚动阻力要小得多，所以载客量也就相对增加了。在 18 世纪，轨道马车被广泛用于英国煤矿，用牲口拉动轨道车，可以装运更多矿石，使得运输效率提高了 7～8 倍。

图 1-8　轨道马车

最早的运输轨道，其实就是在地面上铺 2 根木条。以后才逐渐改用钢轨并在下面垫以枕木，这标志着火车轨道的发明。1832 年，美国纽约在曼哈顿（Manhattan）街道铺设了供马车运行的轨道，开始运行有轨公共马车（图 1-8）。这种公共马车仅用 2 匹马就可以拉动载有 40 多名乘客的车厢，比普通马车的载客量多出了 2 倍。

18 世纪后，德国出现了一种叫作“柏林式”的马车，这在马车制造技术上是一次重大革新。这种车的主要特点是车厢采用两根坚固的皮带悬吊并固定在前后车轮之间，皮带与车轮间通过一个机械装置来转动，后轮上还装有一个有齿轨咬合的制动器。这种车的结构轻便，车厢与车轮间采用弹簧片装置，减振性能较好，行驶起来更为灵活、舒适，受到了人们的普遍欢迎，逐渐风靡全欧洲。当时，驿车在最好的公路上行驶 375km，最快也要走 23.5h 才能到达。由于马车的速度不能令人满意，人们进行了种种旨在提高车速的尝试，这就使得马车具备了早期汽车的基本结构：车轮和轮胎、车厢、悬架和制动。因此，马车的发展与完善，已经为汽车的诞生创造了有利条件。

随着机械化大规模生产和殖民地贸易的迅速发展，马车的速度和装载质量都受到了极大的限制，越来越无法适应日益繁重的运输任务。于是，人们希望发明一种比马更有耐力和更强劲的动力机器，以使车轮转得更快。同时，也需要有更平滑、更可靠的路面以供四轮车行走。不久以后，在英国和美国的一些地方，一些想象力丰富的人开始试验用蒸汽做动力，以钢铁作为车身、路轨的新型车辆及道路结构。1904 年，四轮马拉的驿车在与蒸汽汽车的竞争中失败，蒸汽汽车开始登上了历史舞台。马车的黄金时代宣告结束。

二　蒸汽机的问世与发展

由于马车速度偏低，人们渴望能制造出多拉快跑的自动车辆。1620 年，英国著名哲学家培根预言：“我们大概能造出比用一群水手使船航行得更快，而且为了操纵这艘船只要一名舵手的机器；我们似乎也可以制造出不借用任何畜力就能以惊人速度奔跑的车辆；进而，我们大概也可以制造出带有翅膀、能够像鸟一样飞翔的机器。”

1　自走车的探索

为了能让车子自己行走起来，人们进行了五花八门的种种尝试，也取得了一些有效的成果，例如：

1420 年，英国一位工程师发明了一辆滑轮车（图 1-9）。这种车的特点是在车上装有一个滑轮，滑轮上绕有结实的绳子，人坐在车上用手不停地拽动绳子使滑轮转动，车子就能走动。不过这种车子的运行速度太慢，比步行还要慢，而且非常费力，不实用。

1630 年，德国钟表匠汉斯 · 郝丘，制造了一台发条式的汽车（图 1-10）。但是这台发条车的速度还不到 1.6km/h，而且每前进 230m，就必须把钢制发条卷紧一次。由于其工作的强度太大，所以发条车也没有能够得到发展。不过，在当时，这却是一个稀世珍宝，以至于瑞典王子卡尔 · 古斯塔夫曾花重金购买了它。

图 1-9　滑轮车

图 1-10　发条车

2 蒸汽汽车

世界上设想制造汽车的第一人，是我国唐朝的天文学家僧一行（原名张遂，683 ~ 727 年），他发明了“激铜轮自转之法，加以火蒸汽运，名曰汽车”，这比西方人所推崇的达 · 芬奇设想发明汽车的说法早了大约 800 年（图 1-11）。

图 1-11　僧一行与他设想的汽车

1766 年，英国发明家瓦特（James Watt，1736 ~ 1819 年）在对前人发明的蒸汽机作了重大改进后，使其变得更加实用。这一发明轰动了整个欧洲，掀起了轰轰烈烈的第一次工业革命，各行各业纷纷将这一最新的科技成果引用到自己的领域。这一成果的诞生为实用汽车的问世创造了必要条件，人们开始设想把蒸汽机装到车子上载人。

1769 年，法国陆军工程师、炮兵大尉尼古拉 · 斯 · 古诺（N. J. Cugnot，1725 ~ 1804 年）经过 6 年的苦心研究，将一台蒸汽机装在了一辆木制三轮车上，这是世界上第一辆完全凭借自身动力实现行走的蒸汽机汽车（“汽车”由此而得名）。这辆汽车被命名为“卡布奥雷”（图 1-12），车长 7.32m，车高 2.2m，车架上放置着一个形状像梨一样的大锅炉（直径 1.34m），前轮直径 1.28m，后轮直径 1.50m，前进时靠前轮控制方向，每前进 12 ~ 15min 的路程，需停车加热 15min，运行速度仅为 3.5 ~ 3.9km/h。后来，由于控制方向比较费力，试车途中下坡时撞到了般圣奴兵工厂的石头墙上,破损得七零八落。虽然世界上第一辆蒸汽汽车落得个如此悲惨的结局,但它作为汽车发展史上的第一座重要里程碑的地位是不容置疑的。1771 年,古诺又制成了一辆性能更好的蒸汽汽车——速度达 9.5km/h,可以牵引 4~5t 货物。该车现被设在巴黎的法国国家艺术及机械品陈列馆收藏。

图 1-12　古诺的蒸汽汽车

1825 年,英国公爵嘉内制成了世界上第一辆蒸汽公共汽车。这辆车的发动机装在后部,后轴驱动,前轴转向。它采用了巧妙的专用转向轴设计,最前面两个轮不承担车重,可由驾驶员利用方向舵轻便地转动,然后通过一个车辕,引导前轴转动,使转向变得轻松自如。1831 年,嘉内利用这辆车开始了世界上最早的公共汽车运营业务,所以这辆车也被认为是世界上最早的公共汽车(图 1-13)。

图 1-13　世界最早的公共汽车

1828 年,哈恩格克制成了一辆比嘉内的汽车性能更好的蒸汽公共汽车,并开始了商业化的公共运输事业。他的车可以乘载 22 名乘客,时速 32km/h,营运后很受民众欢迎。

1834 年,世界上最早的公共汽车运输公司——苏格兰蒸汽汽车公司成立了。

1928 年,法国人配夸尔制造了一辆蒸汽牵引汽车。这辆汽车首次采用将发动机置于车的前端,而由后轴驱动的总体布置方案,在发动机和后轴之间,依靠链条传动。为了使转向灵活,后轴系由两根半轴构成,当中由差速齿轮连接,这就是最早的差速器。此外,两个小小的前轮,是各自与车架弹性相连的,称作独立悬架。这种独立悬架的设计,在当时有着划时代的意义。配夸尔的链条传动、差速器、独立悬架等设计方案,对汽车的发展贡献极大,至今仍在汽车上被广泛应用。

然而,蒸汽汽车还不能算是现代汽车,因为它工作时不仅会产生巨大的噪声,而且排出的废气也严重地污染空气,再加之体积庞大、笨重,使用起来很不方便,根本无法作为穿行于人口居住集中的大街小巷的交通工具而发展。因此,它最终被淘汰也就不足为奇了。

不过,蒸汽汽车的问世,是人类在寻求公路运输摆脱落后的畜力牵引、实现机械化的道路上迈出的关键性一步,是一项革命性的突破,在汽车发展史上起到过重大的作用。正因为此,人们才给予了它特别的关照:直到性能优越的内燃机汽车问世后 20 年的 1916 年,最后一批"皮尔逊—考克斯牌"双座、15 马力的蒸汽汽车才在英国停止生产;在今天的汽车博物馆里,人们仍然怀着崇敬的心情观赏那些已经成为历史的蒸汽汽车,缅怀为人类进入汽车文明时代作出过积极贡献的蒸汽汽车设计师们。

三 现代汽车的问世

1885 年 9 月 5 日,德国人卡尔 · 本茨(Karl Benz,1844 ~ 1929 年)制成了一辆利用内燃机做动力的三轮乘坐车(图 1-14),并于 1886 年 1 月 29 日向德国曼海姆帝国专利局提出了发明专利的申请。于是,这一天就成为现代汽车的诞生日。本茨也被世人誉为“汽车之父”。同年 7 月 3 日,卡尔 · 本茨在曼海姆的街道上进行了第一次公开试验。这辆汽车在道路上首次试验以 15km/h 的速度行驶了 1km 的消息,刊登在第二天《新巴蒂希 · 兰登其顿》的“其他新闻”栏目中;《新德意志报》也同时在“杂讯”中做了简单报道。

本茨的专利于 1886 年 11 月 2 日由德国曼海姆帝国专利局正式批准发布,专利证书号为 37435(图 1-15),专利名称是“气态发动机汽车”。

图 1-14 卡尔 · 本茨取得专利的第一辆汽车

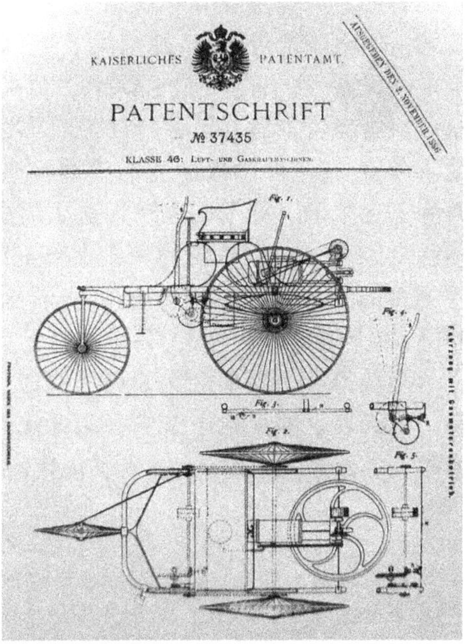

图 1-15 卡尔 · 本茨的汽车专利证书

奔驰一号车质量为 254kg,装用 3 个实心橡胶轮胎的车轮(后边两个大轮,前边一个小轮);单缸四冲程汽油发动机(排量 0. 9L,功率 0. 85 马力,转速 400r/min)放在两后轮之间;发动机输出的功率靠齿轮和齿条机构传给装有差速装置的后轴,有蓄电池与点火线圈,并装有散热器;汽车前进速度为 13 ~ 18km/h,但无法倒行,前进方向的控制完全依靠一根操纵杆来实现。另外,该车没有设置制动装置,也没有减振机构,更没有车篷,包括驾驶员在内的两名乘客就坐在两个后轮之间的硬座上。

仔细观察世界第一辆汽车的结构,人们会发现它的外形和当时的马车差不多,分析比较它的速度及载质量,也不比马车有任何优势。但是,它的巨大贡献不在于其本身所能达到的性能,而是一个观念的变化,那就是内燃机的采用和自动化的实现。卡尔 · 本茨不仅敢于向当时占有垄断地位的马车制造商挑战,而且敢于抛弃在技术上已相当成熟的蒸汽发动机不用而去选用新生的内燃机作动力,足可见其充分的自信及观念上的巨大转变。

正因为这种车可以自己行走,后人才用希腊语中的“Auto(自己)”和拉丁语中的“Mobif(会动的)”构成复合词来称呼这种类型的车,这就是“Automobile(汽车)”一词的来历。

图 1-16　卡尔·本茨夫人与孩子驾驶汽车回家

第一辆三轮汽车的问世，虽然为本茨带来了荣誉，但是这个不断"散发臭气的怪物"经常抛锚，因而遭到不少人的嘲讽。本茨虽然进行了多次改进，但仍然毛病不断。为了不在大庭广众之下出洋相，本茨再也不愿在公共场所驾驶它，便把它丢在一个被冷落的试验室。但本茨的夫人贝尔塔对丈夫的发明充满了信心，她不怕旁人的白眼，带着两个孩子，勇敢地开始了汽车史上的第一次长途旅行(图 1-16)。

1888 年 8 月的一天清晨，本茨还在梦乡中，贝尔塔便唤醒了两个孩子，把汽车推出试验室，起动后开走了。她要把它从曼海姆城开到娘家普福尔茨海姆。一路上，贝尔塔带着两个孩子驾驶着世界上第一辆汽车走走停停，她用发卡疏通了堵塞的油管，用长袜排除了电路的短路。经过一天艰辛的跋涉，终于在天黑时到达了目的地——140km 外的普福尔茨海姆。她的娘家人以及众多邻居对贝尔塔的勇敢行动惊叹不已。兴奋的贝尔塔立即给丈夫拍了一封电报："汽车经受了考验，请速申请参加慕尼黑博览会。"本茨几乎不敢相信这是真的。5 天后她们又驾车回到了曼海姆。贝尔塔也因为这次历史性的试验而被称为世界上第一位汽车驾驶员。

1888 年 9 月 12 日，本茨的汽车在慕尼黑的机械展览会上震惊了所有人。当时的报纸报道："星期六下午，人们怀着惊奇的目光看到一辆三轮马车在街上行走，但是前面没有马，也没有辕杆，车上只有一个男人，马车在自己行走，大街上所有的行人都惊奇万分。"

在本茨获得现代汽车发明专利的同时，德国的另外一个伟大的现代汽车创始人——哥德利普·戴姆勒也独立制作出了一辆现代汽车，从而与本茨一同被公认为是现代汽车之父。他们带领人类跨越马车时代，进入了现代汽车的新纪元。

1.2 中国汽车工业的发展历史

一 新中国成立之前的中国汽车工业

1 最早出现在中国的汽车

1901 年，一位中文名字叫李恩时的匈牙利商人将两辆敞篷车带进了上海，这是最早出现在中国的汽车。由于当时负责车辆管理的那些人谁也没见过汽车，因此说不清楚汽车属于哪类物品。他们为此专门开会研究如何给李恩时的车辆颁发牌照的问题。最后决定颁发临时牌照，暂时列入马车之列，每月征税 2 块大洋。

这辆车的车身是黑色木质，车轮也是木质的，外面包有实心橡胶轮胎，还装有煤油灯和手捏喇叭，并装了车顶，外观和马车相似。

1903年以后,上海陆续出现了从事汽车或零件销售、汽车出租的行当。1929年汽车进口量达到了8781辆,世界各国的汽车蜂拥而入。1930年中国汽车保有量为38484辆,却没有一辆是国产汽车。不少有志之士,都想制造中国的汽车,可是限于当时的条件,都没有实现。

2 发展汽车工业的设想

最早提出发展中国汽车工业的是孙中山先生。1920年,他在《建国方略》一书中提到:“最初用小规模,而后逐渐扩大,以供四万万人之需要。所造之车当合于各种用途,为农用车、商用车、旅行用车、运输用车等。一切车以大规模制造,实可较今更廉,欲用者皆可得之。”1924年,孙中山致函美国人亨利·福特,请他帮助建立中国的汽车工业。1928年福特公司在上海设立了一个销售和服务分支机构,该机构的业务直到第二次世界大战才终止。

可以说,中国汽车工业的发展和孙中山先生的不懈努力是分不开的。

3 生产国产汽车的三次努力

(1)1929年,张学良投资80万大洋,在沈阳迫击炮厂内筹办民生工厂制造汽车。张学良让民生工厂厂长李宜春从美国买进了一台“瑞雷”牌载货汽车,供拆卸研究其结构之用。在李宜春厂长的领导下,工程师和工人为造出国产汽车而齐心协力地工作,终于在1931年6月19日,研制出了中国第一辆国产载货汽车,被命名为“民生”牌(图1-17)。该车型号为Modle75,65马力(约合47.8kW,1马力=735.49875W),自重4000磅,载质量1.82t,发动机为6缸汽油机,时速25km,后轮驱动,车身为棕色。

民生汽车的试制成功开创了中国人自制汽车的先河,值得国人自豪。但是,由于“九·一八”事变,该车没能批量生产,沈阳沦陷后,工厂被日军侵占。中国民族汽车制造工业的萌芽就这样被扼杀了。

图1-17 “民生”牌载货汽车(1931年)

(2)1936年,以官僚资本为首,集资600万元筹建的汽车工业公司,与德国奔驰汽车厂进行技术合作,在株洲设立总厂,在上海成立分厂先行组装柴油货车和公共汽车,计划生产“中圆”牌汽车。1937年,“八·一三”淞沪之战爆发后,被迫停产。

(3)1936年,资源委员会开始筹建中央机器厂,第五分厂即为汽车厂,1939年在昆明建厂。该厂购买了美国斯图尔特汽车厂,并在美国设计、试制成“资源”牌货车4辆。但抗战爆发之后,工厂落入日军手中。

二 新中国汽车工业发展史

1949年10月1日,新中国成立,为中国汽车工业开辟了新的道路。经过半个多世纪的艰苦努力,形成了一个产品种类齐全、生产能力超群的汽车工业体系。我国汽车工业的发展可概括为初创、成长、全面发展三个阶段。

1 初创阶段

在该阶段,首先建立了第一汽车制造厂,实现了中国汽车工业零的突破;又先后建立了南京汽车制造厂、上海汽车制造厂、济南汽车制造厂、北京汽车制造厂,形成了5个汽车生产基地。

新中国成立后,毛泽东主席、周恩来总理等国家领导人都非常关注、亲自参与建立中国汽车工业的重大决策。1950年1月,毛泽东、周恩来在莫斯科同苏联政府领导人会谈,并商定由苏方援助中国建设一批重点工业项目,包括建设一座现代化的载货汽车生产工厂。

1952年7月,中央决定成立汽车工业工厂(代号652厂),任命饶斌为厂长,郭力、孟少农为副厂长,批准了一汽年产3万辆4t载货汽车的设计书。1956年7月13日,在党中央、国务院的亲切关怀下,在全国各地、国家有关部门的大力支援下,经过参与土建施工、设备安装和生产准备的全体员工夜以继日、齐心协力的奋战,一汽如期完成了中央交给的任务。国产第一辆解放牌CA10型4t载货汽车在第一汽车制造厂顺利下线(图1-18),结束了中国人自己不能制造汽车的历史,为中国汽车工业树起了里程碑,圆了几代中国人的汽车梦。

1958年5月5日,中国第一辆自制轿车在一汽制成,揭开了民族轿车工业的历史篇章。第一辆国产轿车是"东风"牌CA71型,之所以取名为"东风",是因为毛主席当时对国际形势有个著名论断:"东风压倒西风",所以一汽出产的轿车就叫"东风"牌。

1958年8月3日,一辆装有一汽自制V8发动机的"红旗"牌CA72型高级轿车(图1-19)问世。至1959年国庆10周年前夕,第一批"红旗"牌CA72型轿车,共计33辆被送到北京,从中选出8辆(包括两辆检阅车)参加了在天安门前举行的阅兵式和盛大游行。至1981年CA72停产,"红旗"轿车累计生产了1500多辆。自1964年起,"红旗"轿车被指定为"国宾用车"。在很长一段时间,外宾到中国访问,最高的礼遇有三项:受到毛泽东本人接见;住进钓鱼台国宾馆;乘坐"红旗"牌轿车。"东风"轿车与"红旗"轿车成为新中国早期国产轿车的主力车型。

图1-18 第一批"解放"牌汽车下线

图1-19 红旗CA72高级轿车

有了建设一汽的经验,国家又陆续投资建设了几个骨干汽车生产基地,形成了我国早期的5个汽车生产基地——第一汽车制造厂、南京汽车制造厂、上海汽车制造厂、济南汽车制造厂、北京汽车制造厂,基本填补了汽车生产的空白。

2 成长阶段

在这一阶段,我国先后建立了第二汽车制造厂、四川汽车制造厂和陕西汽车制造厂,分别用于生产军用越野汽车、矿用自卸汽车、重型汽车。在建设过程中,5个老汽车生产基地作出了巨大贡献,当然其自身也得到了一定的发展。

值得一提的是,在 20 世纪 60 年代后期,中央提出了调动地方积极性,建设地方工业体系的方针。从 1969 年开始,全国各省、自治区(除西藏外)均开始建设汽车制造厂。这些工厂,由于规模小、技术水平低,汽车生产的分散局面开始形成。

1980 年,我国拥有汽车制造厂 56 家,汽车行业企业总数 2379 家,从业人员 90.9 万人,汽车工业总产值 88.4 亿元,年产汽车 22 万辆,其中轿车 5418 辆,轻型越野汽车 2.04 万辆,其他越野汽车 7600 辆,载货汽车 13.6 万辆,另外有 4.8 万辆汽车底盘供改造客车或专用车。

3 全面发展阶段

在 1978 年召开的十一届三中全会之后,我国确立了改革开放的国策,中国汽车工业也随之掀开了新的一页。在这一阶段,国家要将汽车工业发展成为支柱产业;在产量不断提高的同时,加快进行产品结构调整,形成比较完整的汽车产品系列;改变过去那种封闭式的发展模式,引进国外先进技术和资本。轿车工业迅猛发展,拉开了汽车进入家庭的序幕。

1984 年以前,技术、资金、人才等很多汽车工业发展的瓶颈制约了中国汽车工业的发展,利用外资来发展我国的汽车工业在此时被推到了历史的前台。1984 年 1 月,中国汽车的第一个中外合资企业——北京吉普诞生。有了先行者,中国汽车工业很快就进入了第一轮的合资高潮,1985 年 3 月,中德合资轿车生产企业——上海大众汽车有限公司成立,上海大众的成立意味着真正意义上现代汽车工业的开始。同年,南京汽车公司引入意大利菲亚特的依维柯汽车,广州和法国标致合资项目也宣告成立。

在 1986 年召开的六届四次人大会议上,汽车工业作为国家重要支柱产业被写进了“七五计划”。到 1994 年,轿车年产量已经超过 25 万辆,上海大众这个单一轿车生产企业逐渐超越了一汽、二汽,成为中国轿车企业的领头羊。

1987 年,国家在缜密研究了中国未来轿车工业的发展道路之后,确定了“三大三小”(三大:上海、一汽、二汽;三小:北京、天津、广州)的总体格局,轿车工业开始向规模化方向发展。1990 年,中国轿车工业的三大基地进一步调整,上海汽车工业总公司成立。

1991 年 2 月 8 日,一汽大众有限公司在长春成立,投资 42 亿元,中德双方持股比例为 6:4。它的成立标志着中国最大的汽车合资企业诞生。

1994 年,国家出台了《汽车产业发展政策》。虽然其中有很多局限,但是国家开始对汽车产业的发展方向进行重新定位,把汽车和家庭联系了起来。家庭轿车市场孕育多年的潜能被彰显出来,富裕起来的中国人对轿车表现出强烈的购买欲望,渴望拥有一辆自己的轿车不再是遥远的梦想,中国轿车工业的春天开始到来。

2001 年 12 月 11 日,我国正式加入世贸组织(WTO),汽车市场随之逐步开放。从 2002 年 1 月 1 日起,国家 7 次下调汽车进口关税,整车关税从 2001 年的 70% 和 80%,降到 2006 年 7 月 1 日的 25%。加入 WTO 后,国家有关部门对整车进口采取了积极的引导措施,避免了整车进口的过度增长,同时促使进口汽车结构发生了根本性变化,使进口汽车成为国内汽车市场有益的补充。同时提出了有序竞争、优化结构、保证满足国内生产需要的思路,有效化解了加入世贸组织可能对我国汽车工业造成的冲击。此外,国内长期受到抑制的汽车消费市场出现“井喷”行情,私人消费成为汽车市场主体。2002 年,中国汽车产销量分别突破 325 万辆和 324 万辆,同比增长分别达 38% 和 37%,其中轿车 109 万辆,同比增长 55%。

2004 年 6 月 1 日,《汽车产业发展政策》正式实施,提出了品牌发展战略,鼓励开发具有自主知识产权的产品,鼓励兼并重组,促进国内汽车企业集团做大做强,同时引导鼓励发展节能环保和新型燃料汽车。首次将汽车工业产业政策与汽车消费政策合二为一,提出培育以私人消费为主体的汽车市场。该政策的颁布实施,有利于推进汽车产业组织结构和产品结构调整,提升国内汽车生产企业的产品品牌建设和自主开发能力;有利于建立和完善国产汽车销售和服务体系,促进中国汽车生产企业适应国内外市场竞争的需要;有利于加快推进汽车产品法制化管理进程,保障汽车消费者的合法权益。

2004 年 10 月,《缺陷汽车召回管理规定》开始实施。在汽车召回法规实施的 4 年多时间里,涉及车辆约 170 万辆,这些问题车的召回在一定程度上保证了消费者的安全。

2007 年,上汽与南汽两大汽车集团合并,荣威、名爵这对“孪生兄弟”开始“合二为一”,结束内耗。同时,也为上汽和南汽的发展提供了机遇。这是中国汽车史上最大规模的一次产业整合,也是对原有“三大三小”格局的第一次突破,同时也是长三角跨地区大型国企的首次兼并重组。在南汽的“全身帮助”之下,上汽终于如愿成为一个年产销汽车近 200 万辆的国内汽车“超级航母”,从而全面超越一汽和东风,成为中国规模最大的汽车集团。

2007 年 7 月,由广州本田独资开办的广州本田汽车研究开发有限公司成立,成为中国第一家由合资企业自主投资建设、以独立法人模式运作的汽车技术研发公司。2008 年,广州本田作为国内第一个合资企业自主品牌的先行者,开创了中国汽车合资企业的自主新模式。

进入 21 世纪,越来越多的国际汽车品牌在中国生产和销售,给中国的汽车工业带来了前所未有的活力和动力,连续井喷的汽车市场出现了进口品牌、合资品牌、民族品牌汽车争相斗艳的精彩局面。我国 50 多年的汽车发展虽遭遇了各种坎坷,但在坎坷中孕育着希望,我国生机勃勃的汽车工业,可以成为 21 世纪的汽车工业强国。

1.3 历史上的畅销车型

在世界汽车史上,的确产生过许多知名的汽车品牌。这些汽车,或因拔得头筹而为人记忆,或因历史渊源而为人称道;或因性能超群而为人注目,或以产量稀少而为人珍惜……但是,它们却无法真正履行自己作为大众交通工具的职能,对人类进入汽车社会的贡献不大。不过,在汽车的历史上,有 4 款车却做出了突出的贡献,促进了人类社会的发展。这 4 款车分别是:美国福特汽车公司出产的福特 T 型车、大众汽车公司出产的甲壳虫汽车和高尔夫汽车、日本丰田汽车公司出产的花冠汽车。另外,作为开创了汽车时代的梅塞德斯,虽然销售量不高,但长期以来也获得了世人的青睐。

一 开创汽车时代的梅赛德斯(Mercedes)

1891 年,法国人潘赫德 · 莱瓦索尔公司树立起了汽车工业技术史上的第一座里程碑。

在他所生产的潘赫德 · 莱瓦索尔 B2 型汽车上,设计了专用底盘,将发动机装在汽车前部，通过离合器、变速装置和传动机构将动力传到后轮，奠定了汽车传动的基本布局。这种方案后来被称为“潘赫德系统”，今天，人们则将其称为“常规”方案。

“常规”方案即使在今天也被广泛使用，只是大多被应用于大、中型汽车而已。

“潘赫德系统”的法国籍创始人并没意识到他的发明创造能在上百年之后仍被后人广泛采用，实际上，这一系统在汽车界的真正地位也并不是由他本人确立的。由于他所生产的汽车当年采用的是链条传动式结构，而且缺少在汽车转弯时可以使左右两轮以不同速度行驶的装置——差速器，因而汽车性能并不是十分优越，这在很大程度上掩盖了汽车布局方案的技术先进性。“潘赫德系统”的地位是由戴姆勒公司在该系统问世 10 年后的 1901 年确立的，最初采用这一系统的是由公司工程师迈巴赫开发的一辆汽车，它后来成为全世界汽车制造业的结构样板，一直延续到了今天。

在戴姆勒生产汽车的过程中，奥地利驻法国使馆的领事、大商人埃米尔·耶利内克起到了很大的推动作用。此人是一个高速度的狂热追求者，对汽车竞赛这项新的运动非常热心。他订购了一辆戴姆勒车用以参赛，但却非常失望。因为这辆车的最高速度只有 25km/h，离他要求的高速度相差太远。然而，这件事并没有让他对戴姆勒公司失去信心，他渴望汽车技术的进步，希望自己能够获得比赛的胜利，但同时也看到了经营汽车是一项有利可图的买卖。

1898 年，他的要求在戴姆勒公司的大力帮助下得到了充分满足：一辆功率为17.625kW、前置四缸发动机的戴姆勒凤凰牌汽车交到了他的手中。次年 3 月，他驾驶这辆车在法国尼斯举行的世界汽车大赛中，取得了好成绩，引得许多人前来询问汽车制造厂家。于是他便投入大笔资金，并建议改进凤凰牌汽车的结构，以增加轴距、降低重心、提高功率，同时向戴姆勒公司定购了 36 辆凤凰车，喷涂成 36 种不同的颜色分别代表 36 个国家，价值 55 万马克。不过他同时提出了两个条件：第一，他必须是奥地利、匈牙利、法国、美国汽车市场的唯一代理商；第二，必须以他 9 岁女儿梅赛德斯的名字作为该车商品名称。后来，随着该车在赛车场的不断获胜以及埃米尔的极力推销，逐渐成为欧洲贵族阶层的流行车，取得了巨大的商业成功。1900 年 4 月 2 日，埃米尔·耶利内被选举为戴姆勒公司董事会成员。从 1902 年开始，戴姆勒决定顺应形势，把自己公司所生产的汽车都起名叫“梅赛德斯”（图 1-20）。1909 年，“Mercedes”被戴姆勒公司正式申请为轿车品牌。

图 1-20　35 马力梅赛德斯汽车

早在 1901 年 3 月，当埃米尔驾驶梅赛德斯参加“尼扎赛车周”，并再次战胜所有对手赢得冠军时，法国汽车俱乐部秘书长保罗·梅昂就曾高兴地说道：“我们进入了梅赛德斯时代。”

二 大批量生产的福特 T 型车(FORD-T)

1908 年 10 月 1 日,汽车工业技术史上树起了第二座里程碑,这一天,福特汽车公司生产的福特 T 型汽车正式出厂了(图 1-21)。

图 1-21 FORD-T 汽车

T 型车首次采用了流水线装配方式组织生产,极大地提高了生产效率,一辆汽车的装配时间由原来 750min 降到了 93min,使产量的提高、成本的降低成为可能。

T 型车在总体规划方面是朝着改善马拉车方向努力的登峰造极之作,虽然它设计简陋、形象不佳;虽然它需要手摇才能起动;虽然它行驶过程中左右摇晃、气喘吁吁、四处作响……但它却能不用马拉就可以行走,而且价格便宜的连最普通老百姓都购买得起。

T 型车短小精悍、操作方便,2.5m 长的车身、较高的离地间隙、3.6m 的转弯半径使任何成年人稍加训练就可驾驶。另外,它所采用的排量为 2.884L、功率为 14.7kW(20 马力)、最高转速为 1600r/min 的四缸发动机与全车重量相比,可谓功率强劲。该车可以在松散沙土地或泥泞黏土地上行驶,由于工作负荷低、转速慢,发动机显得坚固耐用;发动机对燃料也没有过高要求,低劣汽油、掺煤油的汽油都可使用。汽车被设计成多功能型,不仅可用于运输,而且也可从事农耕、抽水及打谷等。

在当时,制造 T 型车使用了优质的钢材和先进的工艺。由于其结构极其简单,任何智力正常的人都能在很短时间内学会修理它,而且排除常见故障时所用的物品也随处可见,如铁丝、口香糖、麻绳、缝衣针等;即使进行较大的修理,也只需要榔头、扳手、螺丝刀、曲别针等常见工具。

在定价策略、销售组织及售后服务方面,T 型车也做得相当完美。首先,T 型车价格低廉。当它于 1908 年首次推向市场时,其他同类车售价约为 3000 美元,而福特却将其售价令人难以置信地定为 850 美元;随着产量的不断增加,该车售价也不断下调,1916 年仅售 360 美元,而同年市场上同类车的平均售价为 2310 美元。其次,T 型车销售网点分布密集,服务热情、周到。如果居住在中等以上城市中的居民订购了一辆新车并要求送货到门的话,经销商在 24h 之内就可满足其要求。另外,T 型车售后服务工作较好。与其他汽车相比,T 型车配件不仅种类齐全、供应及时,而且价格也相当便宜,许多人甚至订购全车零部件自己动手组装。

从某种意义上说,诞生于 20 世纪早期的福特 T 型车不仅是一个钢铁、橡胶、木材和玻璃的组合体,与同期诞生的其他事物相比,它更可以称得上是一种传奇,是一种代表了北美自由开放的社会文化。它可以说是真正意义上的“大众车”。这种少见的汽车一上市就引起了极大轰动,其低廉的售价和丰富的货源充分满足了美国人尤其是农民对汽车的消费需求,它使得大多数的普通人可以拥有一辆属于自己的汽车,这样,人们就从马车时代一下子跨越到了机器时代。它遍布于社会的几乎每个角落,使工人可以居住在远离纷乱厂区的地方;将农民从“面朝黄土背朝天”的辛勤劳作中解放了出来;使节假日的人们结伴郊游的愿望成为现实;当然,也使抢银行的强盗在眨眼之间就可逃之夭夭……总之,T 型车彻底改变了美国人的生活方式和价值观念，将他们带入了汽车时代。

在1908年10月至1927年5月的19年间，这种了不起的汽车累计生产了15007033辆，在为汽车普及作出了不可磨灭贡献的同时，也使福特本人由一个平民百姓变成了十亿富翁。

1999年12月18日，T型车被授予最伟大的汽车奖项——“世纪车”桂冠，以表彰它对全世界的影响和贡献。国际世纪车评选委员会的创始人何浩斯(Holzhaus)先生说道：“在某种意义上，20世纪可以说是‘汽车的世纪’，一场人类技术和生活形态的革命。福特汽车公司是这场革命中的先锋，亨利·福特先生彻底改变了全世界千百万人们的生活，他赋予了人们前所未有的个人交通”。

三 创造神话的“甲壳虫”(Beetle)

1933年1月，阿道夫·希特勒当选德国总理，当时的德国刚刚经历了第一次世界大战，百废待兴，最需要的就是提供大量的就业机会和大力发展本国工业。希特勒非常清楚汽车工业在国家政治、经济和军事上的重要价值，发展汽车工业并生产一种大众化的汽车，不仅可以提供数量可观的就业机会还可提高人们的生活水平，这对民众有着巨大的诱惑力。希特勒在竞选总理的纲领中就有一条：让每个德国家庭都拥有一辆轿车。他上台不到10天，在其《党选纲领》中就宣称：“1939年2月10日举行的柏林国际汽车博览会上，将展出德国最经济、最便宜的小轿车。”

1934年2月，对政治不感兴趣的费南迪尔·保时捷拜见希特勒，提出了自己开发“大众轿车”的愿望，希望能够设计、生产这样一种汽车：采用风冷发动机，排量1L，功率19kW(26马力)；采用独立悬架，整体车身；整车质量650kg，最高时速100km。希特勒同意了保时捷的建议，表示大力支持。同时提出“油耗要小于7.0L/100km，有足够一家4口乘坐的空间，易起动、低售价”。保时捷庆幸遇到了一位强有力的执政者，可以帮助他实现开发汽车的愿望。其实他哪里知道，希特勒让他发展汽车完全是为了战争需要。

两人会面不久，德国国家汽车工业协会就接到通知：“元首”决定开发小轿车，指定他们代表政府与保时捷公司签订设计、试制大众型轿车的协议。保时捷对此受宠若惊，带领研制小组按照“坚固可靠，经济实用，技术全面成熟”的原则夜以继日地工作。1934年6月，大众车面世，希特勒亲自试驾样车，还建议把汽车外形改得更像一只甲壳虫。当时希特勒正在推行精神运动，他将大众轿车命名为“KRAFT DURCH FREUDE”，意思为充满活力的欢愉，可是这一名字始终未流行起来，这也为“甲壳虫”最终成为其名字留下了伏笔(图1-22)。

图1-22 大众“甲壳虫”汽车

1936年10月12日，三辆大众型“V1”轿车开发成功，它有着甲虫般的外壳，风阻极小，采用风冷发动机便于维护，扭杆独立悬架行车平稳，整车质量650kg，19.1kW(26马力)，车速高、油耗少。经过汽车协会用最苛刻办法进行的历时一年多、长达16万km的长途试车，于1937年通过了技术鉴定。

“大众”轿车投产是通过一项特殊储蓄计划筹集资金的：规定人们每周储蓄5马克，经过4年存够1045马克后可以得到一辆轿车。从1938年8月1日这一计划开始实施，到

1939 年底,“自愿”参加储蓄的人达 17 万多,且有大约 60% 的人每月存入 350 马克,希望能在 3 个月之后得到一辆轿车,储蓄总额达 2.76 亿马克。这笔钱保证了大众轿车的顺利生产。

1937 年 5 月 28 日,大众公司成立,1939 年 8 月 15 日生产出第一批“大众”轿车。当“大众”轿车在柏林汽车博览会上展出时,美国《时代》周刊将其讥讽为“甲壳虫”(Beetle)而不屑一顾。谁曾想到,10 年之后,这种“甲虫”爬遍了欧洲;爬上了美洲大陆;爬向了全世界。由于受“第二次世界大战”的影响,“甲壳虫”汽车在 1938 ~ 1945 年间只生产了 210 辆,而且全部分给了纳粹军官,至于那些参加储蓄的普通大众,没有人得到一辆。

1945 年,“大众”轿车恢复生产,索性以“甲壳虫”为名。由于它售价合理,满足了普通消费者的需求,国内市场迅速被打开。不久,国际市场拓展也获得成功,产量大幅度上升:1946 年产量达 1 万辆;1953 年达 50 万辆;1955 年达 100 万辆;1957 年达 200 万辆;1961 年达 500 万辆;1972 年 2 月 17 日,第 15007034 辆甲壳虫车出厂,比福特 T 型车多一辆,取得全球产销量冠军的美誉;1981 年 5 月 15 日,第 2000 万辆甲壳虫车在墨西哥下线。至今,“甲壳虫”已累计生产 2200 多万辆,而且还在以每年 10 万辆的数字继续创造着自己的辉煌。

如下因素的综合作用导致了“甲壳虫”的成功:

(1)大量采用了新技术(在当时条件下),性能良好。

(2)售价合理,性能价格比高。

(3)几乎适用于各种道路条件。

(4)操作性能良好。

(5)充分利用了一切可以利用的内部空间。

(6)坚固耐用、维修间隔长。

(7)生产批量大,规模效益好。

(8)零配件供应及时,售后服务好。

据说,在五六十年代世界各地的人们,只根据商品的外形一眼就能认出的产品有两样:一是可口可乐瓶子,另一个就是“甲壳虫”汽车。这或许可以说明它在全世界消费者心目中的地位,也可以说明它“一代经典,不朽传说”的美誉不是虚名。

四 大众“高尔夫”(Golf)

高尔夫自 1974 年 3 月 2 日推出后,历经 30 多年、六代改型,累计产量超过了大众的传奇车型甲壳虫。

1 第一代高尔夫 (1974 ~ 1983 年)

20 世纪 70 年代,整个欧洲被石油危机重创,汽车工业面临严峻考验。在这种形势下,大众公司果断决定放弃传统的后置风冷发动机布局,把宝押在全新高尔夫上:采用水冷四缸发动机、前轮驱动、紧凑的承载式车身、轻量化底盘、前悬架为支柱式、后悬架为交叉臂式,乔治亚罗设计的溜背式造型带棱带角(图 1-23)。

1974 年 3 月,高尔夫正式投产,一问世就抓住了消费者的心。它的造型不仅提供了更加宽敞的空间,而且解决了甲壳虫车遇侧风而不稳的问题。高尔夫实现了更快的车速,外加更高的安全性。高尔夫最早配用 1.1L 四缸发动机,最高车速达到 140km/h;后来换装了 1.5L 的发动机,最高车速达到 160km/h。高尔夫,这个世界上著名的两厢掀背车型绝对称得上是大众的经典车型。

图 1-23　第一代高尔夫

2 第二代高尔夫 (1983 ~ 1991 年)

随着第一代高尔夫的热销,在进入 20 世纪 80 年代后,大众汽车很积极地对产品进行了更新,第二代高尔夫于 1983 年 8 月投放市场。

第二代高尔夫还有许多衍生车型,如搭载机械增压发动机的 G60、赛事认证车型 Rallye 高尔夫,甚至柴油版的 GTD 也从这一代开始推出。

3 第三代高尔夫 (1991 ~ 1997 年)

1991 年 8 月推出的第三代高尔夫不仅根据人们的需要放大了车身尺寸,还将车辆的外形由原来的棱角分明变成了较为圆滑的曲线设计。所采用的是一款 2.0L、16 气门发动机,可以提供 106kW(145 马力)的最大功率,绝对可以满足驾驶需求。另外,安全气囊、预紧式安全带以及 ABS 防抱死系统也都开始装备。更大的车身,更丰富的安全配置和更好的动力表现,让这一代高尔夫获得了极大的成功。

4 第四代高尔夫(1997 ~ 2004 年)

1997 年 8 月高尔夫第四代荣耀登场,全新震撼造型,全车身镀锌,车体采用大众汽车 12 年全车镀锌防腐蚀技术,严格把关的二阶段内外车身镀锌处理再配合大众汽车完美的 6 层漆面涂装作业,建立超越全球汽车最高标准,能在 12 年内有效防止腐蚀。代表了超高品质标准的高尔夫新系列,在 7 年间创下全球 430 万台的销售纪录。2000 年 9 月,全球高尔夫累计产量达到了 2000 万辆。2002 年 6 月 25 日,第 21517415 辆高尔夫下线,超过了大众甲壳虫的生产量,甲壳虫用了 56 年取得的辉煌,高尔夫仅用了 29 年的时间便超越了。在 1997 ~ 2003 年间,大众共制造了 430 万辆第四代高尔夫。2003 年 7 月,大众将第四代高尔夫引入一汽—大众生产。

5 第五代高尔夫(2003 ~ 2009 年)

2003 年 9 月,大众汽车选在法兰克福车展正式发布史上最成功的德国畅销车第五代高尔夫。这款高尔夫具备了更优越的性能、更强悍的动力表现、集创新高科技的多种优势。外观上最显眼的变化当数前照灯——采用了流行的犀利的锐角设计,其时尚与动感跃然纸上。底盘则采用完全独立的 4 连杆式。2007 年 3 月 26 日,第 2500 万辆高尔夫在沃尔夫斯堡下线。

6 第六代高尔夫(2009 年 ~ 至今)

2009 年 8 月 14 日,备受瞩目的代表着 A 级车最高制造水平的第六代高尔夫在一汽—大众轿车二厂总装车间下线。这款高尔夫,外形轮廓的关键元素均为全新设计,外形更为简洁、车身没有任何特殊的渲染,每一根线条都清晰地反映出它的实际形态,贯穿车身首尾的突出线条如同强壮的肌肉纤维,使高尔夫的车顶与强壮的腰部浑然一体。尾部也以水平流线型风格为主,宽大的尾灯十分独特而抢眼;借助转向灯和倒车灯,水晶般透明的轮廓更显高档。而全方位的静音设计又使第六代高尔夫获得了高档车型才能拥有的静音水平。

五 冠军车型丰田花冠(COROLLA)

自问世以来,花冠连续30多年夺得日本国内汽车销量冠军;在国际市场,花冠在140多个国家和地区屡获好评。2002年6月,在一向以对汽车品质挑剔严格而著称的德国ADAC(德国汽车协会)发表的顾客满意度调查中,花冠在同级别15个车型里综合评价排名第一。以高性能和高品质在全世界备受推崇的COROLLA花冠,从2000年开始,以"最畅销汽车"称号载入吉尼斯世界纪录,更于2003年以2800万辆的成绩刷新了汽车单一品牌累计销量的世界纪录。截至2008年底,全球用户已经超过3500万,有着"世界车"的美誉。

1 1966年第一代花冠

1966年,面向高速成长的日本大众汽车市场,丰田推出了名为COROLLA花冠(取意"花中之冠")的新型1100mL双门轿车。这款车以丰田公司"让所有人都能拥有汽车"这一创业初衷作为理念,汇集了丰田的技术精华,是当时具有最高性能水平和商品吸引力的划时代"紧凑型轿车"(图1-24)。

图1-24 第一代花冠

2 1972年第二代花冠

1972年3月,体现花冠超级动力性能的花冠LEVIN(意为闪电)上市了。车如其名,花冠LEVIN动如闪电,紧凑小巧的车身搭载着2T-G型双顶置凸轮轴发动机,最高速度达190km/h。LEVIN在国内外的各级车赛中备受瞩目,取得了辉煌战绩。

3 1974年第三代花冠

1974年,花冠第三代诞生。当时正值日本快速进入汽车社会,同时,整个汽车业也面临着解决节能和净化尾气问题的要求。特别是在经济高速成长的后期,如何适应日本汽车市场的多样化需求和提高质量、树立国际汽车品牌成为业界探讨的主要课题。丰田以生产"卓越的完美平衡的高品质汽车”为目标,遵循大方得体、宽松舒适的设计理念,为增加驾乘舒适感及提高性能研制出新款车型,使产品阵容更加充实丰富,并且在车体中创造出更加充裕的室内空间,既舒适又实用。第三代花冠的上市席卷了当时的世界汽车市场,上市当年便以单一车型的生产量超过大众甲壳虫而勇夺第一。在优越的综合性能、高品质和高度信赖感的支持下,花冠创造了前所未有的业绩(年产375万辆),并从1974年开始出口,年出口量超过30万辆,这标志着日本确立了汽车先进国家的地位。

4 1979年第四代花冠

第四代花冠于1979年3月问世。当时,正值日本经济从石油危机中恢复发展、物质丰富,消费者追求高档商品的倾向越来越强烈。第四代花冠研制开发的主题定在“综合性能优良、引领20世纪80年代潮流的高级普及型汽车”上。在外形上一方面减小风阻系数,一方面采用与国际接轨的直线形新锐外观设计。作为战后诞生的汽车,花冠仅用16年零4个月就以最快速度实现了1000万辆的生产目标。

5 1983年第五代花冠

第五代花冠于1983年问世,它以“走在世界最尖端的,最适合家庭使用的汽车”作为基本研发理念,在全系列轿车上首次采用乘坐舒适性和经济性俱佳的FF(前轮驱动、前置发动机)布局。另外,整车采用了“折背式车身”的外形设计。以平滑、稳定感十足的立体结构为基调的车身轮廓,被称为“动感一派”。车内实现了超越一般轿车的舒适驾乘空间,特别是FF化了的轿车,创造了同档次车型中的顶级空间。

6 1987年第六代花冠

第六代花冠在泡沫经济的1987年整体换型,是为了反映“以丰富和多样化为特征的新时代价值观”,远远超越传统水平要求的档次,追求更高层次的品质。在机械性能方面,本着“通过超群的车辆性能实现驾驶乐趣”这一开发理念,汇聚以往积累的丰田技术力量,开发并装配了大功率、低油耗、高灵敏度、噪声小的双顶置凸轮轴发动机。在内饰方面,室内整体的全装饰化和零件质感的协调,彰显出高品质感。通过这一系列举措,给用户带来深厚的满足感。

7 1991年第七代花冠

1991年,初次登场的第七代产品,被称为花冠系列中最豪华的车型。丰田立足于“把握新时代脉动,创造新世纪标准”的理念基础,开发出了具有新品质的、世界级标准的新车型。这代花冠的设计思想基于以下三点:充满知性美的样式以及创造出人性化的舒适空间;进一步优化了的行驶、转弯、制动的卓越行驶性能;彻底寻求人们内心所需的安全性与信赖感。

8 1995年第八代花冠

第八代花冠初次登场是在1995年5月。当时,日本经济开始衰退,这是一个追求“协调地球环境,关心周围点滴”的时代。在这种时代背景下,新花冠继承了整车尺寸均衡和高品质的特点,以企业与社会之间协调发展为目的,努力追求节能和安全性。最终,第八代花冠实现了轿车最大减少 50kg、跑车最大减少 70kg 的目标。而且,在确保超低油耗的同时,还实现了高刚性车身及装载安全气囊等安全应对措施。

9 2000 年第九代花冠

第九代花冠是基于开创性的“在看似冲突的各种性能要素间找到最佳平衡点”的设计理念打造的。开发中发挥了丰田团队优势,在丰田欧洲设计中心共同参与下,反复推敲与修改而成的。对于这款新车,丰田人自豪地概括为:外观动感且内饰豪华,动力强劲且车内安静,车体宽大且操控灵活,安全预防可靠且撞击保护出色。

10 2006 年第十代花冠

2006 年,丰田在日本开始销售全新设计的新一代花冠轿车,其中轿车被命名为 Corolla Axio,而小型旅行车被称为 Corolla Fielder。2007 年 5 月 28 日,第十代花冠,一汽丰田卡罗拉在天津一汽丰田工厂正式下线。

1.4 汽车发展需要解决的三大问题

随着经济的发展以及环境的恶化,人们关注得更多的就是“可持续发展”。作为汽车来说,“可持续发展”的具体内容就是“安全、节能、环保”三大主题。

汽车工业只有持续改进汽车的安全、节能、环保问题,才能赢得社会的信赖,才能保持“可持续发展”,才能为社会的进步作出贡献。

一 汽车安全性

汽车因其具有高速、灵活、舒适、机动等特性,给人们的生活带来了极大便利,但同时也给人类带来了很多悲剧。随着交通工具的现代化和绝对数量的急剧增长,交通事故也在不断增加,已经成为严峻的社会问题。据初步统计,汽车交通事故造成的人员死亡在 100 年间大约有 2 千多万人。这个数字比第一次世界大战中死亡的人数还多,是第二次世界大战死亡人数的一半多。因此,对于人类来说,汽车交通事故的总体伤害与经济损失规模已大于任何一种自然或其他社会灾害所造成的损失。交通事故已成为“世界第一公害”,而中国是世界上交通事故死亡人数最多的国家之一。

汽车的安全性早就为人们所重视,提高汽车安全性包含两方面内容:一方面,在交通事故发生以前采取安全性措施,特别当即将出现危险状态时,驾驶员操纵转向盘进行避让或紧急制动,以避免交通事故发生,这种安全称为主动安全,也可称为预防安全;另一方面,事故发生后尽量减少交通事故和驾乘人员直接遭受伤害的程度,以保证驾乘人员和行人的安全,这种安全称为被动安全,也可称为冲突安全。

1 汽车的主动安全技术

在汽车工业发达国家，巨大的人力、财力、物力被不断投入到汽车安全性的研究领域，并制定了大量相关的汽车安全性标准，如国际标准(ISO)、欧共体标准(ECE)、联合国欧洲经济委员会标准(EEC)以及各个国家标准(其中，美国联邦机动车安全标准FMVSS及日本的汽车安保基准颇具影响)。尽管各国安全标准千差万别，但由于汽车工业的国际化特征，汽车大国之间通过双边及多边合作不断对汽车安全标准、法规加以协调、整合，使该领域的国家边界日益模糊。

汽车的主动安全技术可以避免人员及车辆损伤，尤其可以避免由于交通堵塞引起的巨大间接经济损失，做到了防患于未然。

目前，提高汽车的主动安全性，主要是通过以下几个方面的技术加以实现的：

(1)360°视角系统。摄像镜头系统与雷达配合使用，能够向驾驶员及时提供行车中四周出现的自行车、摩托车和滑板等危险情况。另外，夜间停车时，还可以有效提醒驾驶员，避免碰撞。

(2)改善视野装置。驾驶半挂车时，半挂车的后面容易形成盲区，影响驾驶员对突发事件的判断。为改善驾驶员视野，现代重型载货汽车在驾驶室的设计上优化了A柱和后视镜间的间隙，采用尽可能大的前风窗玻璃、强有力的刮水器及大的后视镜。有的还可提供后视摄像系统，以协助驾驶员观察挂车后面车辆的行驶情况。全新设计的前照灯装备高强度灯泡，该灯泡即使在黑夜中，也可提供无与伦比的能见度。

(3)自动调节速度和车距系统。轿车通过安装在车内的雷达探测系统，可以准确探测汽车行进中的障碍物，并及时将信息传给制动系统，自动采取减速措施并降低驱动力；一旦障碍物消失，这个系统还能够取消制动和提高加速踏板的动力。

(4)电子气候控制系统。现代重型载货汽车配置了电子气候控制系统，只要设定温度范围，其他的事就都由电子气候控制系统来完成。这是一套非常先进的系统，通过分析驾驶室内、外温度，车辆的行驶速度，发动机转速和其他几项重要参数，来控制驾驶室的温度、空气流量、气流方向和换气通风。当驾驶室外温度高时，冷空气首先会从仪表板吹向驾驶员；当外界温度低时，暖风会首先吹向前风窗玻璃，对其进行加热，清除雾冰，保证驾驶员的视野清晰，然后吹向两侧车门，保证驾驶室内舒适的温度。此外，还可对温度、空气流量等进行手动控制。

(5)反光安全车身。传统车身在光线不良时是靠车灯及位置来判断机动车的特征，在车辆灯光不齐全时，驾驶员和行人判断失误多，易发生交通事故。为克服这些弊端，开始应用反光安全车身。该车身白天和普通车身一样，但在黎明、傍晚、浓雾等光线不良的天气时，可使其他车辆的驾驶员和行人在远处就能清楚看到车身的外观特征和运动特征，提高了驾驶员和行人判断的精确度，做到及时避让。经测定，浓雾时反光安全车身比普通车身视野距离可提高5~30m，夜间可提高50~300m。

(6)轮胎气压报警装置。轮胎气压对车辆的安全性能有很大影响，当气压显著下降时，极有可能发生轮胎破裂爆炸，引发重大交通事故，所以应该经常检查轮胎气压。有时在汽车行驶中越过突起路面或异物时，轮胎气压急剧下降，为此丰田公司开发了检查轮胎气压异常下降的技术(装在1996年面市的马克Ⅱ型轿车上)。该装置能检测轮胎气压，并在仪表盘上装有报警灯，当轮胎气压发生异常时会立即向驾驶员报警。驾驶员发现轮胎气压下降，就可以及早发现轮胎的破裂情况，并防止操纵稳定性和燃油经济型的下降。

图 1-25 四轮转向的越野车

(7)四轮转向控制技术。四轮转向是指后轮也具有一定的转向功能，不仅可与前轮同向转向，也可与前轮反向转向。其主要目的是增强轿车在高速行驶或者在侧向风力作用下的操纵稳定性，改善低速时的操纵轻便性，在轿车高速行驶时便于由一个车道向另一个车道的移动调整，以及减少掉头时的转弯半径。图 1-25 所示为四轮转向的越野车。

四轮转向装置按照前后轮的偏转角和车速之间的关系分为两种类型：一种是转角传感型，另一种是车速传感型。转角传感型是指前轮和后轮的偏转角度之间存在着一定的因变关系，即后轮可按前轮偏转方向做同向偏转，也可做反向偏转。车速传感型是根据事先设计的程序规定当车速达到某一预定值时(通常为 35 ~40km/h)，后轮能与前轮同向偏转；当低于某一预定值时，则与前轮反向偏转。目前的四轮转向轿车既有采用转角传感型，也有采用车速传感型，还有二者兼而有之的。马自达 929 型轿车的四轮转向具有两种类型的特点。

从汽车转向的过程来看，无论采取怎样的转向形式，都是使汽车在转弯时产生重心的平移和绕着重心的转动，这两种运动的结合使汽车完成转向的过程。当汽车转向盘的转角和车速都确定下来时，前轮转向汽车的行驶状态是单一的，而四轮转向汽车的行驶状态则会随着后轮与前轮之间的角度不同或相同而变得多种多样，这是两轮转向和四轮转向的根本差别所在，也是后者比前者优越的关键之处。汽车前轮转向时，会产生一个作用在前轮的侧向力，这时后轮也会产生一种离心力，这种作用力就会使车辆在垂直轴线方向上产生一个力矩，增大了倾翻作用力使车辆不能稳定。而有四轮转向装置的汽车，前后轮会相互配合，减弱倾翻作用力，侧滑也会减少，从而保障了行车安全。汽车直线行驶时，由于受到车速和路面侧向风的影响经常会跑偏。有四轮转向装置汽车的微处理机会根据车速和前轮转角加以计算，确定后轮的转角数值，以变动对变动来保持车子行驶的稳定性。

(8)智能换挡系统。现代重型载货汽车上装备有新型自动换挡装置，它不仅使车辆舒适性和安全性更高，而且燃油消耗更少。该装置换挡迅速、平稳、柔顺，能根据行驶情况换到最佳挡位。换挡控制杆按人体工程学设计，安装在驾驶员座椅上，驾驶员可方便舒适地进行操作，和驾驶装备自动变速器的乘用车一样轻松。通过换挡控制杆上的按钮，驾驶员可以很方便地切换到手动换挡方式。换挡控制杆的所有功能都显示在位于仪表板上的驾驶员显示器上。

(9)主动式汽车防撞系统。这种防撞系统是在防抱系统的基础上增加助力伺服机构，用微处理器识别紧急制动和缓慢制动，以减少事故的发生或减轻撞车事故的危害，提高汽车制动及防撞的安全性。车载防撞雷达的原理与此类似，只是信号来自测距雷达，达到防撞目的。

(10) ABS(Antilock Braking System)防抱死制动系统。当汽车行驶在湿滑路面上紧急制动时，车轮被抱死会造成甩尾或转向失灵，极易发生交通事故。而 ABS 装置采用先进的电脑控制技术，能自动调节液压制动力的大小，保证汽车在任何情况下都不会发生车轮抱死现象，缩短制动距离，同时保证汽车制动时的方向稳定性，防止产生侧滑和跑偏。应用了 ABS

后，交通事故的减少情况为：摩托车 10%；轿车和轻型货车 8%，公共汽车 4%，重型货车 10%，平均减少 7.5%。

ABS 通常是由车轮转速传感器、制动压力调节装置、电子控制装置和 ABS 警示灯等组成的。

(11) ASR(Acceleration Slip Regulation)驱动防滑控制系统。采用 ASR 的主要目的是防止汽车驱动轮在加速时出现打滑，特别是在下雨、下雪、冰雹、路面结冰等摩擦力较小的特殊路面上，当汽车加速时将滑动率控制在一定的范围内，从而防止驱动轮快速滑动。它的功能一是提高牵引力；二是保持汽车的行驶稳定。

行驶在易滑的路面上，没有 ASR 的汽车加速时驱动轮容易打滑；后轮驱动的车辆容易甩尾，前轮驱动的车辆容易方向失控。转弯时，如果发生驱动轮打滑，会导致整个车辆向一侧偏移，这在山路上行驶是极度危险的。装有 ASR，汽车在加速时就不会有或能够减少这种现象。

(12) ESP 是 Electronic Stability Program 的缩写，意思为电控汽车稳定行驶系统。ESP 是一种可以有效防止在车辆遭遇突发状况时发生打滑失控的电子系统，最早由德国 Bosch 公司发明。由于 ABS 系统不能解决在湿滑路面起步和加速出现时的打滑问题，更不能避免汽车在行进中出现的侧滑问题，因此，在 ABS 系统的基础上，Bosch 公司才研发了制动力分配(EBD)和驱动防滑转(ASR)系统，而在 1995 年又推出了电控汽车稳定行驶系统(ESP)。ESP 系统是属于汽车主动安全控制系统，它是 ABS + EBD + ASR 的发展与延伸。

当一辆没有配备 ESP 的车辆在高速转弯时，容易产生转向过度或转向不足的现象，而在进行紧急避闪动作时车辆也容易出现失控情形(如图 1-26中的内侧车)；而一辆配备有 ESP 的车辆在遇到上述情况时，ESP 会收集信息、分析车况并对车轮的制动力进行控制，以修正转向过度或转向不足的现象，并可保持紧急闪避动作后的车辆动态稳定性，避免失控(如图 1-26中的外侧车)。据调查，ESP 系统能有效降低 30% 左右的车祸死亡率。

2 汽车的被动安全技术

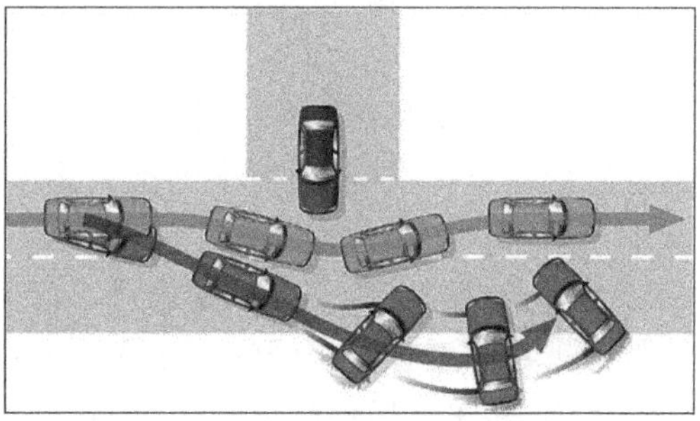

图 1-26　装有 ESP 系统车辆紧急制动时的情况

通常，人们往往会认为事故车辆损伤越小，乘员就越安全。事实上，汽车交通事故全过程中的汽车安全性可分为 4 个阶段：事故预防、事故回避、碰撞安全、碰撞后防止灾害扩大。按照事故发生的前后分，汽车的安全可以分为主动安全和被动安全，前者是在事故发生之前采取的措施，后者是在事故发生后减少事故损害的措施。由于对人员的保护是主要的，所以说适量的车身变形是必要的，即汽车安全技术的着眼点应是保护乘员而不是保护车辆。

保护汽车乘员的想法最早产生于美国。1952 年，美国汽车生产者联合会在理论上阐述了汽车安全系统的必要性。20 世纪 60 年代以后，汽车被动安全技术被全面应用。目前主要使用的技术项目有：

1) GOA 安全车身

为了在汽车发生碰撞时更好地保护车内乘客，轿车车身前后均应设计有变形区，以便在发生碰撞时，轿车车身的变形能够按照预先设计的方向逐渐变形（图1-27），从而尽量减小传递到乘客舱和乘客身体的冲击，减小乘客舱的变形，保障车内乘客安全。所以，一种被称作GOA安全车身的设计应运而生。

图1-27 防撞结构车身

GOA是Global Outstanding Assessment的缩写，中文意思是世界顶级水平安全设计，它是丰田公司的设计专利。采用这项设计，位于车身前后的可伸缩车体，不仅能应对撞击事故，还能全方位加强对座舱的防护，缓和二次撞击，利于驾驶员逃生或被救。GOA车身安全性高的另一个原因是在撞击时能有效将撞击力分散至全车各部位，并以能量吸收材质与多处强化钢梁保护座舱空间，再搭配ABS、安全气囊等多项防护措施，充分体现了对生命的尊重。

乘坐舱的设计首先要考虑对碰撞能量的吸收，在车体结构中设计防撞压损区就属于此种设计。当防撞压损区发生挤压变形时，它可吸收能量并帮助减少乘坐舱的变形，这样，就能通过减小作用于乘员的作用力而显著提高了乘员的安全性。目前，防撞压损区的设计都是在计算机的帮助下进行的，因此，可以获得各种变形的防撞压损区，甚至在车体结构中故意加入一些孔洞，从而使压皱在预先设计的点开始。其次，乘坐舱的设计还要考虑碰撞发生时保持乘坐舱的完整性，避免乘员受到挤压和冲击。汽车的侧面、地板以及侧车门的加强设计用于抵抗侧面碰撞时车体的变形；此外，车门内还安装有钢制防护梁和吸收能量的泡沫状物，它们与坚固的门铰链和门闩一起，可进一步分解、抵消侧面碰撞的碰撞力；汽车门锁的设计用于发生事故时保持车门处于关闭状态，使乘员保持在车内，防止乘员弹出。

2）保险杠

保险杠是安装在汽车前部或后部，用以在碰撞发生时吸收能量、减轻车身损伤的部件。保险杠最初以钢材制成，后来逐渐采用橡胶、塑料或其他轻质金属材料。除保险杠外，一些汽车，如载货汽车、越野车还在前后方加装附加的防护架以进一步避免碰撞损伤。

一些国家的交通安全法要求汽车必须装保险杠，并对保险杠高度有明确规定。这是为了保证车身高度各不相同的汽车在碰撞时的安全性，使得小型车不至于冲入大型车下方。

目前，轿车前后保险杠除了保持原有保护功能外，还要追求与车体造型的和谐与统一，追求本身的轻量化。为达到此目的，前后保险杠均采用了塑料保险杠。塑料保险杠具有一定的强度、刚性和装饰性。从安全角度看，汽车发生碰撞事故时能起到缓冲作用，保护前后车体；从外观方面看，可与车体浑然一体，具有很好的装饰性，成为装饰轿车外形的重要部件。图1-28为保险杠与车体浑然一体的设计。

3）汽车安全玻璃

汽车玻璃必须满足以下安全因素：良好的视线、足够的强度，在发生意外事故时对乘员起到保护作用。常见的汽车玻璃有：调质玻璃、局部调质玻璃、层压玻璃。

调质玻璃是将普通玻璃加热、淬火而成，使其内部存有内应力，这种内应力使玻璃具有很高的抵抗物理冲击的能力，抗力比普通玻璃高出4倍，当受到强大冲击时，将碎成粒状，不至于对人造成伤害(图1-29)。由于经过了热处理，玻璃的耐温度变化能力增强，一块5mm厚的普通玻璃，当温差大于70℃时就会破裂，而一块调质玻璃则约能承受170℃的温差。

图1-28　汽车保险杠

图1-29　汽车安全玻璃的防护功能

局部调质玻璃是调质玻璃的一种，与调质玻璃一样坚固，属于用来制造风窗玻璃的，当它破裂时，会形成特殊形状和大小的碎片，给驾驶员提供一些能见度和额外的安全。

层压玻璃是由两块普通玻璃胶合而成的，中间夹有一层薄膜，经强力胶压制而成。在破裂时中间夹的薄膜可以防止石块或其他飞掷物件穿透到另一面，亦能防止碎玻璃飞溅。层压玻璃可以保证驾驶所需之最小能见度。

4)汽车座椅安全带

1922年，在用于比赛的个别赛车上开始使用安全带。20世纪40年代，通用汽车公司率先在别克汽车上将安全带作为标准配置。1955年，福特汽车装用了安全带。1968年，美国规定轿车前方的座位均要安装安全带。

今天普遍使用的三点式安全带是1959年瑞典沃尔沃公司的工程师尼尔斯发明的。这种安全带为世人所接受始于1967年，当时，美国发表了《28000宗意外报告》，当中记录了1966年瑞典国内所有涉及沃尔沃汽车的交通事故，数字清楚地显示，三点式安全带不但能够保住事故车辆中乘客的性命，更能在超过半数的个案中，减低甚至避免乘客受伤的机会。自此，安全带开始在全球普及，在美国以后，欧洲和日本等发达国家都相继制定了汽车乘员必须佩戴安全带的规定；我国也于1992年颁布通告，规定从1993年7月1日起，所有小客车在行驶时，驾驶员和前排座乘员都必须使用安全带。

三点式安全带(图1-30)的第一次改革是在1968年，当时一种名叫固定转芯的小装置被首次应用在前排座位安全带上，3年后后排座位也采用了。由于它可以容许乘客有更多活动自由，省去了因适应不同乘客体形而进行特别调校的麻烦，而且闲置时亦不会碍手碍脚，终于巩固了现代安全带的模式。不过，直到1986年，后排中间的座位才成功安装了三点式安全带，使全车乘客都可得到周全的保护。1990年，早已把三点式安全带列为所有座位标准装置的沃尔沃汽车再进一步，增设了一种附加设备——安全带束紧器(Belt Tensioner)，它能够借助感应

图1-30　三点式安全带

器在制动时作出的反应，收紧安全带，加强保护力。

5）安全气囊

近年来，安全气囊几乎成为各种轿车的标准配备。

1953年8月，美国人约翰·赫特里特首次提出“汽车用安全气囊防护装置”，并获得了“汽车缓冲安全装置”的专利。由于当时技术水平的限制，还不能把这种想法或专利付诸实现。

真正将安全气囊商用化的是戴姆勒—奔驰公司。1980年，奔驰公司在所产的部分汽车上安装了安全气囊，从1985年起，他们在全部供应美国市场的汽车上都安装了这种安全系统。随后，又出现了第一个保护驾驶员旁前排座乘员头部的气囊。

目前，很多国家都要求在新车上必须安装气囊。美国从1989年起实施法规要求一定要安装大尺寸的气囊。而欧洲专家们则认为最好的方案应该是：安全带和小尺寸气囊的配合使用。所以，欧洲公司只生产小尺寸气囊。在现代汽车上，一个气囊安装在转向盘上，另外一个则安装在驾驶员旁前排乘员的前面，侧面气囊或者装在车门上，或者装在座椅靠背上。

安全气囊用橡胶衬里的特种织物尼龙制成，工作时用无害氮气填充。为避免气囊因长期叠置而成硬块，在内部覆盖了一层特殊材料，可使气囊有效使用期达到15年。安全气囊由一个传感器激活，该传感器用于监视碰撞中汽车速度减小的程度。在碰撞发生的早期，安全气囊开始充气，充气时间大约需要0.03s（图1-31）。快速充气十分重要，这能确保当乘客身体被安全带束缚不动而头部仍然向前行进时，安全气囊能及时到位。在头部碰到安全气囊时，安全气囊通过气囊表面的气孔开始排气。气体的排出有一定速率，以确保让人的身体部位缓慢减速。

图1-31　安全气囊保护示意图

6）吸能转向柱

吸能转向柱首次被使用是在1968年，之前，驾驶员在追尾撞击中会直接撞向汽车前部僵硬的操纵件，而这些部件即使连最微小的撞击能量都不可能吸收。

1968年以后，吸能转向柱开始被普遍使用，其设计目的就是减轻对驾驶员胸腔的冲击力。2005年，福特汽车公司制造出一种新的转向柱，它可以依据一些标准来变换吸附的等级，如是否使用了安全带、乘员重量和撞击严重程度等。2006款的道奇Charger车型使用的转向柱有一个特殊装置，可以让转向柱移离驾驶员以在撞击中吸收更多的能量。

二　汽车环保性

目前，世界上绝大多数的汽车均以石油制品作为燃料，由此产生的大量尾气排放物中的化学物质，如一氧化碳、氮氧化物、二氧化碳、挥发物等，使人们呼吸的空气变得污浊不堪。汽油中添加了铅化物，固然可以提高汽油的辛烷值，使汽油能适应高压缩比的发动机而不产生“爆震”现象，但铅化物的危害很大，铅离开排气管后飘浮在空气中，沉淀在土壤中，溶解于水中。人呼吸着含铅的空气，饮用含铅的水，吃着吸收了铅的粮食，铅会一天天地沉积在人的体内，侵蚀着人的内脏和神经。

联合国环保组织的调查显示，目前城市中的空气污染，50%来自燃油汽车的废气排放，而汽车拥有最集中的欧美国家的一些城市,空气污染源的60%来自汽车废气。据测定,汽、柴油动力汽车排放的废气中含有害物质达160多种。在我国,大、中型城市中的汽车排放已成为城市空气污染的主要来源。

国外对汽车排放的控制越来越严格,欧洲从1996年开始执行了欧洲2号标准,2000年开始执行欧洲3号标准,而到2005年采用欧洲4号标准。各国政府都对汽车环保提出了越来越严格的要求,进一步控制汽车排放同样是我国一项紧迫任务。

在严峻的环保形势要求下,人们采取各种措施来控制汽车的排放。除了在汽车上增加减少排放的设置以外,主要是研发绿色环保的汽车。

1 电动汽车

电动汽车是指以车载电源为动力,用电动机驱动车轮行驶的车辆,一般采用高效能的充电电池或燃料电池作为动力源。电动汽车无须再用内燃机,因此,电动汽车的电动机相当于传统汽车的发动机,蓄电池相当于原来的油箱。电能是二次能源,可以来源于风能、水能、热能、太阳能等多种方式。

电动汽车有多种类型,主要包括:蓄电池电动汽车、燃料电池电动汽车等。

2 混合动力电动汽车(HEV)

混合动力电动汽车是指在汽车上安装有两个以上的动力源,包括电机驱动,符合道路交通安全法规的汽车。图1-32为采用混合动力的丰田普瑞斯(Prius)汽车。

图1-32 丰田普瑞斯(Prius)混合动力汽车

车载动力源可以有多种形式,如蓄电池、燃料电池、太阳能电池等。当前,混合动力电动汽车一般是指以内燃机发电,再配合使用蓄电池的电动汽车。

3 太阳能电动汽车

用太阳能作为汽车能源的主要来源,既能减少汽车污染物的排放,又能减少常规能源的消耗,而且来源充足。但在大规模推广使用太阳能方面,却面临着最大的技术问题:太阳能的采集技术还有待提高。

图1-33 太阳能汽车在参赛

近年来,国际上举办的各种太阳能电动车比赛风靡全球,使得这方面的技术有了实质性的提高。图1-33是一款参加比赛的太阳能汽车。

马自达公司曾经在车展上展出过一款名为“先驱”的概念车。该车配备了“透光太阳能系统”,其特点是通过在夹层安全玻璃中间嵌入染料敏化太阳能电池系统,保持了原有的透明性。并且运用了高端技术,使太阳光能转换成电能的转化率达到6% ~7%,基本上可以满足该车的动力需要。但在成本上,这款车还不适合量产。

三 汽车的节能

汽车节能是一项庞大的系统工程,涉及车辆技术、辅助设施与维修、汽车运用等各个方面的问题。在车辆技术方面的节能途径主要有以下几个方面:

(1)汽车小型化。目前的私家车大部分都是用于上下班的代步工具,其实一辆5座轿车,很多时候都是只搭载了一名驾驶员,这就造成了很大的能源、空间方面的浪费。如果改用小型车情况就会有所改观。

国际市场油价的走高,以及日益严格的节能环保法规要求,推动着全球的汽车消费向着小型化方向发展,欧洲、美国和日本等发达国家的汽车消费均明显地呈现出了小型车销量扩大的走势。

(2)发动机技术。当前,轿车基本是以汽油为燃料,而汽油发动机至少还有20%的节能潜力。汽油发动机节能的发展方向为:缸内直喷技术、电辅助增压、电动气门、可变压缩比等技术。在排量相同的情况下,柴油车比汽油车节能20%,中国轿车中柴油车保有量仅为0.2%,而欧盟国家的比例为50 %。因此,中国需要大力发展柴油车技术,主要包括:柴油机电控高压燃油喷射系统、智能化发动机电子管理系统技术,柴油机氮氧化合物选择性催化还原SCR技术,以及大幅度降低柴油的硫含量技术,发展合成柴油和生物柴油等代用柴油技术。

(3)整车自重。减轻汽车自重是降低燃油消耗及减少排放的有效措施之一。一般而言,车重减轻10%,可降低燃油消耗8%。应通过开发和应用铝合金、镁合金、高强度钢、车用塑料等新型材料, 大大减轻车体自重。

(4)汽车外形。汽车行驶时,发动机克服空气阻力所消耗的功率与车速的三次方成正比。通过减小空气阻力来降低汽车燃料消耗是一种行之有效的措施。汽车车身的形状是影响空气阻力的主要因素,采用厢式货车,再在厢式货车上安装导流罩、阻风板等能大幅度降低货车的空气阻力;降低大客车空气阻力的关键是其前部车身造型的设计。

(5)整车动力和传动系统匹配。对汽车与发动机根据不同使用条件进行优化匹配,可使汽车在相应运输环境下具有良好的技术性能。首先,发动机的功率应与整车重量匹配,大马拉小车或小马拉大车均会使车辆行驶的油耗上升;其次,要优化传动系的速比,根据汽车的行驶环境确定经济车速, 如长期在高速公路行驶的车辆,应提高其经济车速等。

(6)汽车附属设备。汽车附属设备的能耗是汽车耗能的重要组成部分。如汽车空调要消耗发动机功率的10% ~12%,使发动机燃油消耗量增加10% ~20%。应尽量减少附属设备。

(7)轮胎。轮胎对滚动阻力有较大影响,子午线轮胎性能优异, 其滚动阻力系数比普通斜交轮胎小20% ~30%, 汽车使用子午线轮胎后,可节省燃油3% ~8%。

(8)混合动力。装备混合动力系统的汽车具有两套动力系统,一套为常规发动机,另一套为储能系统。储能系统一方面吸收汽车的制动能,另一方面通过吸收和释放能量使发动机在最佳经济区域内工作。该系统能减轻燃料消耗 10% ~50%，是最具实际开发意义的低排放、低油耗汽车。

(9)替代能源。汽车代用燃料的使用主要是为了资源综合利用，降低环境污染，并为将来的石油枯竭做好能源结构调整的准备。目前应用较多的汽车代用燃料是甲醇、乙醇、二甲醚、液化石油气、天然气及电力等，氢气燃料电池汽车及太阳能汽车极具发展潜力。

本章小结

1. 汽车的发明，最早是源自于车轮的发明，而车轮是由中国的黄帝发明的。

2. 车的文化在中国源远流长，早在周朝，古礼中的“六艺”即包括了车文化的元素，据《周礼· 保氏》记载：“养国子以道，乃教之六艺：一曰五礼，二曰六乐，三曰五射，四曰五驭，五曰六书，六曰九数。”

3. 随着人类活动区域的扩大以及货物运输需求的增加，马车已经无法承担繁重的运输任务了，人类开始寻找别的高效的运输方式，于是，蒸汽汽车、现代汽车相继问世。

4. 我国的汽车工业历尽艰辛，通过新中国成立后的奠基，改革开放后的发展，借助于《汽车产业发展政策》等政策的保护，终于培育成为一个庞大的产业群体。

5. 汽车史上的畅销车型分别有：德国奔驰公司的梅赛德斯，美国福特公司的福特 T 型车，德国大众公司的甲壳虫、高尔夫，日本丰田公司的花冠等。

6. 汽车技术的发展，需要解决的三大问题有：安全、环保、节能。

习题

一、填空题

1. 车轮，最早是由中国的__________发明的。

2. 周朝古礼中的“六艺”，所指的是：__________、__________、__________、__________、__________、__________。

3. 秦统一中国之后，为便于统治，出台了一系列的改革措施，其中包括“__________、书同文、统一度量衡”，这对推动中国古车的发展起到了重要的作用。

4. 第一辆现代汽车于__________年由__________国的__________获得了发明专利？

5. 第一辆国产汽车于 1956 年的__________月__________日下线。

6. 汽车史上最畅销车型是__________。

7. 汽车技术的发展，需要解决的三大问题分别是__________、__________、__________。

8. 被称为“世界第一公害”的是__________。

二、简答题

1. 为什么黄帝又称“轩辕黄帝”？

2. 为什么中国的马车以两轮车居多，而西方的马车以四轮车居多？

3. 简述世界上第一辆完全凭借自己的动力实现行走的蒸汽机汽车的发明及性能特点。

4. 卡尔· 本茨发明的第一辆汽车其实只是一辆三轮车，为什么后人却给予了它现代汽车鼻祖的崇高待遇？

5. 为什么新中国成立前中国的汽车工业长期落后于世界各国，而从 2009 年开始却能成为世界头号汽车生产王国？

6. 我国的《汽车产业发展政策》对于汽车工业的发展起到了什么样的促进作用？

7. 为什么福特 T 型车能被称之为“世纪车”？

8. 什么叫汽车的主动安全性？ 包括哪些内容？

9. 什么叫汽车的被动安全性？ 包括哪些内容？

10. 当前的汽车节能措施主要有哪些？

第 2 章　现代汽车概貌

本章导读

汽车是一种具有 4 个或 4 个以上车轮，驾驶室与车厢一体或固装在同一车架上，具备自行驱动能力，并且只靠车轮驱动，主要供运输或由此派生出来的其他特殊用途使用的无轨车辆。 汽车分为乘用车、商用车两大类。

汽车均采用 VIN 码（车架号）进行唯一识别。 汽车是由发动机、底盘、电气设备、车身四大部分构成的。

汽车对性能的要求有 7 个方面：动力性、经济性、制动性、操纵稳定性、行驶平顺性、通过性、安全性。 这些性能在汽车使用期的保持和恢复构成了汽车的可靠性和可维修性。

通过本章的学习，可以对汽车的基本结构、工作原理及性能有所了解。

本章要点

汽车、乘用车、商用车概念；
汽车的 VIN 码编排规则；
汽车的基本组成；
发动机的两大机构、五大系统；
底盘的四大系统；
电气设备的构成与作用；
车身的主要结构形式；
汽车的动力性、经济性、制动性、操纵稳定性、行驶平顺性、通过性、安全性。

2.1 汽车的分类

所谓汽车，是一种具有4个或4个以上车轮，驾驶室与车厢一体或固装在同一车架上，具备自行驱动能力，并且只靠车轮驱动，主要供运输或由此派生出来的其他特殊用途使用的无轨车辆。

加入WTO后，为与国际接轨，我国于2002年3月1日正式实施了《汽车和挂车类型的术语和定义》（GB/T 3730.1—2001）。在这项国家标准中，去掉了多年使用的轿车概念，引入了国际通用的乘用车概念，同时对汽车予以重新分类。按照规定，汽车可以分为乘用车和商用车两大类（图2-1）。

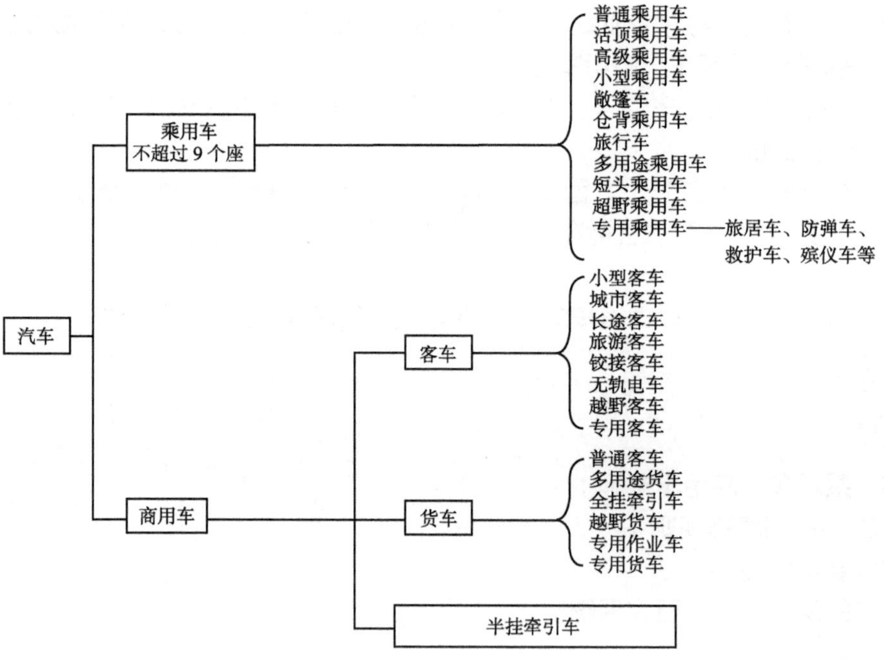

图2-1　汽车的分类

一 乘用车

乘用车的定义为：其设计和技术特性上主要用于载运乘客及其随身行李和（或）临时物品的汽车，包括驾驶员座位在内最多不超过9座，它也可以牵引一辆挂车。乘用车按照车身、车顶、座位、车门、车窗结构或数量不同，可分为11类：

（1）普通乘用车（图2-2）。车身为封闭式，侧窗中柱有或无。车顶（顶盖）为固定式，硬顶，有的顶盖一部分可开启。座位4个或4个以上，至少两排。后座椅可折叠或移动，以形成装载空间。车门为两个或4个侧门，可有一后开启门。

(2)活顶乘用车(图2-3)。车身为具有固定侧围框架的可开启式。车顶(顶盖)为硬顶或软顶,至少有两个位置:封闭、开启或拆除。可开启式车身可以通过使用一个或数个硬顶部件或合拢软顶将开启的车身关闭。座位4个或4个以上,至少两排。车门两个或4个侧门。

图2-2 普通乘用车

图2-3 活顶乘用车

(3)高级乘用车(图2-4)。车身为封闭式,前后座之间可以设有隔板。车顶(顶盖)固定式,硬顶。有的顶盖一部分可以开启。座位4个或4个以上,至少两排,后排座椅前可安装折叠式座椅。车门4个或6个侧门,也可有一个后开启门。

(4)小型乘用车(图2-5)。车身为封闭式,通常后部空间较小。车顶为固定硬顶;有的顶盖一部分可开启。座位两个或两个以上,至少一排。车门两个侧门,也可有一个后开启门。

图2-4 高级乘用车

图2-5 小型乘用车

(5)敞篷车(图2-6)。车身为可开启式。车顶(顶盖)可为软顶或硬顶,至少有两个位置,第一个位置遮覆车身,第二个位置车顶卷收或可拆除。座位两个或两个以上,至少一排。

(6)仓背乘用车(图2-7)。车身为封闭式,侧窗中柱可有可无。车顶(顶盖)固定式,硬顶,有的顶盖一部分可以开启。座位4个或4个以上,至少两排。后座椅可折叠或移动,以形成装载空间。车门两个或4个侧门,车身后部有一仓门。

图2-6 敞篷车

图2-7 仓背乘用车

(7)旅行车(图 2-8)。车身为封闭式,车尾外形按可提供较大的内部空间设计。车顶为固定硬顶;有的顶盖一部分可以开启。座位 4 个或 4 个以上,至少两排。座椅的一排或多排可拆除,或装有向前翻倒的座椅靠背,以提供装载平台。车门两个或 4 个侧门,并有一后开启门。

(8)多用途乘用车(图 2-9)。上述 7 种车辆以外的,只有单一车室载运乘客及其行李或物品的乘用车。但是,如果这种车辆同时具有:除驾驶员以外的座位数不超过 6 个,载运货物总质量大于载运的乘员总质量时,就应列入商用车范畴。

图 2-8　旅行车

图 2-9　多用途乘用车

(9)短头乘用车(图 2-10)。它一半以上的发动机长度位于车辆前风窗玻璃最前点以后,并且转向盘的中心位于车总长的前 1/4 部分内。

(10)越野乘用车(图 2-11)。在其设计上所有车轮同时驱动,或其几何特性、技术特性和它的性能(爬坡度)允许在非道路上行驶的一种乘用车。

图 2-10　短头乘用车

图 2-11　越野乘用车

(11)专用乘用车(图 2-12)。运载乘员或物品并完成特定功能的乘用车,它具备完全特定功能所需的特殊车或装备。例如:旅居车、防弹车、救护车、殡仪车等。

从乘用车定义可以看出,它不过是一种载人不超过 9 人的轻微型载客车辆,是一种代步工具,从而改变了传统的将轿车作为奢侈品的观念。

二 商用车

所谓商用车,主要是用于运载人员(图 2-13)、货物(图 2-14)及牵引挂车(图2-15)的汽车。

根据《汽车和挂车类型的术语和定义》(GB/T 3730. 1—2001)的分类方法,商用车主要被分为客车和货车两大类。

图 2-12　专用乘用车

图 2-13　客车

图 2-14　货车

图 2-15　半挂牵引车

货车分为普通货车、多用途货车、半挂牵引车、全挂牵引车、越野货车、专用作业车、专用货车；客车分为小型客车、城市客车、长途客车、旅游客车、铰接客车、无轨电车、越野客车、专用客车。

不过，在社会上，人们目前仍习惯沿用 1989 年颁布的国家标准，将货车分为重型货车（最大总质量 > 14t）、中型货车（6t < 最大总质量 ≤ 14t）、轻型货车（1.8t < 最大总质量 ≤ 6t）、微型货车（最大总质量 ≤ 1.8t）。客车分为特大型客车（车长 > 13m）、大型客车（10m < 车长 ≤ 12m）、中型客车（7m < 车长 ≤ 10m）、轻型客车（3.5m < 车长 ≤ 7m）、微型客车（车长 ≤ 3.5m）。

2.2 汽车的识别代码

如今，世界各国生产的汽车大多使用 VIN（Vehicle Identification Number）代码。“VIN 代码”由一组字母和阿拉伯数字组成，共 17 位。它是识别一辆汽车不可缺少的工具，被人们称为“汽车身份证”。

VIN 的每位编码都代表汽车某一方面信息。按识别代码的编码顺序，可以识别出该车的生产国家、生产厂家、车辆类型、品牌名称、车型系列、车身形式、发动机型号、车型年款（生产年份)、安全防护装置型号、检验数字、装配工厂名称和出厂顺序号码等。

各国技术法规一般只规定车辆识别代码的基本要求,如:应由 17 位编码组成,字母和数字的尺寸、书写形式、排列位置和安装位置等,保证 30 年内不会重号。除对个别符号的含义有硬性规定外,其他不作硬性规定,由生产厂家自行规定其具体含义。

我国参照 EEC(欧洲共同体)标准,制定了国家标准——《道路车辆　车辆识别代码(VIN)》(GB 16735—2004)对 VIN 车辆识别代码进行了详细规定,如图 2-16 所示。

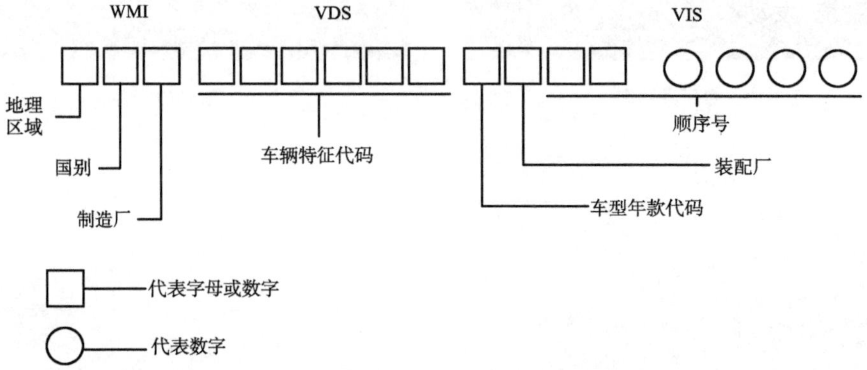

图 2-16　VIN 代码

一 世界制造厂识别代号(WMI)

按地理区域分配给各国,各国再分配给本国的制造厂。中国的识别代码由中国国家发展改革委员会受理、审核、备案以及车辆识别代码(VIN)的管理工作,由中国汽车技术研究中心承办有关具体工作。

第一个字码:地理区域代码,如非洲、亚洲、欧洲、大洋洲、北美洲、南美洲。

第二个字码:国家代码。由美国汽车工程师协会(SAE)分配。

第三个字码:制造厂代码,由各国自行分配。若制造厂的年产量少于 500 辆,其 WMI 代码的第三个字码为 9。生产规模大的汽车厂则用于分配车系。

(1)中国部分汽车生产厂家代号:

LSV——上海大众;LFV——一汽大众;LDC——神龙富康;LEN——北京吉普;LHG——广州本田;LKD——哈飞汽车;LSY——沈阳金杯;LSG——上海通用;LVV——奇瑞汽车。

(2)日本部分汽车生产厂家代号:

JAA、JAJ、JAL——五十铃;JA5、JB5、JJ5、JMA、JP5——三菱;JSA——铃木;JT1、JT7——丰田;JT6、JT8——雷克萨斯;JHM、JH4、1HG——本田。

(3)德国部分汽车生产厂家代号:

WD3、WDB、8A3、8AB、9BM、3MB——戴姆勒克莱斯勒;WV1、WV2、WV3、WVM ——大众;WBA/WBS/WB1/4US——宝马。

其中,W 代表在德国本土生产;8 代表在阿根廷生产;9 代表在巴西生产。

(4)美国部分汽车生产厂家代号:

1FD、1FT——福特;1G0、1G9、1G9——通用;1B3、4P3——克莱斯勒。

其中,1A-10、4A-40、5A-50 代表在美国本土生产;2 代表在加拿大生产;3 代表在墨西哥生产。

二 车型描述部分(VDS)

VIN 代码的第 4 ~9 位,表示车辆的类型和配置。若其中的一位或几位字符不用,必须用选定的字母或数字占位。该部分编码一般包含以下信息:

(1)车系

动力系统:发动机型号、变速器形式;

(2)车身形式

约束系统配置:气囊、安全带等;

校验位:第 9 位,用 0 ~9 或 X 表示。

三 车型指示部分(VIS)

VIN 代码的第 10 ~17 位,是制造厂为了区别每辆车而指定的一组字符,最后 4 位字符应该是数字。该部分编码一般包含以下信息:

车型年代:第 10 位,用字母或数字表示,不能采用数字 0,字母 I、O、Q、U、Z(见表 2-1);

装配厂:第 11 位,字母或数字;

生产顺序号:最后 6 位,一般为数字。

代表车辆生产年份的代码 表 2-1

年份	代码	年份	代码	年份	代码	年份	代码	年份	代码	年份	代码
1971	1	1981	B	1991	M	2001	1	2011	B	2021	M
1972	2	1982	C	1992	N	2002	2	2012	C	2022	N
1973	3	1983	D	1993	P	2003	3	2013	D	2023	P
1974	4	1984	E	1994	R	2004	4	2014	E	2024	R
1975	5	1985	F	1995	S	2005	5	2015	F	2025	S
1976	6	1986	G	1996	T	2006	6	2016	G	2026	T
1977	7	1987	H	1997	V	2007	7	2017	H	2027	V
1978	8	1988	J	1998	W	2008	8	2018	J	2028	W
1979	9	1989	K	1999	X	2009	9	2019	K	2029	X
1980	A	1990	L	2000	Y	2010	A	2020	L	2030	Y

例:上海大众汽车有限公司生产的一款汽车的 VIN 识别代码(图 2-17)解读:

LSVHJ133022221761

图 2-17 桑塔纳轿车的 VIN 码

第 1 ~3 位为世界制造厂识别代码:LSV 代表"上海大众汽车有限公司"。

第 4 位为车身形式代码:

A——4 门折背式车身;

B——4 门直背式车身;

C——4 门加长型折背式车身；
E——4 门加长型折背式车身；
F——4 门短背式车身；
H——4 门加长型折背式车身；
K——2 门短背式车身。
第 5 位为发动机变速器代码：
当车型系列为上海桑塔纳轿车、上海桑塔纳旅行轿车、上海桑塔纳 2000 轿车时：
A——JV(026A)/AHM(014. K)；
B——JV(026A) + LPG/AHM(014. K)；
C——JV(026A)/2P(013.9)；
D——JV(026A) + LPG / 2P(013.9)；
E——JV(026A) + CNG / 2P(013.9)；
F——AFE(026N)/ 2P(013.9)；
G——AYF(050B)/ QJ(013.3)；
H——AJR(06BC)[AYJ(06BC)]/2P(013.9)；
J——AYJ(06BC)/FNV(01N. A)；
K——AFE(026N) + LPG / 2P(013.9)；
L——AYF(050B) + LPG / QJ(013.3)；
M——AYJ(06BC) + LPG / 2P(013.9)。
当车型系列为上海帕萨特轿车(PASSAT)时：
A——ANQ(06BH)/ DWB(01W. D)[FSN(0A9. A)]；
B——ANQ(06BH)/ DMU(01N. A)[EPT(01N. A)]；
C——AWL(06BA)/ EZS(01V. J)；
D——AWL(06BA)/ EMG(01W. V)；
E——BBG(078.2)/ EZY(01V. B)；
L——BGC(06BM)/ EZS(01V. J)；
M——BGC(06BM)/ EMG(01W. V)。
当车型系列为上海波罗轿车(POLO)时：
A——BCC(036P)/ GET(02T. Z)[FCU(02T. Z)]；
B——BCC(036P)/ GCU(001. H)[ESK(001. H)]；
C——BCD(06A6)/ GEV(02T. U)[FXP(02T. U)]。
当车型系列为上海高尔轿车(GOL)时：
A——BHJ(050. C)/ GPJ(013. D)。
第 6 位为乘员保护系统代码：
0——安全带；
1——安全气囊(驾驶员)；
2——安全气囊(驾驶员和副驾驶员、前座侧面)；
3——安全气囊(驾驶员和副驾驶员、前后座侧面)；
4——安全气囊(驾驶员和副驾驶员)；
5——安全气囊(驾驶员和副驾驶员、前后座侧面、头部)；

6——安全气囊(驾驶员和副驾驶员、前座侧面、头部)。

第 7 ~ 8 位为车辆等级代码:

33——上海桑塔纳轿车、上海桑塔纳旅行轿车、上海桑塔纳 2000 轿车;

9F——上海帕萨特轿车;

9J——上海波罗轿车;

5X——上海高尔轿车。

第 9 位为校验位:采用 0 ~ 9 中任何一个数字或字母“X”。

第 10 位为年份代码:“2”代表该车为 2002 年生产的。

第 11 位为装配厂代码:“2”代表该车由上海大众汽车有限公司组装。

第 12 ~ 17 位为车辆制造顺序号:该车的出厂编码为 221761。

解读该 VIN 代码,其含义就是:2002 年由上海大众汽车有限公司生产的桑塔纳 2000 型轿车,该车配备 AYJ 发动机,FNV(01N. A)自动变速器,装有驾驶座气囊,出厂编号为 221761。

四 VIN 所在位置

对于 VIN 所在的位置,各大汽车制造厂不完全一样,一般可以设置在:挡风玻璃左侧,仪表盘上,门柱上,防火墙上,发动机、车架等大部件上,左侧轮罩内,转向柱上,散热器支架上,发动机前部的加工垫上,质保手册或车主手册上。图 2-18 所示为 VIN 代码在乘用车中有可能设置的位置。

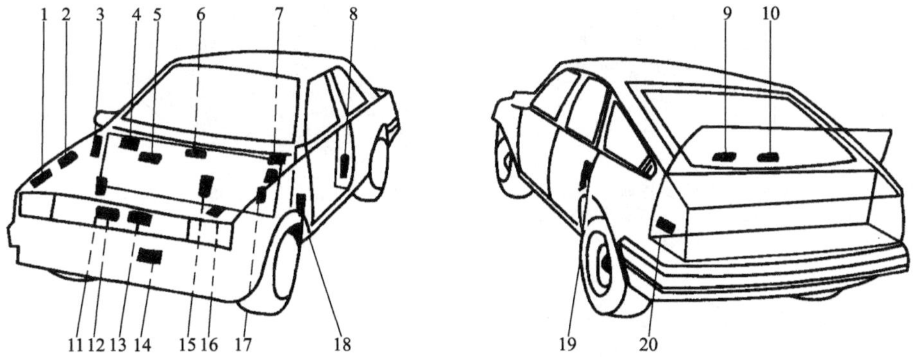

图 2-18 VIN 代码位置图(1 ~ 20 为 VIN 可能设置的位置)

2.3 汽车的基本结构

一 汽车总体构造

汽车由发动机、底盘、车身和电气设备等 4 部分组成。普通货车的总体构造见图 2-19,

普通乘用车的总体构造见图2-20。

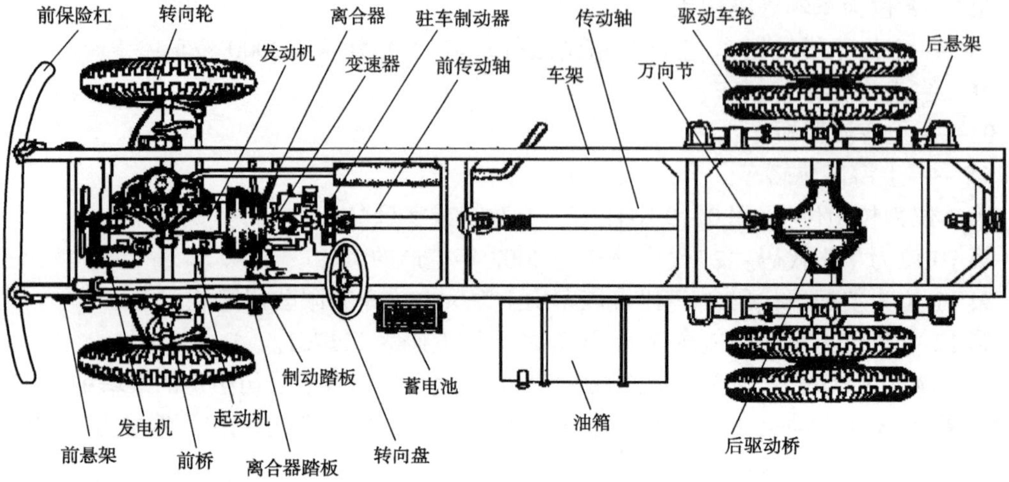

图2-19　普通货车总体构造

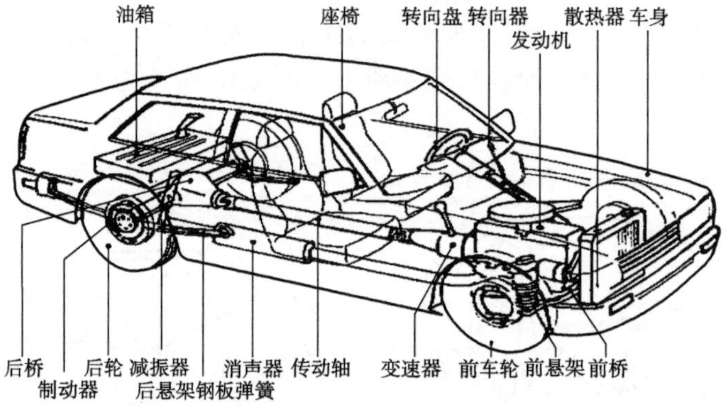

图2-20　普通乘用车总体构造

(1)发动机:使供入其中的燃料燃烧,产生动力,是汽车行驶的动力源泉。

(2)底盘:接受发动机动力,使汽车正常行驶。由传动系、行驶系、转向系和制动系组成。

(3)车身:用以安置驾驶员、乘客或货物。客车和轿车是整体车身;普通货车车身由驾驶室和货箱组成。

(4)电气设备:由电源和用电设备组成,包括发电机、蓄电池、起动系、点火系以及汽车的照明、信号装置和仪表等。此外,在现代汽车上越来越多地装用各种电子设备:微处理机、中央计算机系统及各种人工智能装置(自诊、防盗、巡航、防抱死、车身高度自调等),显著地提高了汽车的性能。

二　汽车发动机

汽车发动机是将燃料的化学能,通过燃烧转变成为机械能的一种装置。

1　发动机基本结构

大多数汽车都选用了往复活塞式四冲程汽油机(或柴油机),这种发动机一般由两大机构、五大系统组成，即：曲柄连杆机构、配气机构、燃料供给系统、润滑系统、冷却系统、起动系统、点火系统（汽油发动机所特有的）（图 2-21）。

2 发动机工作原理

图 2-21　直列 6 缸发动机

图 2-22 为单缸四冲程汽油机工作原理图。活塞置于汽缸中，活塞可在汽缸内作往复直线运动，活塞通过连杆和曲轴相连，曲轴可绕轴线旋转。活塞离曲轴回转中心最远处，通常指活塞上行到最高位置称上止点。活塞离曲轴回转中心最近处，通常指活塞下行到最低位置称下止点。上、下止点间距离称为活塞行程。与连杆下端（即连杆大头）相连的曲柄销中心到曲轴回转中心的距离称曲柄半径。活塞从上止点到下止点所形成的空间容积称为汽缸工作容积。所有汽缸工作容积之和称为发动机排量。活塞在上止点时，活塞上方的空间叫燃烧室，它的容积叫燃烧室容积。活塞在下止点时，活塞上方的容积称为汽缸总容积。汽缸总容积与燃烧室容积的比值叫作压缩比，它表示活塞由下止点运动到上止点时，汽缸内气体被压缩的程度。压缩比越大，压缩终了时汽缸内的气体压力和温度就越高。一般车用汽油机的压缩比为 6 ~ 10，柴油机的压缩比为 15 ~ 22。在汽缸内进行的每一次将燃料燃烧的热能转化为机械能的一系列连续过程（进气、压缩、做功和排气）称为发动机的工作循环。活塞往复两个行程完成一个工作循环的称为二冲程发动机。活塞往复 4 个行程完成一个工作循环的称为四冲程发动机。

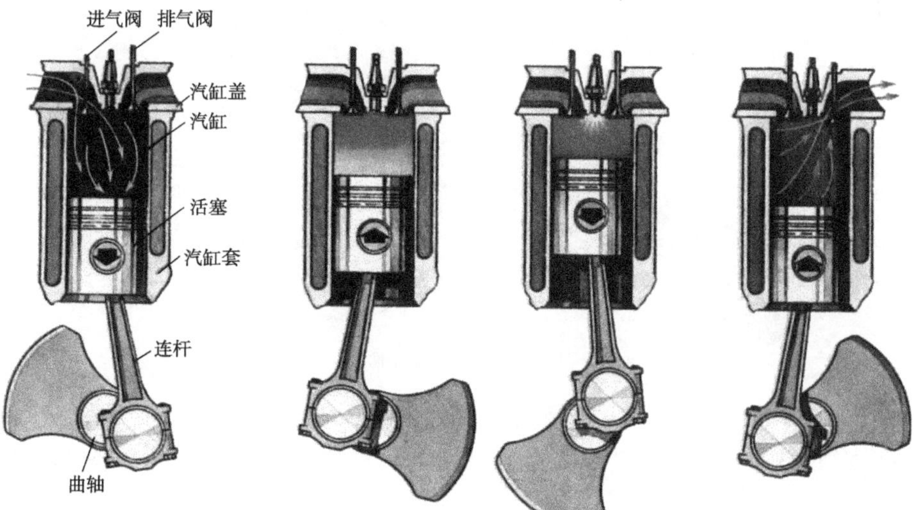

图 2-22　单缸四冲程汽油机工作原理示意图

四冲程汽油机由进气、压缩、做功和排气 4 个行程完成一个工作循环的。进气行程开始时活塞由曲轴带动从上止点向下止点运动，此时，进气门开启，排气门关闭[图 2-22a)]。由于活塞下移，活塞上腔容积增大，形成一定真空度，在真空吸力的作用下，空气与汽油的混合气被吸入汽缸，至活塞运动到下止点时，进气门关闭，停止进气，进气行程结束。进气行程结束时，活塞在曲轴的带动下，从下止点向上止点运动[图2-22b)]，此时，进、排气门均关闭，随着活塞上移、活塞上腔容积不断减小，混合气被压缩，至活塞到达上止点时，压缩行程结束。压缩行程末[图 2-22c)]，火花塞产生电火花，点燃汽缸内的可燃混合气，并迅速着火燃烧，气体产生高温、高压，在气体压力的作用下，活塞由上止点向下止点运动，再通过连杆驱动曲轴旋转向外输出做功，至活塞运动到下止点时，做功行程结束。在做功行程终了时，排气门被打开，活塞在曲轴的带动下由下止点向上止点运动[图 2-22d)]。废气在剩余压力和活塞运动的驱赶作用下，自排气门排出汽缸，至活塞运动到上止点时，排气门关闭，排气行程结束。

3 发动机的组成

1)曲柄连杆机构

曲柄连杆机构用于将燃料燃烧时产生的热能转变为活塞往复运动的机械能，再通过连杆将活塞的往复运动转变为曲轴的旋转运动而对外输出动力。曲柄连杆机构由以下三部分组成(图 2-23)：

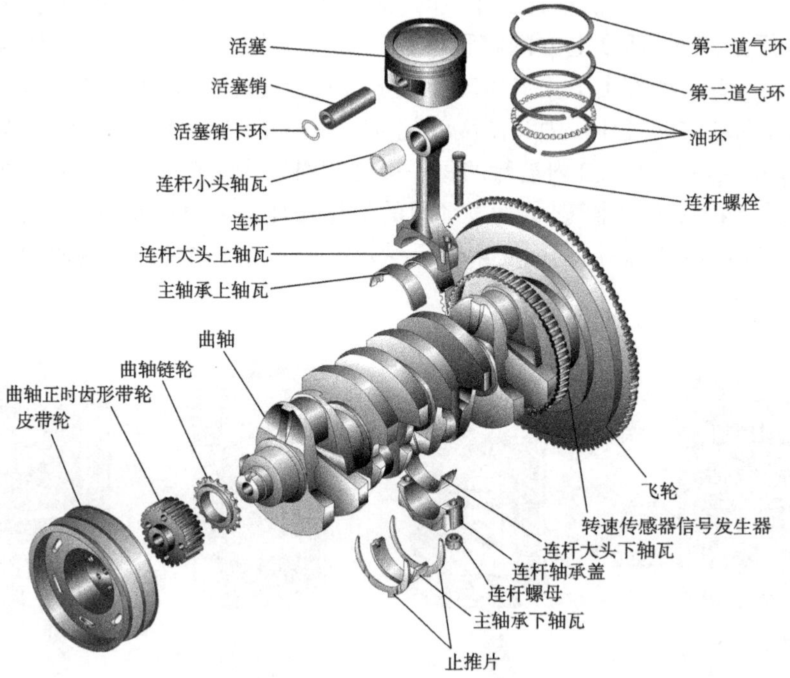

图 2-23 曲柄连杆机构

(1)机体组。机体组主要包括汽缸体、曲轴箱、油底壳、汽缸套、汽缸盖和汽缸垫等不动件。

(2)活塞连杆组。活塞连杆组主要包括活塞、活塞环、活塞销和连杆等运动件。

(3)曲轴飞轮组。曲轴飞轮组主要包括曲轴、飞轮和扭转减振器等部件。

2)配气机构

配气机构的功用是按照发动机各缸工作过程的需要，定时地开启和关闭进、排气门，使新鲜可燃混合气(汽油机)或空气(柴油机)得以及时进入汽缸，废气得以及时排出汽缸。

配气机构多采用顶置式气门。根据凸轮轴的位置，配气机构分为下置式、中置式和上置式。图 2-24 所示为上置凸轮轴式配气机构。

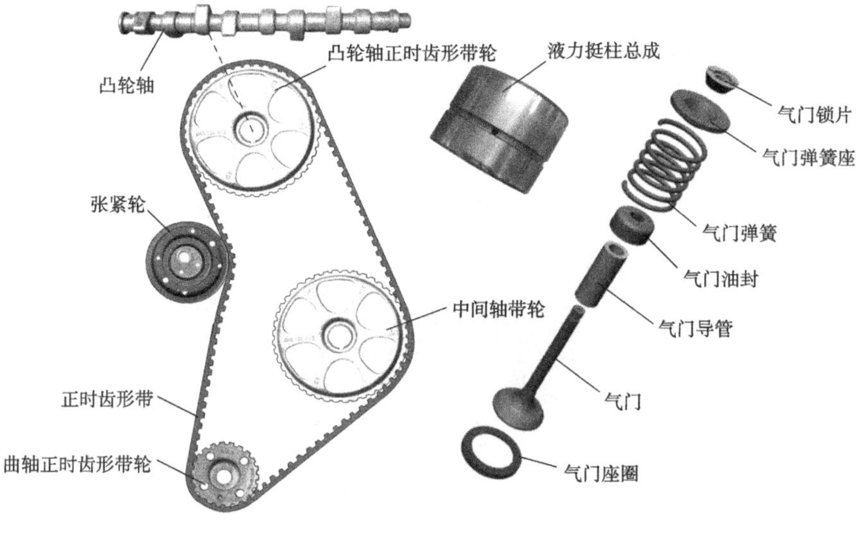

图 2-24　上置凸轮轴式配气机构

上置凸轮轴式配气机构中的凸轮轴布置在汽缸盖上,凸轮轴直接通过摇臂驱动气门,没有挺柱和推杆,使往复运动件的质量大大减小,因此它适用于高速发动机。当汽缸的工作循环需要将气门打开进行换气时,由曲轴通过正时齿轮驱动凸轮轴旋转,使凸轮轴上的凸轮凸起部分通过挺柱、推杆、调整螺钉,推动摇臂摆转,摇臂的另一端便向下推开气门,同时使弹簧进一步压缩。当凸轮的凸起部分的顶点转过挺柱以后,会逐渐减小对挺柱的推力,气门在其弹簧张力的作用下,开度逐渐减小,直至最后关闭,进气或排气过程即告结束。压缩和做功行程中,气门在弹簧张力作用下严密关闭,使汽缸密闭。

由于四冲程发动机每完成一个工作循环,曲轴转两圈,而各缸只进、排气一次,即凸轮轴只需转一圈,所以曲轴与凸轮轴的传动比为 2∶1。

配气机构由气门驱动组和气门组两大部分组成。前者是从正时齿轮开始至推动气门动作的所有零件,包括凸轮轴、挺柱、推杆、摇臂及摇臂轴等,其功用是定时驱动气门使其开闭,其组成视配气机构的形式不同而异。后者的组成与配气机构的形式基本无关,包括气门座、气门、气门导管、气门弹簧、气门弹簧座、锁片等,其功用主要是维持气门的关闭。

3)燃料供给系统

汽油机燃料供给系统(图 2-25)的作用是不断地输送滤清的汽油和清洁的新鲜空气。根据发动机各种不同的要求,提供一定数量和浓度的可燃混合气,进入汽缸。做功后将废气排入大气。柴油机燃料供给系的功用是把柴油和空气分别送入汽缸,在燃烧室内形成混合气并燃烧,最后将燃烧后的废气排出。

以往,汽油机燃料供给系统一直采用化油器式的结构,这种结构系统,主要由汽油箱、汽油滤清器、汽油泵、油管、空气滤清器、化油器和进气管、排气管及排气消声器等组成。不过,现代轿车上,已不再采用化油器式的燃料供给系统。

在目前广泛采用的电控汽油喷射系统中,燃料供给系统由供油装置、进气装置、控制装置、点火装置四部分组成(图 2-26)。其中,供油装置由汽油箱、汽油泵、滤油器、油压调节器、分配管、喷油器等组成,其作用是:供油、滤油、调压、喷油;进气装置由空气滤清器、进气管、节气门、怠速旁通道等构成,其作用是:滤清、调节、分配;控制装置由电子控制单元(ECU、ECM、ECI 等)、主继电器(EFI)、各种传感器和电元件,如 D 型的压力传感器(MAP)、L 型的流量计(AFS)、水温传感器(CTS)、气温传感器(ATS)、节气门位置传感器(TPS)、氧传感器(OX)、点火和喷油传感器(IGT/NE)、转速传感器(SP)、车速传感器(VSS)、爆震传感器(KNK)、怠速空气调节器(IAC)等组成,实现存储、接收、计算、修正、发令、报警、记忆、自诊、保护等九大功能。

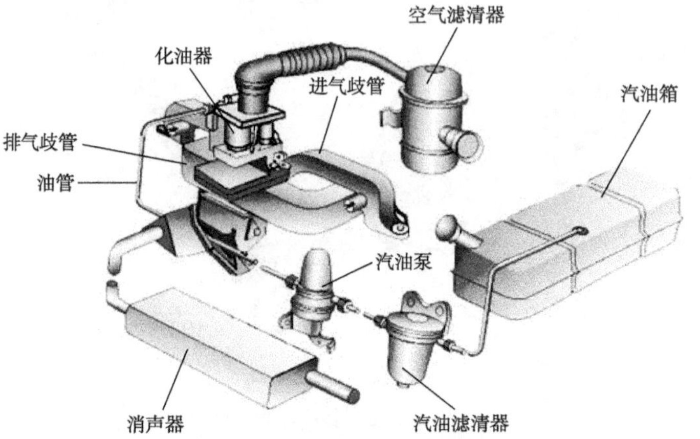

图 2-25　汽油机燃料供给系统(化油器式)

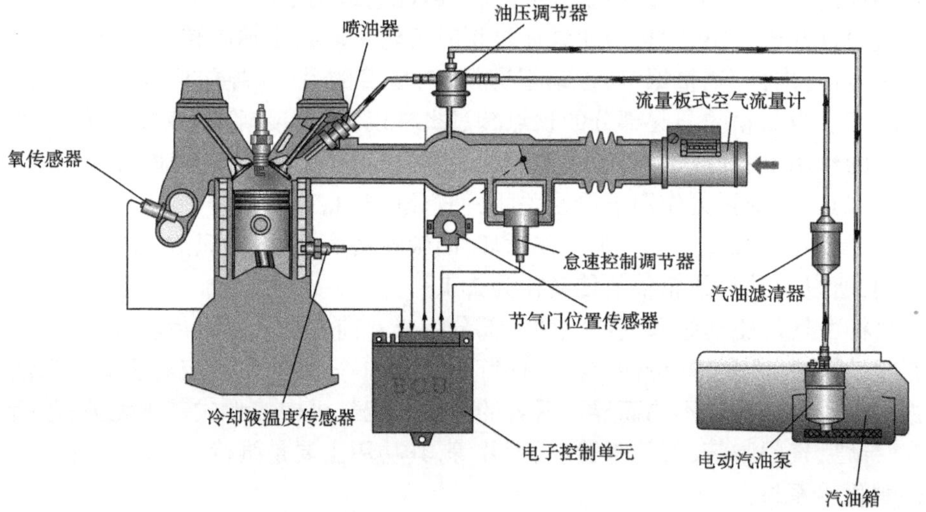

图 2-26　汽油机燃料供给系统(汽油喷射式)

4)润滑系统

润滑系统主要有以下 4 项功用:

(1)润滑。润滑系统的基本作用就是将润滑油不断供给各零件摩擦表面,形成润滑油膜,将零件完全隔开,使其处于完全的液体润滑状态,以减小零件的摩擦、磨损和功率消耗。

(2)清洁。发动机工作时,不可避免地要产生金属磨屑、空气所带入的尘埃、燃烧产生的固体杂质等。这些颗粒若进入零件工作表面,会产生磨料效果,大大加剧零件的磨损。而润滑系通过润滑油的流动将这些“磨料”从零件表面冲洗下来,带回到曲轴箱,从而起到清洁作用。

(3)冷却。由于运动零件的摩擦和混合气燃烧,使某些零件产生较高温度,而润滑油流经零件表面时可吸收其部分热量并将热量带回到油底壳散发到大气中,从而起到冷却作用。

(4)密封。发动机汽缸壁与活塞、活塞环与环槽之间,都留有一定的间隙,并且这些零件本身也存在几何偏差,而这些零件表面上的油膜可以补偿上述原因造成的表面配合的微观不均匀性。由于油膜充满在可能漏气的间隙中,减少了气体的泄漏,可保证汽缸的应有压力,因而起到了密封作用。

发动机润滑系统的润滑方式,按其供油方式可分为压力润滑(用于负荷较大,相对运动速度较高的场合,如主轴承、连杆轴承、凸轮轴轴承等处)和飞溅润滑(用于外露、负荷较轻、相对运动速度较小的,如活塞销、汽缸壁、凸轮表面和挺杆等)。现代汽车发动机都采用复合式润滑方式。另外,对于发动机辅助机构的一些零件(如水泵及发电机轴承)则采用定期加注润滑脂的方法进行润滑。

润滑系统一般由加油管、油底壳、集滤器、润滑油泵、粗细滤器、润滑油散热器、主油道、分油道、限压阀、旁通阀等组成。

5)冷却系统

冷却系统用于保持发动机在最适宜的温度范围内工作。根据所用冷却介质不同,可分为风冷式(高温零件的热量直接散入大气)和水冷式(以水为冷却介质,热量先由机件传给水,靠水的流动把热量带走而后散入大气中,使用较普遍)两种形式。

目前,汽车发动机上基本都采用强制循环式水冷却系(图 2-27)。强制循环式水冷却系由风扇(有的装风扇离合器)、水泵、水套(在汽缸盖或汽缸体上制出的夹层空间)、散热器、百叶窗、节温器、水管、水温表和传感器等组成。

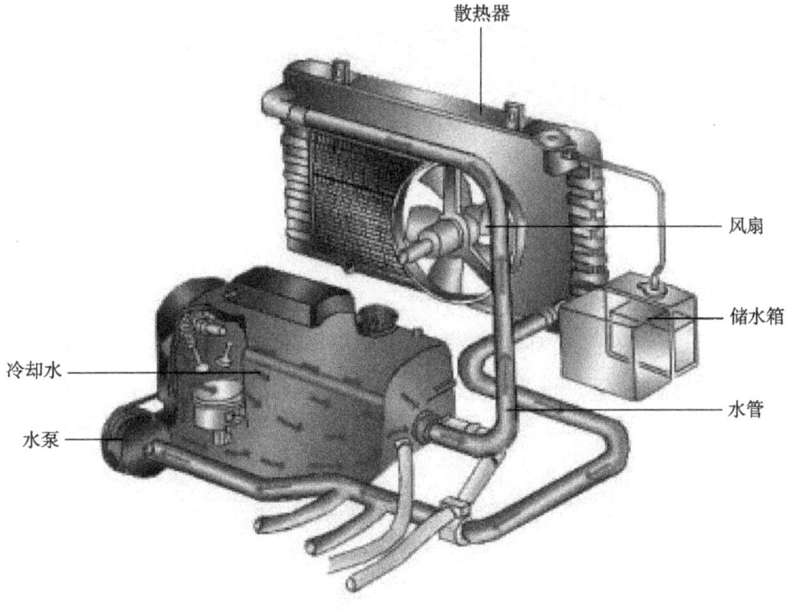

图 2-27　强制循环式水冷却系结构图

强制循环式水冷却系是用水泵把冷却液体加压,使之在水套中流动,冷却水从汽缸壁吸收热量,温度升高,热水向上流入汽缸盖,继而从缸盖流出并进入散热器。由于风扇的强力抽吸,空气从前向后高速流过散热器,不断地将流经散热器的水的热量带走。冷却了的水由水泵从散热器底部重新泵入水套。水在冷却系中不断循环。为了控制冷却水的温度,冷却系中设有冷却强度调节装置,如百叶窗、节温器和风扇离合器等。

6)起动系统

要将发动机由静止状态转到工作状态,必须先用外力转动发动机曲轴,使汽缸吸入(或形成)可燃混合气并燃烧膨胀,才能自动进行工作循环。在外力作用下从开始转动曲轴到发动机怠速运转的全过程,即为发动机起动。

发动机常用的起动方法有电动机起动和手摇起动两种。电动机起动装置以电动机作为机械动力,当电动机轴上的齿轮与发动机飞轮的齿圈啮合,动力就传到飞轮和曲轴,使其旋转。电动机电能由蓄电池提供。汽车发动机大多采用这种方法起动。

手摇起动是将手摇起动柄端头的横销嵌入发动机曲轴前端的起动爪内,以人力转动曲轴,目前仅作为中小型功率的汽油机后备起动装置。

在电动机起动装置中,起动机(图2-28)一般由三部分组成:直流串励式电动机,其作用是产生转矩;传动机构(或称啮合机构),其作用是在发动机起动时,使起动机驱动齿轮啮入飞轮齿环,将起动机转矩传给发动机曲轴,而在发动机起动后,使驱动齿轮打滑与飞轮齿环自动脱开;控制装置(即开关),用来接通和切断电动机与蓄电池之间的电路。

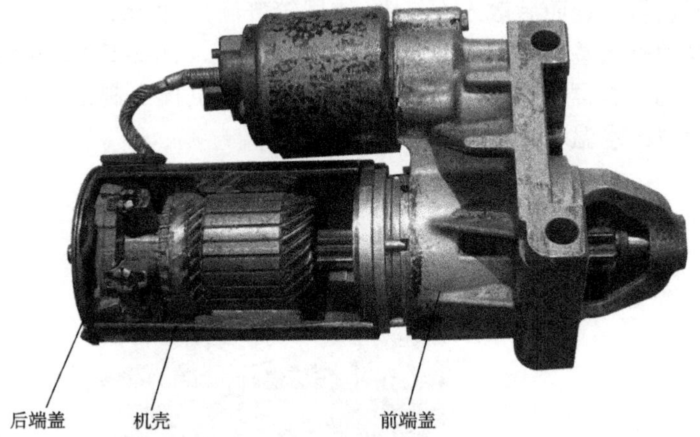

图2-28 起动机

起动时,踩下离合器踏板,使驱动杠杆压下,通过弹簧将离合机构及起动齿轮推向左端与飞轮齿圈啮合。同时,接通起动机电源开始转动,驱动发动机运转。起动后,松开离合器踏板时,绕在驱动杠杆转动轴销上的复位弹簧便将驱动杠杆推回原位,起动机电路断开,停止工作,起动结束,同时齿轮驱动拨叉也在其复位弹簧作用下,将齿轮退出啮合。

7)点火系统

对于汽油发动机来说,汽缸内压缩后的混合气是用电火花点燃的,为此汽油机应配备点火系统。

点火系的作用是按发动机各缸的做功顺序,准时地给火花塞提供能量足够的高压电流,使火花塞两极间产生强烈的电火花,点燃被压缩的混合气,从而使发动机做功。过去,汽油发动机普遍采用蓄电池点火系,而现在则大多改为微机控制的电子点火系统。

蓄电池点火系统(图2-29)包括低压电路和高压电路两部分。低压电路包括蓄电池、电流表、点火开关、断电器、容电器以及点火线圈内部的附加电阻的初级绕组;高压电路包括点火线圈中的次级绕组、分电器、高压导线、火花塞等。工作时,由蓄电池或发电机供给6~24V的低压电流,通过点火线圈和断电器将低压电流转变为高压电流,再通过分电器分配给各缸火花塞,使其产生电火花实现对混合气的点火。

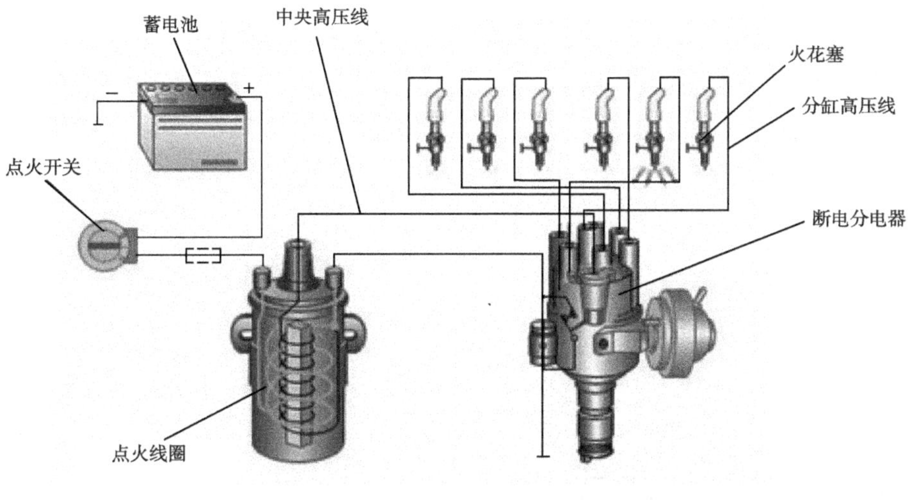

图 2-29　传统点火系统的组成图

在微机控制的无触点点火系统(图 2-30)中,取消了传统的、容易烧损的分电器触点,提高了点火的可靠性,也使得点火时间的调整更加准确。

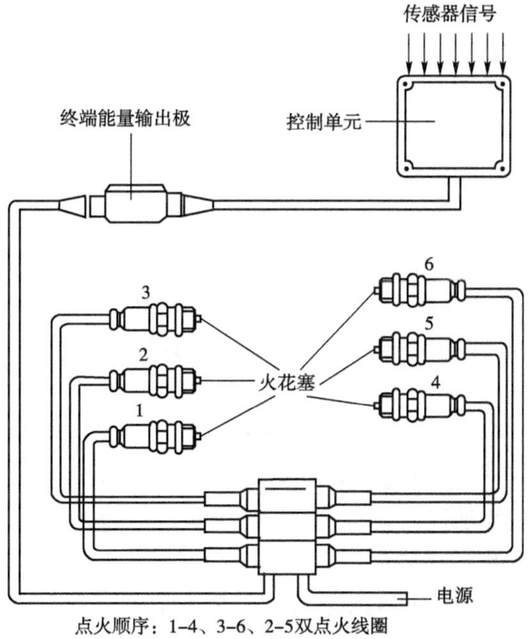

图 2-30　微机控制点火系统的组成图

三 汽车底盘

汽车底盘由传动系、行驶系、转向系和制动系等四大系统组成。

1 汽车传动系

传动系的功用是将发动机发出的动力传给驱动车轮,使路面对驱动车轮产生一个牵引力,推动汽车行驶。

图2-31所示为普通汽车传动系的组成及布置形式示意图。发动机纵向布置在汽车的前部,后轮为驱动轮。发动机的转矩经传动系,即离合器、变速器、由传动轴和万向节组成的万向传动装置、安置在驱动桥内的主减速器、差速器和半轴,传给驱动轮。驱动轮得到的转矩便给地面一个向后的作用力,并因此而使地面对驱动轮产生一个向前的反作用力,这个反作用力称为驱动力或牵引力。当驱动力足以克服行驶阻力时,汽车才会起步和正常行驶。

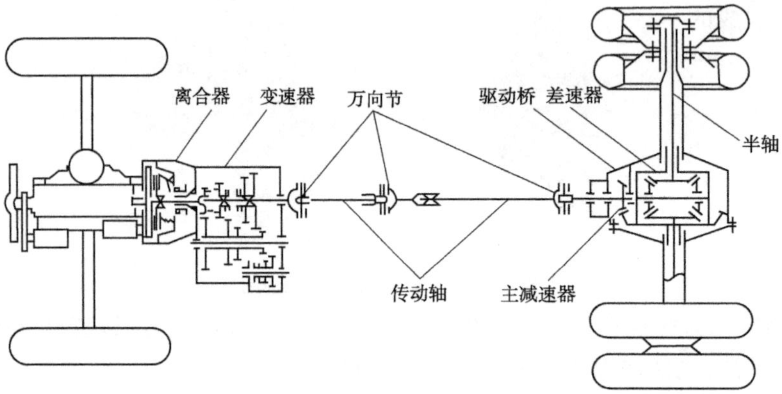

图2-31 普通汽车传动系的组成及布置形式示意图

传动系各组成的功用如下:

(1)离合器。离合器的功用是使发动机与传动系平顺接合,把发动机的动力传给传动系,或者使两者分开,切断动力的传递。

(2)变速器。变速器的功用是实现变速、变矩和变向。因为活塞式发动机转矩变化幅度小,必须通过变速器的变矩作用,使在车轮上获得变化范围较大的牵引力,以适应汽车不同行驶阻力的需要。另外,由于活塞式发动机不能改变旋转方向,变速器则可在发动机旋转方向不变的情况下,改变输出轴的旋转方向,使汽车能够倒退行驶。此外,还可以在发动机运转的情况下切断发动机向驱动轮的动力传递。

(3)万向传动装置。它的功用是将变速器传出的动力传给主减速器。由于变速器与车架一般是刚性连接,而驱动桥是通过悬架与车架弹性连接的,使得主减速器与变速器之间的距离及二者轴线之间的夹角都经常发生变化,因而万向传动装置的长度是可以伸缩的,且装有能够适应传动夹角变化的万向节。

(4)主减速器。其功用是降低转速以增加转矩(保证汽车克服行驶阻力而正常行驶),并且通常要将传动系的旋转方向改变90°,把由传动轴传来的动力传给差速器。

(5)差速器。差速器的功用是将主减速器传来的动力分配给左右半轴,并允许左右半轴以不同的转速旋转,使汽车既能直行,又能轻便地转弯。

(6)半轴。半轴将动力由差速器传给驱动车轮,使驱动轮获得旋转动力。

2 汽车行驶系

汽车行驶系的功用是把来自传动系的转矩转化为地面对车辆的牵引力;承受外界对汽车的各种作用力和力矩,减少振动,缓和冲击,保证汽车正常、平顺地行驶。

行驶系的结构形式因行驶条件和车型的不同而有所差异。绝大多数的汽车采用轮式行驶系。此外,还有履带式、水路两用式等。

轮式行驶系一般由车架、车桥、车轮和悬架等组成(图 2-32)。车轮安装在车桥上,车桥通过悬架与车架相连接。车架是全车的装配基础,它把汽车连成一个整体。

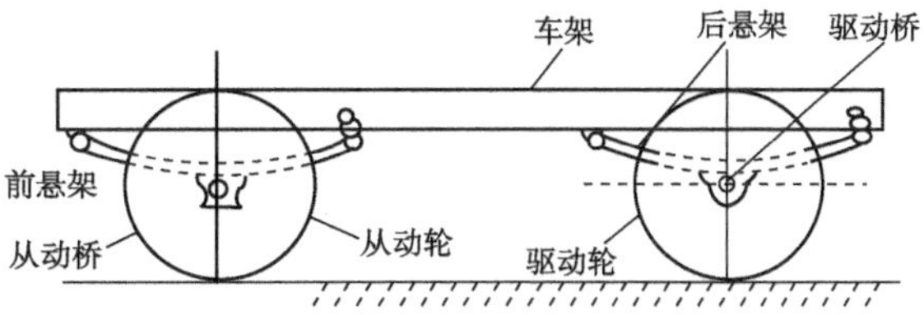

图 2-32 行驶系的组成简图

行驶系各组成的功用如下:

(1)车架。汽车车架跨接在前后车桥上,是支撑车身,承受汽车载荷的基础构件。汽车的绝大部分部件和总成是通过车架来固定位置的。

目前,汽车车架的结构形式可分为三种:边梁式、平台式和脊梁式。其中平台式车架适用于小型轿车或货车;脊梁式车架(图 2-33)适用于独立悬架的货车或轿车;边梁式车架应用最为广泛。

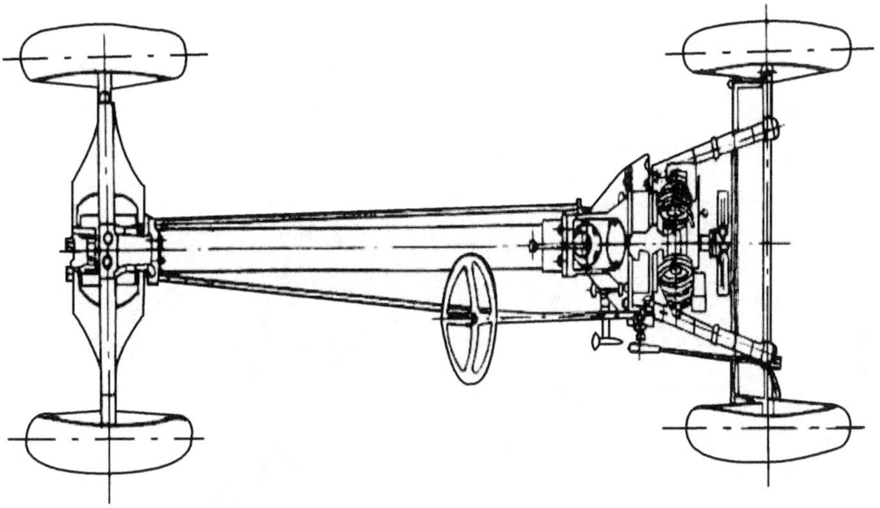
图 2-33 脊梁式车架

(2)车桥。汽车车桥通过悬架与车架(或承载式车身)相连,两端安装车轮。车桥的作用是传递车架与车轮之间的作用力及其所产生的弯矩和转矩。

由于悬架的结构不同,车桥分为整体式和断开式两种。非独立悬架的车桥为整体式;断开式车桥为活动关节式结构,与独立悬架配用。

车桥按其性质分为转向桥、驱动桥、转向驱动桥(图 2-34)和支持桥 4 种类型。其中转向桥和支持桥都属从动桥。一般汽车多以前桥为转向桥,后桥或中、后两桥为驱动桥,越野汽车和某些轿车的前桥则为转向驱动桥。有些单桥驱动三桥汽车的中桥或后桥为支持桥。

(3)车轮与轮胎。车轮由轮辐、轮毂及连接部分组成。轮辋用来安装轮胎,与轮胎共同承受作用在车轮上的负荷,并散发高速行驶时轮胎上产生的热量及保证车轮具有合适的断面宽度和横向刚度。轮毂与转向节凸缘或半轴连接。按照连接部分的构造不同,可将车轮分为辐盘式和辐条式(图 2-35)。

轮胎安装在轮辋上,直接与路面接触,其作用是:支撑汽车的总质量;与悬架一起吸收、缓和汽车行驶时所受到的部分冲击和衰减由此而产生的振动；保证车轮与路面有良好的附着能力，以提高汽车的动力性、制动性和通过性。

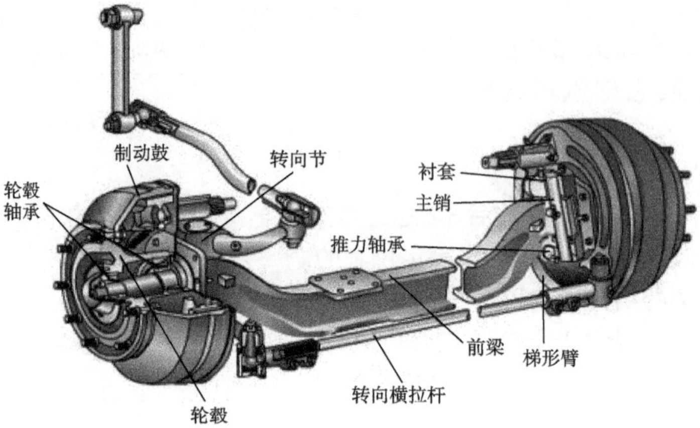

图 2-34　转向驱动桥

现代汽车几乎全部采用充气轮胎。充气轮胎按工作气压的大小可分为高压胎（气压为 0.5 ~0.7MPa），低压胎（气压为 0.2 ~0.5MPa）和超低压胎（气压为 0.2MPa 以下）；按组成结构不同又可分为有内胎轮胎和无内胎轮胎。

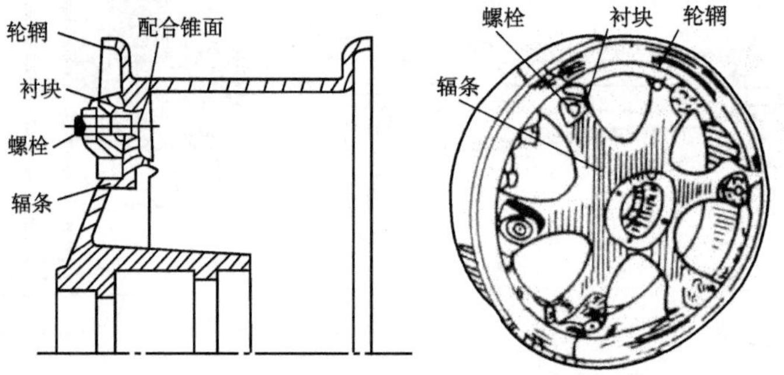

图 2-35　辐条式车轮

根据轮胎胎面花纹的不同，充气轮胎可分为普通花纹胎、越野花纹胎和混合花纹胎三种。普通花纹的特点是花纹细而浅，花块接地面积大，适用于较好路面。其中纵向花纹轮胎的滚动阻力小，防侧滑和散热性好、噪声低、高速行驶性能好，但甩石性和排水性较差。横向花纹轮胎的耐磨性能好，不易夹石子。越野花纹的沟槽深而宽，花块接地面积小，防滑性好，花纹有人字形和马牙形等。安装人字形花纹轮胎时，花纹"人"字尖端的指向要与汽车前进时车轮旋转方向一致，以提高排泥性能。混合花纹介于普通花纹和越野花纹之间。

轮胎的结构见图 2-36。

轮胎的规格一般用轮胎的外径 D、轮辋的直径 d、断面宽度 B 和断面高度 H 的公称尺寸来表示轮胎的基本尺寸。基本尺寸的单位有英制、公制和公英制混合 3 种。轮胎的其他性能用字母表示。目前，常用的表示方法有：

高压胎一般用两个数字中间加" × "号表示，可写成 $D \times B$。例如：34 ×7 表示轮胎外径为 34 英寸，断面宽度为 7 英寸的高压胎。

低压胎在两个数字中间加" – "号表示，写成 $B - d$。例如：9.00 – 20 表示轮胎断面宽为 9 英寸，轮辋直径为 20 英寸的低压胎。

图 2-36　轮胎的结构

(4)悬架。悬架的功用是连接车桥和车架;传递二者之间的各种作用力和力矩;抑制并减小由于路面不平而引起的振动,保持车身和车轮之间正确的运动关系,保证汽车的行驶平顺性和操纵稳定性。

悬架一般由弹性元件、导向装置和减振器等组成(图 2-37)。弹性元件的作用是承受和传递垂直载荷,缓和并抑制不平路面所引起的冲击;导向装置是用来传递纵向力、侧向力及其力矩,并保证车轮相对于车身有正确的运动关系;减振器用以加快振动的衰减,使车身和车轮的振动得以控制。钢板弹簧本身既是弹性元件,又有减振和导向传力的功能,因而使用钢板弹簧的悬架,无须安装导向杆件。

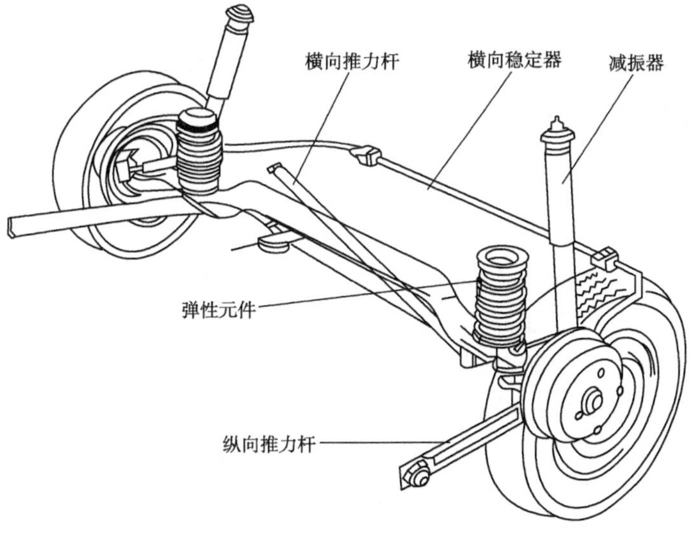

图 2-37　汽车悬架

悬架按导向装置的类型可分为两大类:非独立悬架和独立悬架。非独立悬架的特点是左右车轮安装在一根整体式车桥两端,车桥则通过弹性元件与车架相连。当一侧车轮跳动时,会影响到另一侧车轮,因此也称相关悬架。独立悬架则是每一侧车轮单独通过悬架与车架相连,每个车轮能独立上下运动而无相互影响。采用独立悬架时,车桥做成断开的。独立悬架车轮接地性好,行驶平顺性和操纵稳定性都优于非独立悬架,其前轮定位角可以调节,在轿车上得到广泛应用。而非独立悬架结构简单、成本低,车轮上下跳动时定位参数变化小,故在货车和一些大客车上普遍采用,部分轿车后悬架也有采用的。

❸ 汽车转向系

汽车在行驶过程中，需要经常改变行驶方向。改变行驶方向的方法是通过转向轮(一般是前轮)相对于汽车纵轴线偏转一定角度实现的。汽车在直线行驶时，转向轮也往往受到路面侧向干扰力的作用自动偏转而改变行驶方向。因此，驾驶员需要通过一套机构随时改变或恢复汽车行驶方向。该套机构即为汽车的转向系统。

汽车的转向系分为机械转向系和动力转向系两大类。

1)机械转向系

机械转向系是以人的体力作为转向动力，其中所有传力件都是机械的。它由转向操纵机构、转向器和转向传动机构三大部分组成，如图 2-38 所示。

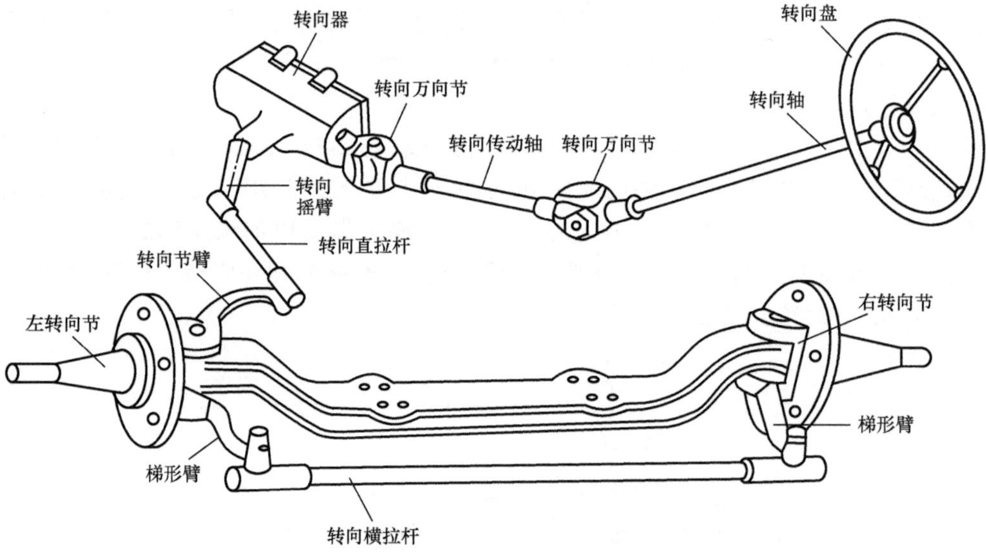

图 2-38　机械转向系示意图

当驾驶员转动转向盘时，通过转向轴、万向节和传动轴，将转向力矩输入转向器。从转向盘到传动轴这一系列零部件为转向操纵机构。作为减速传动装置的转向器，其中一般有1～2级减速传动副。经转向器减速增矩后的力矩传到转向摇臂，再通过转向直拉杆传给固定于左转向节上的转向节臂，使左转向节及装于其上的左转向轮绕主销偏转。同时，左梯形臂经转向横拉杆和右梯形臂使右转向节及右转向轮绕主销向同一方向偏转，从而实现转向。转向摇臂、转向直拉杆、转向节臂、左右梯形臂、转向横拉杆统称为转向传动机构。梯形臂及转向横拉杆和前轴构成转向梯形，其作用是保证左、右转向轮按一定规律进行偏转。

2)动力转向

重型汽车或装有超低压胎的轿车转向时阻力较大，为了减轻驾驶员的疲劳强度，改善转向系统的技术性能，一般都采用动力转向装置。采用动力转向的汽车，转向所需的能量在正常情况下，只有小部分是驾驶员提供的体能，而大部分是发动机驱动转向油泵旋转，将发动机输出的部分机械能转化为压力能。转向时，在驾驶员控制下对转向传动装置或转向器中某一传动件施加不同方向的随动渐进压力，从而实现转向。

按动力能源的不同，动力转向可以划分为液压式和气压式两类；按动力缸、控制阀及转向器的相对位置，可以划分为：整体式和半整体式转向加力器。

常见的液压动力转向装置的组成见图 2-39。转向油泵安装在发动机上，由曲轴通过皮带驱动运转向外输出油压，转向油罐有进、出油管接头，通过油管分别和转向油泵和转向控制阀连接。动力转向器为整体式动力转向器，其转向控制阀用以改变油路。由齿条—活塞和缸体形成 R 和 L 两个工作腔。R 腔为右转向动力腔，L 腔为左转向动力腔，它们分别通过油道和转向控制阀连接。转向螺杆和齿条—活塞、齿条—活塞和扇齿组成了两对啮合传动副。转向摇臂一端固接在与扇齿连在一起的转向摇臂轴上，另一端铰接在转向主拉杆上。转向横拉杆、转向梯形臂及前轴组成转向梯形。

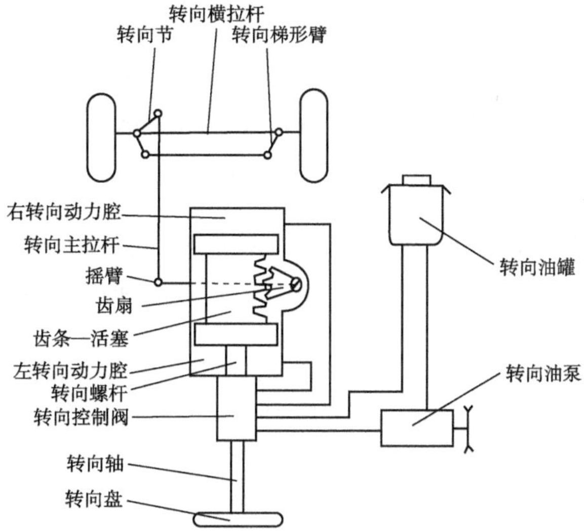

图 2-39　液压动力转向示意图

当汽车直线行驶时，转向控制阀将转向油泵泵出来的工作液与油罐相通，转向油泵处于卸荷状态，动力转向不工作。当汽车需要转弯时，如右转弯，驾驶员向右打转向盘，转向控制阀将转向油泵泵出来的工作液与 R 腔接通，将上腔与油罐接通，在油压的作用下，齿条—活塞移动，通过扇齿使摇臂轴逆时针转动，拉动主拉杆通过转向节、转向梯形使左、右轮向右摆动，从而实现右转向。左转弯则相反。

4 汽车制动系

汽车制动系的功用是使行驶中的汽车减速或在最短的距离内停车，使下坡行驶的汽车的速度保持稳定，以及使已停驶的汽车驻留原地不动。

汽车制动系有几套独立的制动装置，分别是：

(1)行车制动装置。行车制动装置是驾驶员用脚操纵的制动装置，在行车中经常使用。制动器安装在汽车的全部车轮上。

(2)驻车制动装置。驻车制动装置是驾驶员用手操纵的制动装置，主要用于停车后防止汽车滑溜。它的制动器装在变速器或分动器之后的传动轴上，称中央制动装置。

(3)紧急制动、安全制动和辅助制动装置。重型或矿山用重型汽车，为了提高行车的安全性和减轻行车制动器的磨损和性能的衰退，还应增装紧急制动、安全制动和辅助制动装置。紧急制动装置是用独立的管路控制车轮制动器作为备用系统。安全制动装置是当制动气压不足时起制动作用，使车辆无法行驶。辅助制动装置是为了下长坡时减轻行车制动器的磨损而设，其中利用发动机排气制动应用最广。

每套制动装置都由产生制动作用的制动器和操纵制动器的传动机构组成。制动传动机构按制动力来源分：

人力式制动传动机构——单靠驾驶员施加于制动踏板或手柄上的力作为制动力源的传动机构。其中又分液压式和机械式两种，机械式仅用于驻车制动。

动力式制动传动机构——利用发动机的动力作为制动力源，并由驾驶员通过踏板或手柄加以控制的传动机构。其中又分气压式、真空液压式、空气液压式。

四 汽车车身

汽车的车身，以特有的魅力彰显自身艺术造型的合理，引领汽车的时尚，赋予冰冷的机械以生命和灵魂，给人以愉悦乃至震撼，并形成一种文化和时尚。

1 车身的分类

汽车车身是容纳驾驶员、乘客和装载货物的场所，它对行驶安全性、舒适性有很大影响，通过精美造型与色彩设计使人获得美的感受。车身是与发动机、底盘、电气设备并列的汽车四大组成部分之一。

汽车车身按用途分为轿车、客车、货车和专用汽车车身；按所用材料分为钢制车身、轻金属车身、塑料车身、混合车身；而按承载方式分为非承载式车身、半承载式车身、承载式车身三大类。车身形式不同，维修方法也不同。

2 轿车车身

轿车车身有非承载式车身、半承载式车身、承载式车身三大类。作为应用最多的承载式车身，一般由车身壳体、车身前后板制件、车门及其附件、车身内外装饰件、座椅及车身附件等组成（图2-40）。

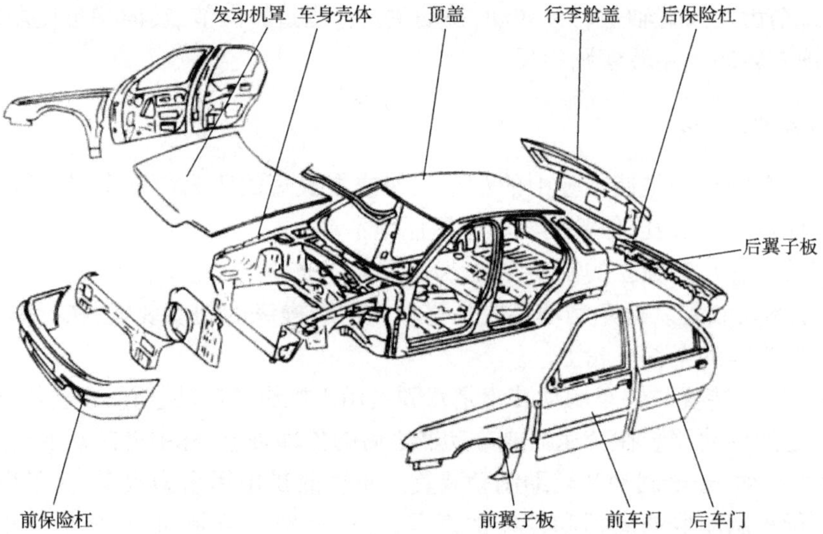

图2-40　车身壳体及车身覆盖件

1) 车身壳体

车身壳体是车身部件和零件的安装基础(图 2-41),是由纵、横梁和支柱等主要承力元件以及与它们相连接的板件共同组成的刚性空间结构。车身壳体可分为 4 个部分:前车身、中间车身、车身底部和后车身。

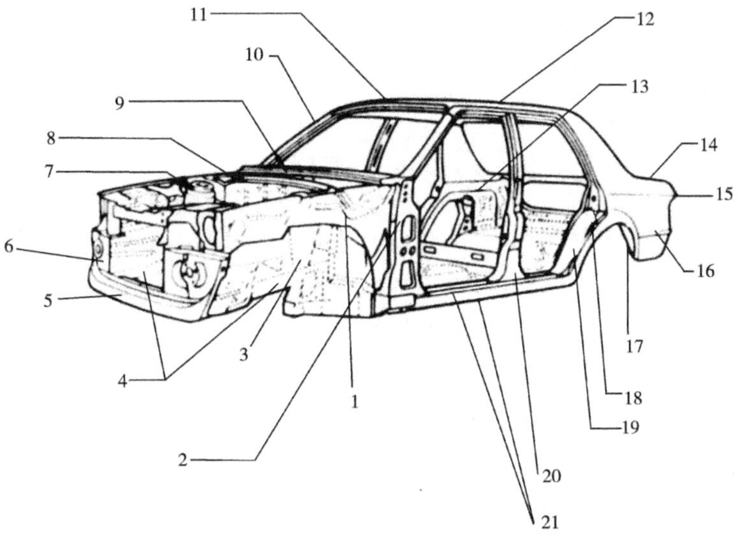

图 2-41　承载式车身壳体

1-前挡泥板加强件;2-前车身铰柱;3-前挡泥板;4-前纵梁;5-前横梁;6-散热器支架;7-减振器支承;8-前围板;9-前围上盖板;10-窗柱(A 柱);11-顶盖梁;12-顶盖侧梁;13-保险杠支承;14-行李舱盖;15-褶线;16-后侧板(后翼子板);17-轮罩;18-止动销;19-后车门锁定立柱(C 柱);20-中柱(B 柱);21-门槛板

2) 车身前后板制件

车身前后板制件包括发动机罩(图 2-42)、散热器罩(格栅或前脸)、前后翼子板、前后保险杠和行李舱盖(图 2-43)等。

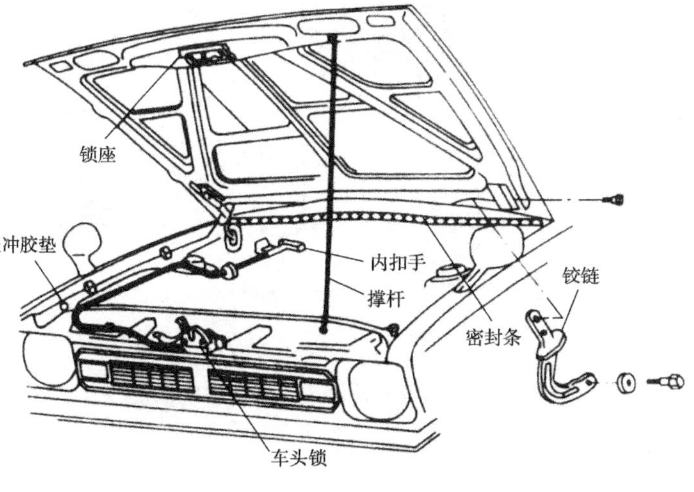

图 2-42　发动机舱盖及其附件

3) 车门及附件

汽车一般有 2 个或 4 个车门,车门及其附件对车身外形和结构性能起着重要作用。

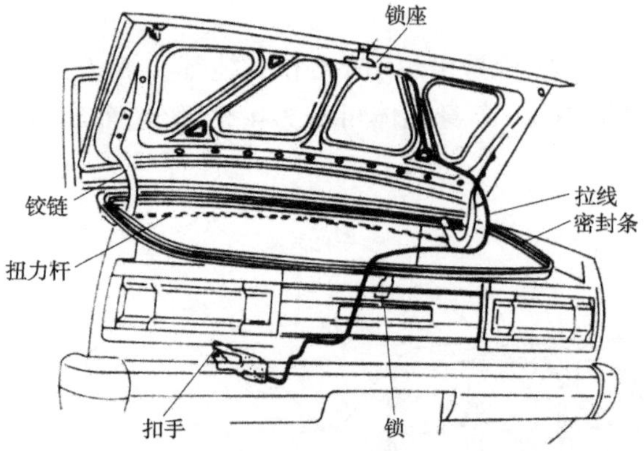

图 2-43　行李舱盖及附件

4）车身附件及内外饰件

车身附件一般既具有实际用途，其外观又有装饰作用，如散热器罩、灯具、后视镜、门手柄、窗手柄、锁、车身侧面防擦条等。内外饰件对车辆的结构和性能不起作用而只具纯装饰性，如车内外装饰条、车内外饰件、轮毂罩、轮眉、标志、浮雕式文字等。饰件通过连接件、扣件和压件及双面胶等安装在车身内外。

5）车身隔声防噪

车内噪声通常是由空气动力噪声、机械噪声及空腔共鸣引起的。要控制车内噪声，除从减少声源着手外，还须在车身上采取防振、隔振措施。如底板上贴有柔软的石棉垫或毡垫等隔声吸声材料；车内利用多孔吸声材料的内饰来吸收声波；前围板、底板上的穿线孔、安装孔等采取密封效果较好的穿线胶套等。图 2-44所示为轿车车身防振、隔振、阻尼材料的应用。

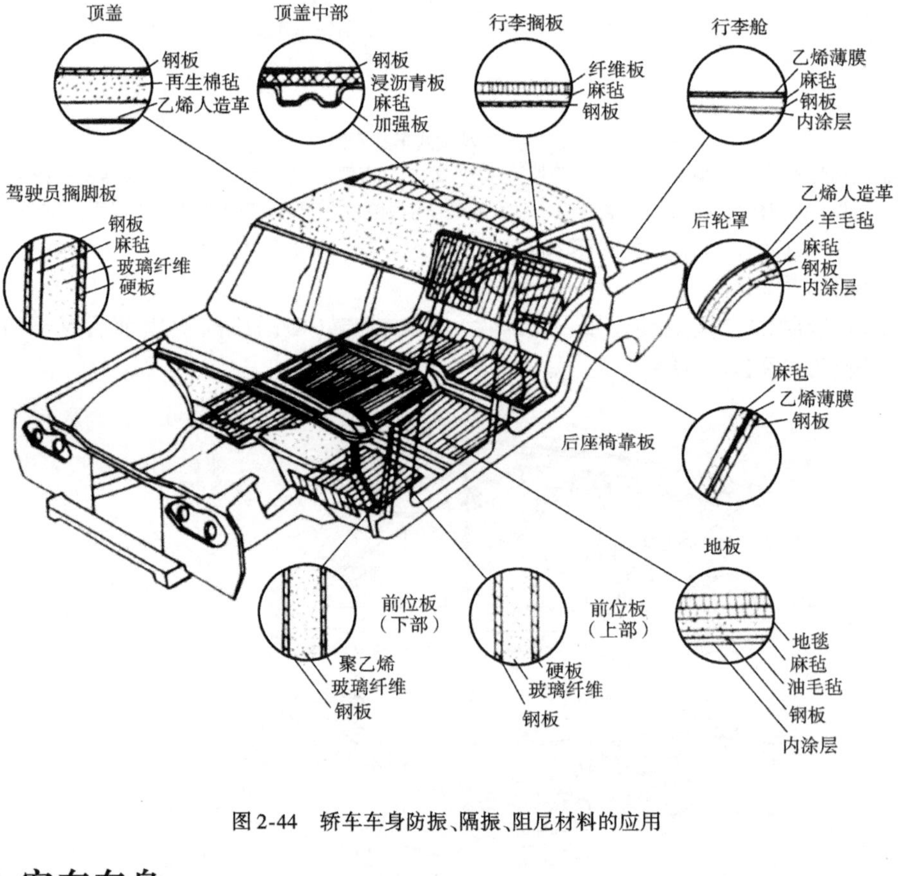

图 2-44　轿车车身防振、隔振、阻尼材料的应用

3 客车车身

承载式客车车身的基础构件主要包括：底架、骨架、车顶及蒙皮等。

1）底架与底板

承载式客车车身没有独立的车架，取而代之的底架则需要有足够的强度和刚度，因为发动机和底盘的主要总成都直接装配在底架上。底架或车架多用高强度钢板冲压成型后组焊而成，采用封闭型截面梁。

车内底板用木板、多层板、塑料插接件等装修平整，底板上通常还要覆盖橡胶、塑料等装饰材料，以解决车底的密封问题。

2）骨架

骨架（图 2-45）的寿命在一定程度上决定着骨架式车身的耐久性。一般采用高强度钢板冲压成型或用抗扭性很高的异型钢管。

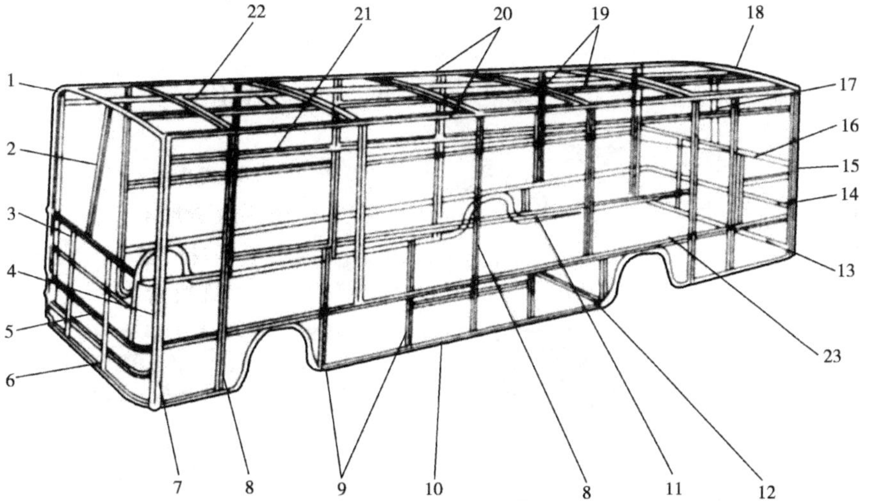

图 2-45　大客车车身骨架

1-风窗框上横梁；2-风窗立柱；3-风窗框下横梁；4-前围立柱；5-前围隔梁；6-前围下横梁；7-门立柱；8-侧围立柱；9-裙立柱；10-侧围裙边梁；11-腰梁；12-斜撑；13-后围下横梁；14-后围隔梁；15-后围立柱；16-后窗框下横梁；17-后窗立柱；18-后窗框上横梁；19-顶盖纵梁；20-上边梁；21-侧窗上梁；22-顶盖横梁；23-侧围隔梁

3）车顶

车顶采用具有一定深度拱形的顶盖。沿顶盖的周边是箱形断面的圈梁，它与窗柱刚性连接。

4）蒙皮

蒙皮分内、外蒙皮，外蒙皮随其形状的变化覆盖在骨架上，并以此构成不同曲面的客车外形。蒙皮一般都是张拉蒙皮，张拉蒙皮是在对金属薄板沿某一方向预先施加拉力的情况下安装在车身骨架上的。这种蒙皮具有较好的刚性，可以减少振动。

4 货车车身结构

货车车身的结构较为简单，由驾驶室、货厢、车架组成，是非承载式车身。

1）驾驶室

货车驾驶室一般分长头式、短头式和平头式三种，最常见的为平头式和长头式。

平头式货车驾驶室一般置于前轴位置上，发动机完全伸进驾驶室或移向后部，可使整车长度缩短，驾驶视野开阔。这种驾驶室已经成为当前普通货车发展的主流。平头货车驾驶室的外形如图 2-46 所示。

长头式驾驶室（图 2-47）可分为前后两部分：车头和驾驶室主体。车头部分的发动机罩，依开启方式不同分为鳄口型和车头翻转型两种。

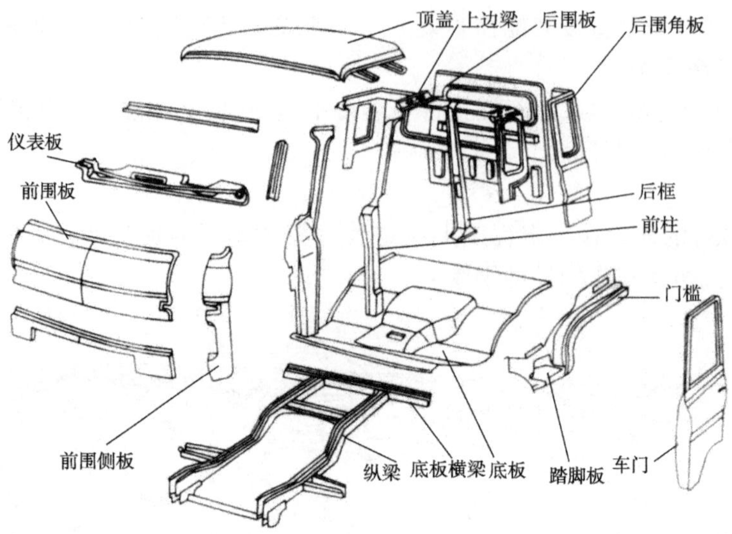

图 2-46　平头货车驾驶室

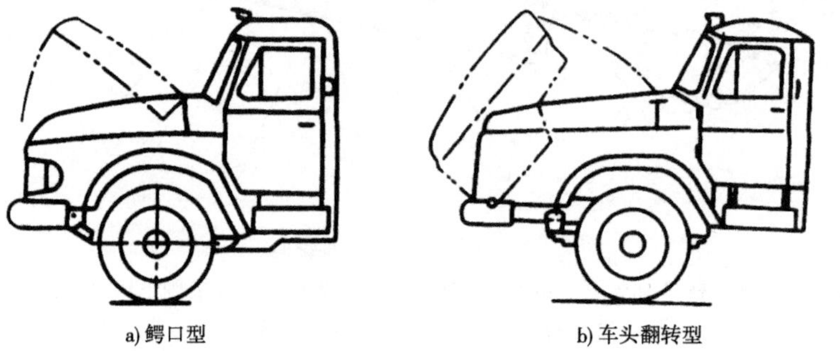

图 2-47　长头式驾驶室的外形

2)货厢

货车车厢因装载的货物不同,有平板式、栏板式和厢式三种,如图 2-48 所示。

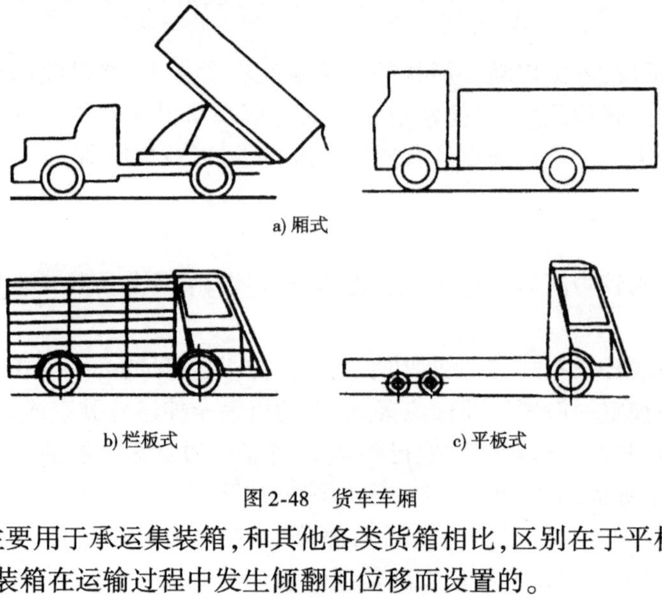

图 2-48　货车车厢

平板式车厢主要用于承运集装箱,和其他各类货箱相比,区别在于平板四周装有集装箱锁,是专为防止集装箱在运输过程中发生倾翻和位移而设置的。

栏板式主要用于运载密度较小的货物(如棉花、稻草等)。有些栏板式车厢的左、右边板也可加插高栏板,在高栏板的后部通常有防止栏板张开的链索,农用和军用车辆最宜用这种形式。

厢式车厢利用型材或冲压的构件制成框架,再覆蒙皮形成封闭壳体,主要运送特定的货物。为提高强度和使蒙皮不致产生振动,几乎所有表面都制成波纹筋,并与底板刚性连接,使整个壳体具有很大的刚度和承载能力。

另外,铝合金厢式车开始在一些有特种用途的货车上采用,这种厢式车一般为6块板式结构,结合部借助主体框架用螺钉、铆钉等方式连接在一起。这种车身对阳光的反射率好,能使车内温度降低,适合一般药品、食品等运输。

五 汽车电气设备

汽车电气系统包括电源系、起动系、点火系、照明与信号系、仪表与报警系、空调系、辅助电气系统和配电装置等若干个系统(其中起动系、点火系已经在发动机部分介绍)。汽车电气系统具有以下特点:

(1)低压。汽油车普遍采用12V电系,柴油车大多数采用24V电系。

(2)直流。蓄电池必须使用直流电充电,所以汽车电系为直流电系。

(3)单线制。单线制是指从电源到用电设备只用一根导线连接,用汽车发动机、底盘等金属机体作为另一根公用导线。但是在特殊情况下,为了保证电气系统(特别是电子控制系统)的工作可靠性,也需采用双线制。

(4)负极搭铁。将蓄电池的负极连接到车体上称为“负极搭铁”。汽车电气系统一般规定为负极搭铁。

1 汽车电源

汽车电源系统的功用是向整车用电设备提供电能,电源系统主要由蓄电池、交流发电机和调压器组成。发电机和蓄电池在汽车上是并联工作,它们工作情况及作用如下:

当发动机不工作或起动发动机时由蓄电池向起动机、点火系、灯光等用电设备供电;

当发动机低速运转时,由蓄电池和发电机联合向点火系、仪表、灯光等用电设备供电;

当发动机正常运转时,发电机电压高于蓄电池电压,由发电机向全部用电设备供电,并向蓄电池充电,将多余的电能储存起来;

当同时工作的用电设备过多而导致耗电量超过发电机供电能力时,由发电机和蓄电池共同供电;

蓄电池相当于一只大容量电容器,可起到稳定系统电压、保护电子设备的作用。

1)蓄电池

蓄电池一般安装在发动机舱盖里、驾驶员座位下或车架纵梁外侧。汽车用蓄电池俗称蓄电池,根据加工工艺不同可分为普通型、干荷电型和免维护型等。普通蓄电池是在盛有稀硫酸的容器中插入铅制极板而构成的电能储存器,因此又称铅酸蓄电池。

蓄电池的结构如图2-49所示。

按照标准JB/T 2599—2012规定,铅蓄电池型号由3部分组成:

□—□□—□□

① ② ③

其中：

①用阿拉伯数字表示蓄电池的单格数。其额定电压为单格数乘以2。

②表示蓄电池的类型和特征，用两个汉语拼音字母表示。

第1个字母表示蓄电池的类型，Q——起动用蓄电池；M——摩托车用蓄电池。

第2个字母表示蓄电池的特征，A——干荷电式；H——湿荷电式；W——免维护式。

③表示蓄电池的额定容量和特殊性能。

用阿拉伯数字表示20h放电率的额定容量，其单位为A·h。

用汉语拼音字母表示蓄电池特殊性能，G——高起动率；S——塑料外壳；D——低温起动性能好。

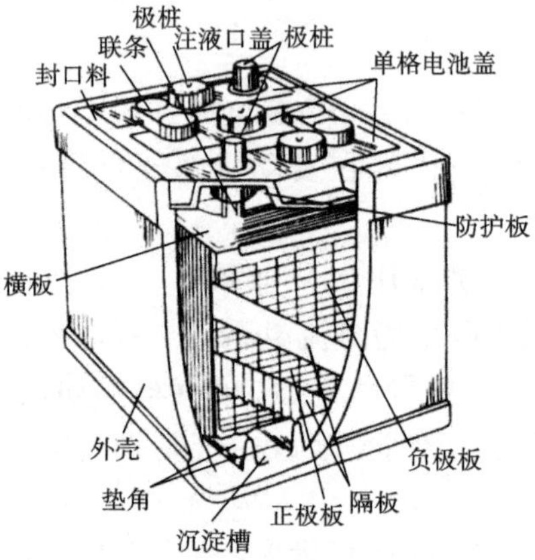

a) 单格盖式

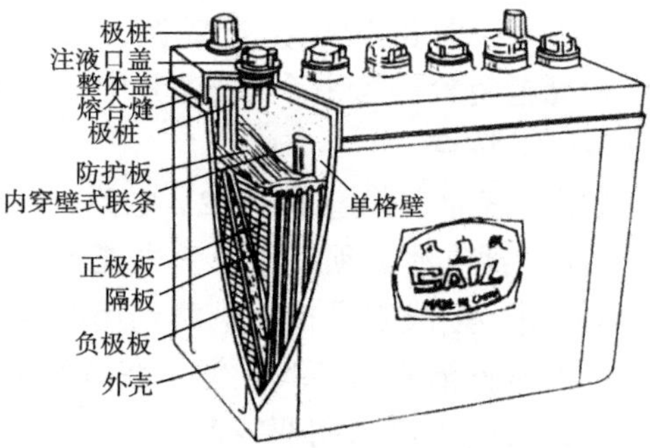

b) 整体盖式

图2-49　蓄电池的结构

2）交流发电机

交流发电机一般安装在发动机前部的侧面，并用螺栓固定在支架上，支架再用螺栓固定在机体上。发电机由发动机通过皮带驱动。如图2-50所示，交流发电机主要由转子总成、定子总成、整流器、壳体等组成。

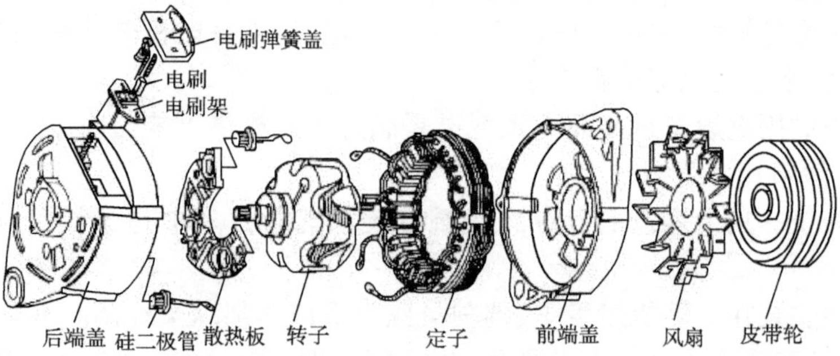

图2-50　JF1512型发电机

3）电压调节器

电压调节器的功能是在发电机转速变化的情况下，将发电机的输出电压控制在规定范围内。电压调节器形式很多，有触点式、晶体管式和集成电路式（图2-51）。触点式电压调节器已很少采用。

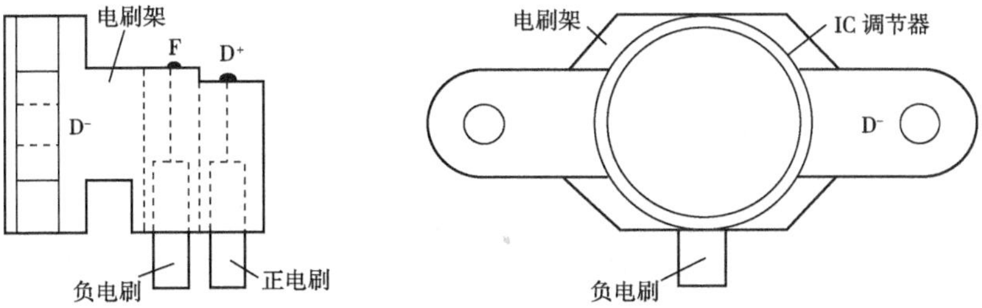

图 2-51 IC 调节器

2 照明与信号系

1)汽车照明系

为保证汽车夜间行车安全及各种使用要求,汽车上装有各种照明与信号装置。

(1)前照灯。前照灯又称前大灯,主要用于夜间行车时道路照明,灯光为白色。前照灯包括远光灯和近光灯,有两灯制和四灯制两种配置方法。两灯制的两个前照灯是具有远光和近光的双光束灯;四灯制前照灯装在外侧的一对为远、近光双光束灯,装在内侧的一对为远光单光束灯。

前照灯分为可拆式、半封闭式、全封闭式 3 种。各种结构形式均由灯泡、反射镜、配光镜、灯壳、接线器等组成(图 2-52)。灯泡有单灯丝和双灯丝两种灯泡,目前前照灯的灯泡有白炽灯泡和卤钨灯泡两类,如图 2-53 所示。

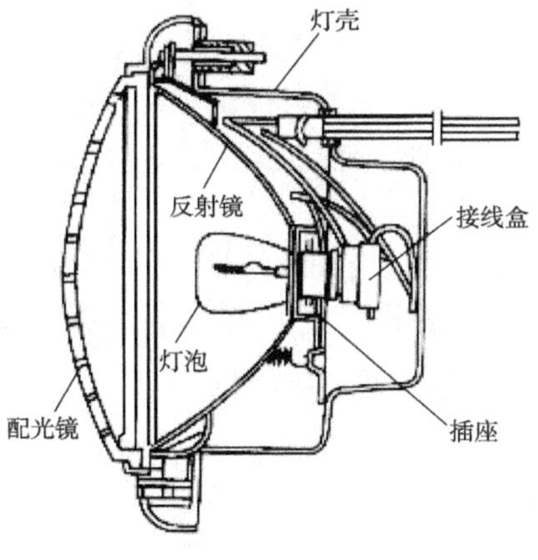

图 2-52 半封闭式前照灯

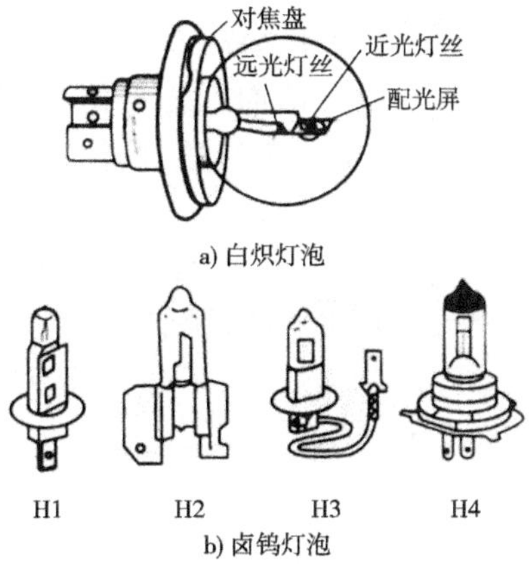

图 2-53 前照灯灯泡

(2)雾灯。雾灯用于雾天照明道路和发出警示。雾灯采用黄色灯泡,其穿透力强。一般设有前雾灯和后雾灯。前雾灯左右各一个;后雾灯只有一个,安装在左后方。雾灯由车灯开关和雾灯开关控制。图 2-54 所示为桑塔纳轿车的前照灯和雾灯。

(3)牌照灯。牌照灯装在汽车尾部牌照上方或两侧用以照亮牌照,使行人距车尾 20m 处能看清牌照上的文字。

此外,车上还装有顶灯、阅读灯、行李舱灯、门灯、踏步灯、仪表照明灯、工作灯等照明装置。

2)汽车信号系

信号系主要通过声、光向行人和车辆发出有关车辆运行状况或状态的信息,以引起有关人员注意,确保车辆行驶安全。

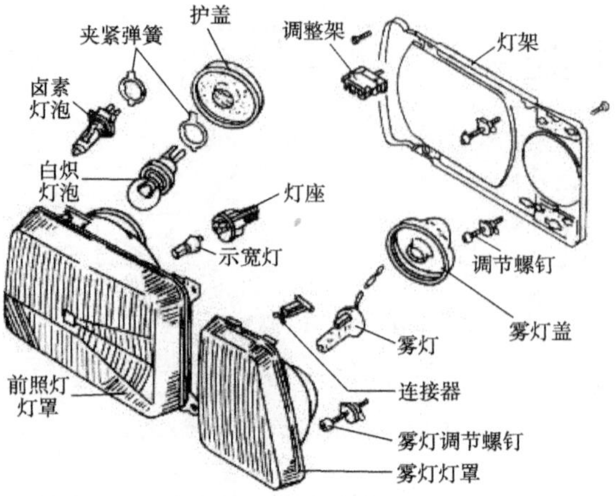

图 2-54　前照灯和雾灯

(1)汽车信号灯。汽车信号灯主要包括以下内容：

转向灯：安装在汽车前、后部的左右侧，用来指示车辆行驶趋向，灯光为琥珀色。转向时，灯光呈闪烁状。当接通危险报警灯开关时，前、后、左、右的转向灯同时闪烁，表示车辆遇紧急情况，请求其他车辆避让。危险报警灯操纵装置不受点火开关控制。

制动灯：安装在汽车尾部，灯光为红色，灯罩显示面积较后示宽灯大，在驾驶员踩下制动踏板时发光，以示制动。为避免与尾随的车发生碰撞，有些轿车后窗内装有由发光二极管成排显示的高位制动灯。

示宽灯：又称示位灯、小灯，用于夜间和雾天标示行驶中或停驶后的汽车轮廓，防止会车和超车时因汽车轮廓不清而发生故障，安装在汽车前面、后面和侧面。示宽灯为白色或黄色，后示宽灯(也称尾灯)为红色，侧位灯为琥珀色。夜间行驶接通前照灯时，示宽灯与仪表照明灯、牌照灯同时点亮。

倒车灯：为提高夜间倒车行驶安全，在汽车挂入倒挡时，设在变速器上的倒车灯开关接通，装在车左后侧的倒车灯即被点亮，以照明车后道路，同时警告后方车辆、行人注意安全。

桑塔纳轿车的制动灯、倒车灯、后转向灯、尾灯等组合在一起(图 2-55)。前、后部灯具的安装位置如图 2-56、图 2-57 所示。

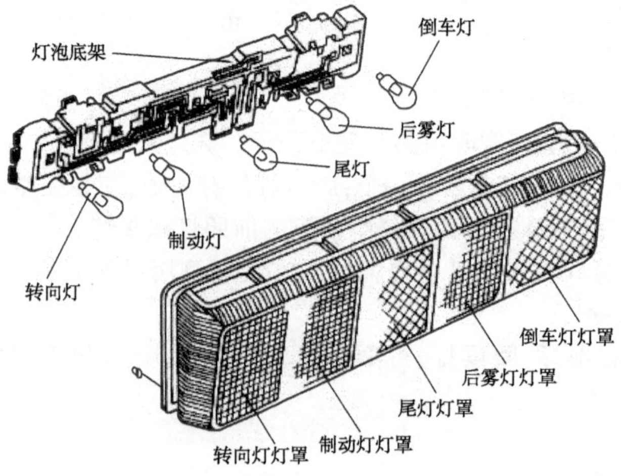

图 2-55　组合后灯

仪表报警及指示灯：常见的有充电指示灯、润滑油压力过低报警灯、转向指示灯、远光指示灯等。报警灯一般为红色或黄色，指示灯为绿色或蓝色。

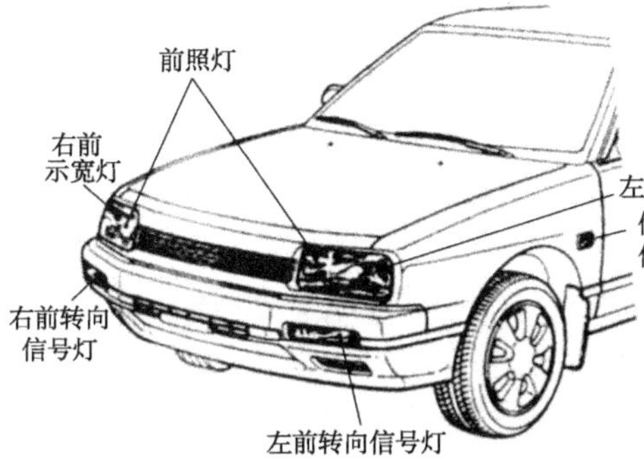

图 2-56　前部灯具的安装位置

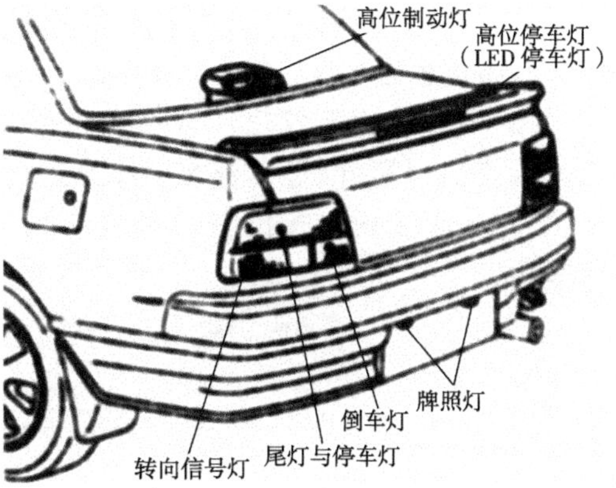

图 2-57　后部灯具的安装位置

(2)转向闪光继电器。转向及危险报警装置由闪光器、转向开关、转向灯等部件组成。转向灯的闪烁通过闪光器控制电流通断而实现，闪光频率为 50 ~ 110 次/min。转向信号闪光器与危险报警闪光器可以共用，也可以单独设置。常见的闪光器有电容式、翼片式、晶体管式三种，三种闪光器的类型如图 2-58 所示。

(3)电喇叭。电喇叭用来警告行人和其他车辆，以保证行车安全。电喇叭按有无触点可分为普通电喇叭和电子电喇叭。普通电喇叭是靠触点的闭合断开控制电磁线圈激励膜片振动而产生声音的；电子电喇叭中无触点，它是利用晶体管电路产生的脉冲激励膜片振动产生声音的。在中小型汽车上，由于安装的位置限制，多采用螺旋形和盆形电喇叭。

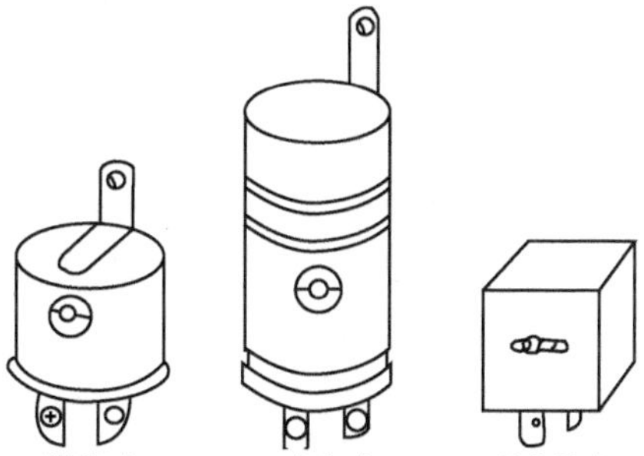

图 2-58　常见闪光器类型

3 汽车仪表与报警系

为使驾驶员及时了解汽车各系统的工作情况，以便及时发现问题采取措施，避免事故发生，保证汽车的正常运行，在转向盘前方台板上都装有仪表、报警灯等装置。

常用仪表一般由传感器和指示仪表两部分组成，按功能不同可分为电流表、润滑油压力表、水温表、燃油表、车速与里程表等；按结构不同可分为指针式和电子显示式两种类型；按工作原理不同可分为电磁式、电热式、磁感应式(如车速里程表)和电子控制式 4 种。

1)汽车仪表

汽车仪表主要包括以下内容：

(1)水温表。水温表用于指示发动机冷却水的温度，它由装在仪表板上的水温指示表和装在发动机水套上的水温传感器两部分组成。常用的水温表有电热式和电磁式两类，水温传感器采用双金属片式和热敏电阻式两类(负温度系数)。

(2)燃油表。燃油表用于指示燃油箱内燃油的储存量。它由装在仪表板上油量指示表和装在油箱内的油量传感器两部分组成。传感器一般为可变电阻式，燃油表有电热式和电磁式两种。

(3)车速里程表。车速里程表用来指示汽车行驶速度和累计汽车行驶里程数,它由车速表和里程表两部分组成。

(4)发动机转速表。发动机转速表分为机械式和电子式两种。机械式转速表的结构原理与上述磁感应式车速表基本相同。

(5)数字式汽车仪表。数字式汽车仪表是指采用荧光屏、液晶显示屏、数码管和发光二极管等显示器件,显示温度、电压、油压、燃油、发动机转速表、车速和里程等信息的仪表,又称为电子式汽车仪表。图2-59所示为马自达轿车采用的电子显示组合仪表盘的外形结构。

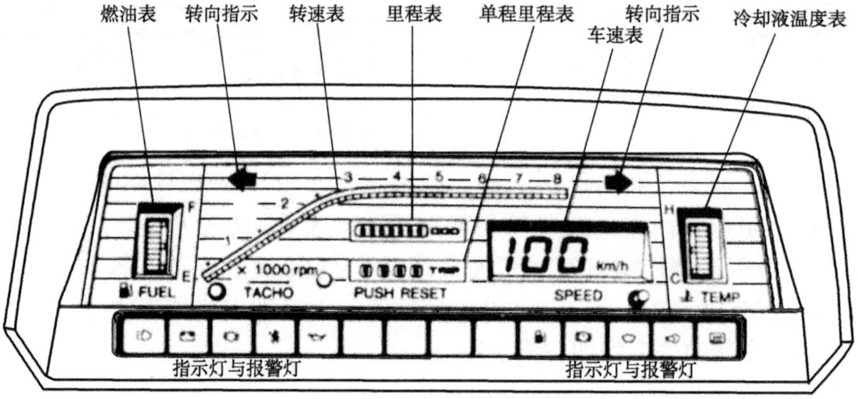

图2-59 马自达轿车电子显示仪表盘外形结构

2)报警装置

为保证行车安全和提高车辆的使用可靠性,汽车上安装了许多报警装置。车内报警装置一般由传感器和红色警告灯组成,警告灯装在仪表盘上;车外报警装置一般提供声音信号或声光信号报警。汽车报警装置主要包括以下内容:

(1)润滑油压力过低警告灯。润滑油压力过低传感器有弹簧管式和膜片式两种,均可安装在发动机润滑系主油道上,传感器内有一对触点,当主油道压力低于某值时,触点接通,报警灯点亮。

(2)冷却液温度过高警告灯。该灯采用双金属片式温度传感器。当冷却液温度达到95~98℃时,双金属片弯曲使触点闭合,警告灯发亮指示冷却液温度过高。

(3)燃油油量过少警告灯。电路采用热敏电阻式传感器,传感器装在油箱里。热敏电阻元件露出油面时,散热变慢,温度升高,电阻值减小,电路中电流增大,则报警灯点亮。

(4)制动系统警告灯。低气压报警灯开关装在制动系储气筒或制动阀压缩空气输入管路中,当制动系储气筒内的气压下降到350~380kPa时报警灯开关触点闭合,电路接通,低气压报警灯点亮。制动液面警告灯的传感器装在制动液储液罐内,当浮子随着制动液面下降到规定值以下时,永久磁铁的吸力吸动舌簧开关使之闭合,接通警告灯发出警告。

(5)倒车灯与倒车报警器。汽车倒车时,为了警告车后的行人和车辆注意避让,在汽车的后部装有倒车灯、倒车蜂鸣器或倒车语音报警器,由装在变速器上的倒车开关控制。

4 汽车空调系统

汽车空调系统的作用是调节车厢内温度(即提供冷气与暖气)和通风净化空气。汽车空调系统由制冷系统、采暖系统、通风系统组成(图 2-60)。

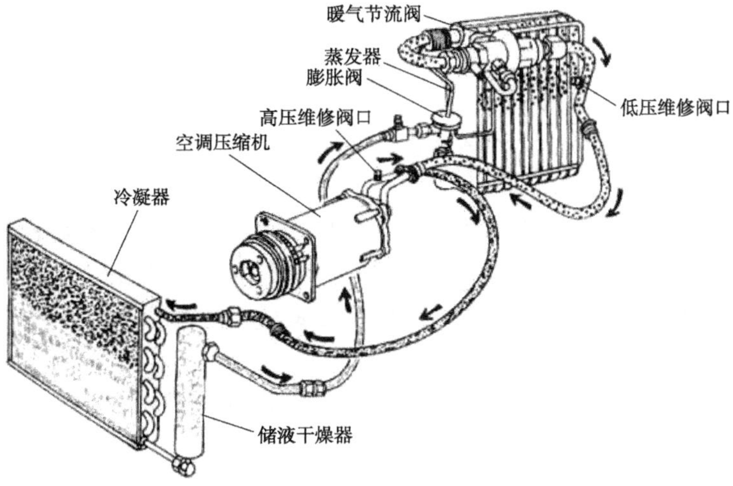

图 2-60　汽车空调系统的组成

1)制冷系统

制冷系统主要由压缩机、冷凝器、储液干燥器、蒸发器、膨胀阀及电控部件组成。

(1)空调压缩机。空调压缩机的作用是将低温、低压的制冷剂气体压缩成高温、高压的气体,以维持制冷剂的不断循环。空调压缩机装在发动机一侧,由发动机通过皮带驱动。

(2)冷凝器。冷凝器用于对高温、高压的制冷剂气体进行冷却,使之凝结为高压液体。冷凝器的结构类似发动机冷却系统的散热器,其结构形式有管片式(图 2-61)、管带式和鳍片式。冷凝器安装在散热条件好的位置:在轿车上,冷凝器常安装在发动机冷却水散热器之前,利用发动机冷却风扇和行驶中迎面吹来的空气进行冷却;在一些大、中型客车上,常把冷凝器安装在车厢下部两侧或车厢后侧和顶部,并通过辅助风扇进行强制冷却。

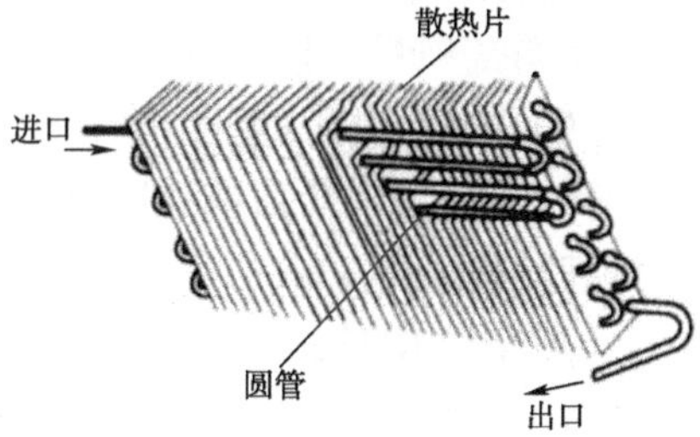

图 2-61　管片式冷凝器

(3)储液干燥器。储液干燥器用于临时储存一些冷凝后的制冷剂,并对其进行吸湿干燥处理,除去制冷剂中的水分和杂质,主要由玻璃视镜、吸取管、过滤网、干燥剂、过滤器及外壳等组成。

(4)蒸发器。蒸发器和冷凝器都属于热交换器。蒸发器的作用是通过内部的低温、低压的制冷剂来吸收空气中的热量,从而达到降温的目的。蒸发器的结构与冷凝器相似,也是由管道和散热片组成。轿车的蒸发器一般安装在仪表盘罩下,大型客车的蒸发器一般安装在底板上、后悬处或车顶上。

(5)膨胀阀。膨胀阀安装在蒸发器的入口前,它的作用是自动调节进入蒸发器的制冷剂量,使液态制冷剂经节流减压形成雾状喷入蒸发器中,使制冷剂充分蒸发,吸收热量。膨胀阀主要由感温包、阀体组成。感温包安装在蒸发器的出口管壁上。

2)汽车暖风、通风系统

该系统包括水暖式、燃烧式两种类型:

(1)水暖式暖风装置和通风装置。该装置利用发动机冷却水作热源,将冷却水引入热交换器,用鼓风机将车厢内的空气吹过热交换器从而使之升温。

(2)燃烧式暖风装置。该装置利用煤油、柴油等作燃料,在燃烧室中燃烧产生热量,对空气进行加热采暖。

5 辅助电气设备

为了提高汽车行驶的安全性、可靠性及舒适性,减轻驾驶员的劳动强度,现代汽车上,还装备一些辅助电器。

(1)电动刮水器。为保证汽车在雨天或雪天时有良好的视线,确保行车安全,在汽车的风窗玻璃上装有刮水器。电动刮水器由电动机、传动机构、刮臂、刮片组件组成。有的高级轿车还采用可调式间隙控制刮水器,在风窗玻璃上装有流量或雨滴传感器,能使刮水器根据雨量大小自动开闭,并自动调节间歇时间。

(2)风窗洗涤装置。为及时消除风窗玻璃上的灰尘和污物,使驾驶员有良好视线,有些汽车还装有风窗玻璃洗涤装置。

(3)电动车窗。电动车窗主要由车窗、车窗玻璃升降器、电动机、开关等装置组成。大多数汽车上使用永磁式电动机,通过改变电枢电流方向来改变电动机的旋转方向使车窗升降。

(4)电动座椅。有些轿车的座椅空间位置可通过电力驱动调整,以提高乘坐舒适性。

(5)电动后视镜。后视镜反射角度都有很严格的要求,为方便驾驶员调整其角度,一些汽车上安装了电动后视镜。每个电动后视镜的背后各装有两套永磁式电动机,其中一套可以使后视镜作上下偏转;另一套则能让后视镜做左右偏转。部分高级轿车上还设有电子控制装置,各后视镜调整好后,其角度以电信号的形式储存起来。再次调整后视镜时,只要按下所需调整项目的按钮,后视镜便可调整至所需的角度。

(6)中控门锁。所谓中控门锁,就是在左前门设有总开关,当驾驶员把总开关按下,或将钥匙插入锁孔内,开启或关闭该车门锁时,其余三扇门的门锁同时被打开或锁上,以防止汽车行驶时由于车门内把手误操作使车门打开。

(7)中央接线盒。在各型汽车上都配置有各种各样的蓄电池、发电机、起动机、控制器、继电器、熔断器以及将这些电气设备按照一定的要求连接起来的线束。当电气系统发生故障时,为了便于检修排除,现代汽车普遍采用了中央接线盒。

(8)汽车线路。汽车电气线路由电源、导线、开关、用电设备、电路保护装置等部分组成。

(9)汽车电子防盗装置。汽车电子防盗装置是指防止汽车被盗窃或被破坏而嵌入汽车主电路的一种电子控制系统。防盗系统能使汽车发动机不能起动或起动数秒钟后自动中断,从而防止汽车被非法使用者开走。

2.4 汽车的基本性能参数

各种不同用途的汽车对其性能的要求有所侧重,微型轿车要求经济实用,高级轿车要求强劲豪华,载货汽车要求多拉快跑,越野汽车要求越障过壕,等等。

概括起来,汽车对性能的要求有7个方面:动力性、经济性、制动性、操纵稳定性、行驶平顺性、通过性、安全性。这些性能在汽车使用期的保持和恢复构成了汽车的可靠性和可维修性。

一 汽车的主要尺寸参数

汽车的主要尺寸包括轴距、轮距、总长、总宽、总高、前悬、后悬等。

(1)外廓尺寸:指总长 L、总高 H 和总宽 S。

①总长(L)。汽车长度方向两极端点间的距离(mm)。

②总高(H)。汽车最高点至地面的距离(mm)。

③总宽(S)。汽车宽度方向两极端点间的距离(mm)。

我国对公路车辆的限制尺寸是:总高不大于4m,总宽(不包括后视镜)不大于2.5m。这种对尺寸的限制是为了适应公路、桥梁、涵洞和铁路运输的有关标准。

汽车的总长,对于载货汽车及越野汽车来说不大于12m,牵引汽车带半挂车不大于16m,汽车拖带挂车不大于20m,挂车不大于8m,大客车不大于12m,铰接式大客车不大于18m。左、右后视镜等突出部分的侧向尺寸总共不大于250mm。

(2)前悬(A_1)和后悬(A_2):前悬指前端至前轮中心悬置部分;后悬指后端至后轮中心悬置部分。

(3)轴距(B):汽车前轴中心至后轴中心的距离。如果是三轴汽车,则为前轴中心至后轴与中轴中心之间的距离(mm)。

(4)接近角(α)与离去角(β):接近角是指通过汽车最前端最低点所作的前轮切线与地平面所成交角;离去角是指通过汽车最后端最低点所作的后轮切线与地平面所成交角。

(5)轮距(K_1、K_2):同一车桥左右轮胎中心间的距离(K_1)(mm)。如后轴为双胎,则为同一车桥一端两轮胎的中心至另一端两轮胎中心间的距离(K_2)(mm)。

(6)最小离地间隙(c):汽车满载时,汽车最低点离地面的距离(mm)。

图2-62所示为汽车常用结构参数。

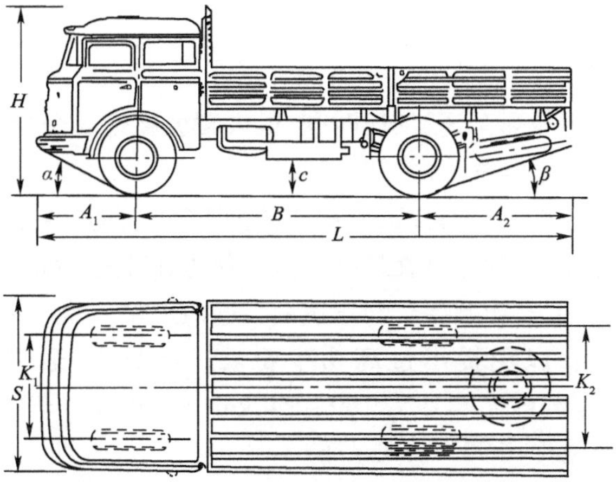

图2-62 汽车常用结构参数

L-车长;B-轴距;A_1-前悬;A_2-后悬;H-车高;S-车宽;α-接近角;β-离去角;K_1、K_2-轮距;c-最小离地间隙

二 汽车的质量参数

汽车的质量参数主要包括汽车的整备质量、装载质量、总质量、整备质量利用系数和轴荷分配等。

(1)汽车整备质量:汽车完全装备好的重量(kN)。汽车整备质量除了整车重量外,还包括随车工具、备用轮胎的重量,但不包括人员和货物的重量(图2-63)。

图2-63　空载的载货汽车

(2)装载质量:乘用车主要用于载运乘客及其随身行李,一般以座位数计,包括驾驶员座在内不超过9座;客车以载客量计;货车以其在良好硬路面行驶时所装载货物质量的最大限额(t)计。

(3)总质量:指整备完好、装备齐全,并按规定载满客、货时的汽车质量。

(4)整备质量利用系数:指载货汽车的装载量与其整备质量之比。

(5)轴荷分配:指汽车空载和满载时的整车质量分配到各个车轴上的百分比。

三 汽车的性能参数

1 汽车动力性

汽车的动力性主要用最高车速、加速时间、最大爬坡度等3个指标来衡量。

1)汽车的最高车速 v_{amax}(km/h)

最高车速是指汽车在水平良好路面(混凝土或沥青)上所能达到的最高行驶速度。此时汽车应满载,加速踏板开度最大,变速杆在最高挡位。发动机最大功率越大,汽车的 v_{amax} 就越高。

在高速行驶区,发动机的功率要求与车速 v_{amax} 近似地呈三次方关系,所以汽车的最高车速要根据用途选择得当,以免提出过高功率要求。目前,普通型轿车的最高车速约为130km/h,而中、高级轿车的最高车速为160~240km/h。载货汽车的最高车速比轿车低,重型载货汽车的最高车速通常在90~110km/h。

2)汽车的加速时间 t

汽车的加速能力对平均车速有很大影响,也和行驶安全性有关(例如超车和闪避)。常用指标有原地起步加速时间和超车加速时间。

原地起步加速时间是指汽车由一挡起步并以最大加速度(包括选择恰当的换挡时机)逐步换到高挡后达到某一预定距离(如400m)或一定车速(如80km/h)所需的时间。如大中型轿车和小型轿车起步加速到100km/h所需时间为10~17s和12~25s。国外多用0~400m、0~500m和0~1000m原地起步的加速时间来评价加速能力。

超车加速时间是指用最高挡或次高挡由某一中等车速(如30km/h)开始全力加速至某一高速所需的时间。采用较多的办法是用最高挡或次高挡,由30km/h或40km/h全力加速至某一高速,或用30~50km/h、60~80km/h的加速时间来表示。超车加速能力越强,与被超车辆的并行时间就越短,行驶安全性就越高。

3)汽车的最大爬坡度 i_{max}(%)

最大坡度是指汽车满载,使用最低挡在良好路面上以一挡行驶时能爬上的最大坡度,以表示一辆车的爬坡能力。i_{max}对货车和越野汽车是一个重要指标。坡度值 i 一般用坡道斜角的正切表示(为小数或百分数),而不是倾斜角的度数。货车一般 i_{max}在30%(16.5°左右),越野汽车 i_{max}可达60%(30°左右,图2-64)。

图2-64 在爬坡的汽车

在动力性评价中,也可用汽车比功率作为综合指标。比功率(kW/t)是单位汽车质量所能分配到的最大功率,其中汽车质量对轿车来说指空载质量,对货车来说指满载质量。目前,中、高级轿车的比功率在50~95kW/t,轻型货车的比功率在15~22kW/t,中、重型货车的比功率在7.5~14kW/t,汽车列车的比功率一般不低于6kW/t。

2 汽车的燃料经济性

1)燃料经济性评价指标

汽车燃料经济性的评价指标有两类:

(1)单位行驶里程的汽车燃油消耗量。我国和欧洲用每行驶100km所消耗燃油的升数 Q_s(L/100km)作为汽车经济性指标,但对载货汽车也有用单位运输量,即每吨总重行驶1km(或100km)的耗油量来评价的,称为吨公里油耗(L/t·km)或吨百公里油耗(L/t·100km),这样便于比较不同载重量汽车的燃料经济性。

(2)单位燃料消耗量的行驶里程。用每升(在美国用加仑)燃油所能行驶的公里(或英里)数(km/USgal或mile/USgal,简写为MPG)来评价。

2)燃料经济性

汽车燃料经济性指标 Q_s 是汽车结构及使用因素的函数。当汽车以某挡位在一定道路条件下等速行驶时,其耗油量 Q_s 与车速 v_a 的关系曲线(图2-65),称为该车的燃料经济性。从汽车的燃料经济性可以看出,油耗量越小,曲线越平坦,则其经济性越好,经济车速应尽可能接近常用车速。

汽车燃料经济性与汽车总重、各种阻力,传动系的效率和减速比的匹配,尤其是发动机的燃油消耗率有关。降低汽车油耗应从提高发动机燃料经济性,降低汽车自重和改进外形以减小空气阻力等方面入手。

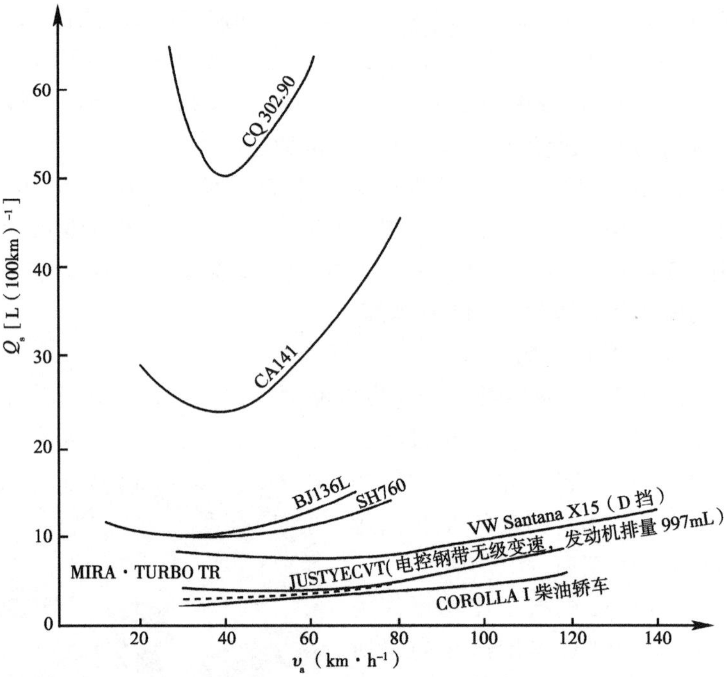

图 2-65　汽车等速百千米油耗曲线

3 汽车的制动性

1）汽车制动性的评价指标

汽车制动性是指汽车在行驶中强制减速直到停车的能力。汽车具有良好的制动性能，首先是行驶安全性的需要，它直接关系到生命与财产的安全；同时也可提高汽车的平均车速，从而获得较高的运输生产率。汽车制动性能主要由三方面评价：

（1）制动效能：汽车在良好路面以一定初速度开始制动直到停车的制动距离或制动减速度。

（2）制动效能的恒定性：指制动器的抗热衰退性能，即汽车在高速或下长坡连续制动时，制动器温度升高后，与冷态时相比，其制动效能所能保持的程度。

（3）制动时汽车的方向稳定性：即制动时汽车按给定轨迹（直线或预定弯道）行驶，不发生跑偏、侧滑以及失去转向能力的性能。

2）制动时车轮的运动与受力

汽车受到与行驶方向相反的外力时，才能制动到较小的车速直至停车。这一外力由地面和空气提供，但空气阻力相对很少，所以主要由地面提供，称为地面制动力。地面制动力越大，则汽车制动减速度就越大，制动距离也越短。

3）制动效能及其恒定性

评定汽车制动效能的指标有制动距离和制动减速度。

（1）制动距离。制动距离是指从开始踩制动踏板到汽车完全停住这段时间内，汽车驶过的距离。制动距离与汽车制动时的起始速度、制动踏板力、制动器的状况和路面状况有关。汽车的动力性不同，对其制动效能的要求也不同。我国规定，车速为 30km/h 时，制动距离分别为：轻型货车 7m 以下；中型货车不大于 8m；重型货车不大于 12m；轿车在 6m

以下。

(2)制动减速度。制动减速度反映了地面制动力的大小,与制动器制动力及附着力有关。

(3)制动效能的恒定性。制动过程实际上是将汽车行驶的动能通过制动器吸收转化为热能,因此,制动过程也是制动器升温的过程。汽车在繁重的工作条件下制动,如高速时制动或短时间内重复地制动,尤其在下长坡时以较大的制动强度长时间连续制动,制动器温度通常会达到300℃以上,个别情况下可能高达600~700℃。

制动器温度升高后,摩擦力矩显著下降,制动效能降低,这就是制动器的热衰退现象。热衰退现象与制动器摩擦副材料及制动器结构有关。由于摩擦材料的摩擦系数下降(即摩擦材料性能的热衰退现象),以及不同结构的制动器会有不同散热效果,摩擦系数对制动效能的影响也会有所不同。因此,其制动效能的降低程度也不同。

4)制动时的方向稳定性

汽车在制动过程中维持直线行驶或按预定弯道行驶的能力,称为汽车制动时的方向稳定性。制动时的方向稳定性不好的表现是制动跑偏(图2-66)和侧滑。

图2-66 汽车的制动跑偏

制动跑偏多因汽车技术状况不正常造成,主要是左、右车轮制动器的制动力不等,这些问题经过维修调整一般是可以消除的。汽车左右轮制动力相差通常要求不大于8%。在结构方面,如果制动时悬架导向杆系与转向系拉杆在运动学上不协调,就需要修改结构设计了。

侧滑是指汽车制动时某一轴的车轮或两轴的车轮发生横向滑动的现象,特别是在高速制动时的后轴侧滑,常会使汽车发生不规则的急剧回转运动而部分或完全失去操纵(俗称甩尾),这是十分危险的。侧滑是由于车轮抱死后拖滑,无法抵抗侧向干扰力造成的。

防止侧滑,提高制动时方向稳定性的主要措施是合理分配前后轴制动力比例,使前后轴车轮尽可能同时或后轴迟于前轴抱死,甚至使后轮在制动过程中不抱死。在现代汽车的制动系中采用各种制动油压调节装置(如限压阀、比例阀等防抱死制动装置)来实现上述目的。

4 汽车的操纵稳定性

汽车的操纵稳定性包括操纵性和稳定性。

操纵性是指汽车能够确切响应驾驶员转向指令的能力;稳定性是指汽车在行驶过程中,具有抵抗改变其行驶方向的各种干扰,并保持稳定行驶而不致失去控制甚至翻车或侧滑的能力。实际上两者是相互联系的,稳定性的好坏,直接影响到操纵性。

1)汽车行驶时的空间运动

汽车行驶时是一个作空间运动的物体。它的运动包括前后、左右和上下方向的移动,以及绕3个互相垂直轴线的转动。即具有纵向(x轴)、侧向(y轴)、垂直方向(z轴)、侧倾(绕x轴)、俯仰(绕y轴)、横摆(绕z轴)的6个自由度(图2-67)。

有关汽车动力性和制动性的分析主要限于x轴方向的运动,而操纵稳定性和行驶平顺性则涉及其他方向的运动。

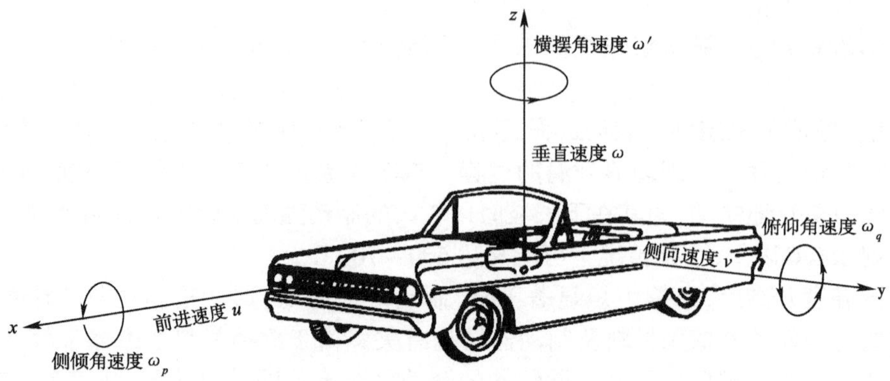

图 2-67 车辆坐标系及汽车的主要运动形式

2)操纵稳定性

操纵稳定性是指在驾驶员不感觉过分紧张、疲劳的条件下,汽车能按照驾驶员通过转向系及转向车轮给定的方向(直线或转弯)行驶;且当受到外界干扰(路不平、侧风、货物或乘客偏载)时,汽车能抵抗干扰而保持稳定行驶的性能。

5 汽车的行驶平顺性

汽车的行驶平顺性是指汽车在一定的速度范围内行驶时,能够保证驾驶员与旅客不会因车身振动而引起不舒适和疲劳的感觉,以及保持运送货物完整无损的性能。由于它主要是根据乘坐者的舒适程度来评价,所以有时又称为乘坐舒适性。

汽车在行驶中,由于路面不平,会使汽车产生振动。当这种振动达到一定程度时,将对驾驶员及旅客的生理反应或所运送的货物的完整无损产生十分不利的影响。研究表明:振动频率在 60 ~ 85 次/min 的范围内,对人体是最舒适的;如振动频率低于 50 次/min,就会产生“晕”的现象;如振动频率高于 130 次/min 以上,则会产生突然冲击的感觉。如果汽车车身的振动频率在人的步行振动频率范围之内,就不会引起驾驶员和乘客不舒适的感觉。

汽车在坏路面上行驶时,其平均技术速度不仅取决于汽车的动力性,而且还受行驶平顺性的限制。驾驶员为了保证行驶安全和乘坐舒适性及货物完好,只得降低行驶速度,从而使运输生产率降低。

汽车的振动,不仅会加速零件的磨损,降低汽车的使用寿命,还关系到运输生产率、燃料经济性、使用寿命和工作可靠性等。主要解决办法包括改善路面质量、适当降低汽车行驶速度或避开汽车产生共振的车速、维护好减振装置和悬架弹簧、合理给轮胎充气等。

6 汽车的通过性

汽车的通过性(也称越野性)是指汽车在一定的装载质量下,能以足够高的平均速度通过各种坏路和无路地带,如松的土壤、沙漠、雪地、沼泽等松软地面及坎坷不平地段和各种障碍,如陡坡、侧坡、壕沟、台阶、水障等的能力。军用、工矿、农林等用途的越野汽车对通过性均有较高的要求(图 2-68)。

为了提高汽车的通过性,可以采用以下措施:

(1)装用副变速器和分动器以增加传动系的总传动比,使驱动轮获得足够大的驱动力。

副变速器或分动器的低挡传动比往往选得比附着条件所限制的值要大，这是为了使汽车能在极低的速度下稳定行驶，因为在低速下汽车能够克服较大的道路阻力而不发生土壤的剪切破坏，从而保证有较大的附着力。

(2)采用液力传动，使传动系载荷稳定，以减轻车轮对土壤的破坏。液力传动能使汽车长时间稳定地以低速行驶，因此改善了汽车的通过性。

图 2-68　汽车在通过草地

(3)增加车桥和驱动车轮数，以加大驱动力，改善附着状况。增加车轮数，每侧车轮单轮胎比双轮胎行驶阻力小；增加驱动桥数，不仅可以增加附着重力和驱动轮接地总面积，发挥更大的驱动力和减少滑转，而且可提高通过垂直台阶的能力。因此，越野车为全轮驱动。

(4)选择车轮参数以加大附着性，减少滚动阻力。增加轮胎直径和宽度，降低胎压都能降低接地比压，减小轮辙深度，从而减少滚动阻力。

(5)控制轮距和桥荷分配，以减少滚动阻力。汽车前后轮距相等，前后轮胎宽度相同，可使后轮走在前轮压实的轮辙上。前桥负荷小于后桥负荷，使轮辙分步压实，不致使前轮陷得过深。这些措施均可减少滚动阻力。

7 汽车的安全性

汽车安全性是一个复杂的系统工程。一般分为主动安全性、被动安全性、事故后安全性和生态安全性。

通常，人们把汽车的安全性简单地理解为两大类，一类叫作“主动安全性”，又称“积极安全性”，可理解为防患于未然。重点是将车轮悬架、制动和转向的性能达到最佳的程度，尽量提高汽车行驶的稳定性和舒适性，减少行车时所产生的偏差。例如安装制动防抱死装置 ABS 以提高制动性能防止甩尾现象，安装驱动防滑装置 ASR 防止汽车产生侧滑，采用转向动力辅助减轻驾驶者的疲劳程度，采用新式光源提高照明射程，等等。另一类叫作“被动安全性”，又称“消极安全性”，指的是一旦事故发生时，保护内部乘员及外部人员的安全程度，例如，乘坐轿车时要系上安全带(图 2-69)。

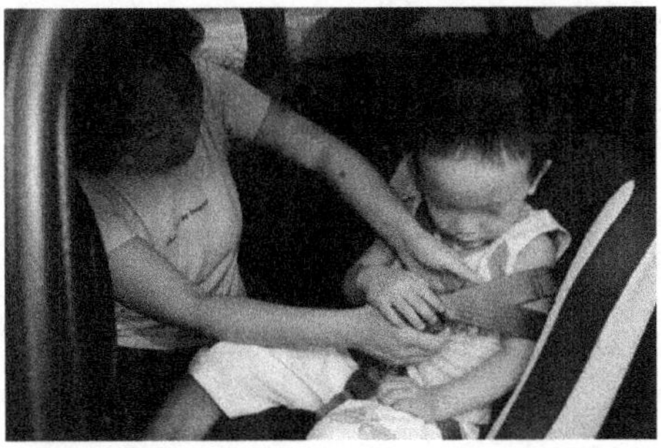

图 2-69　母亲在给孩子系安全带

需强调的是，人们大多忽略了汽车对外部人员(指行人、自行车和摩托车乘员)的保护措施。因此，被动安全性必须考虑两方面：一是汽车外部安全性，包括一切旨在减轻事故中汽车对外部人员伤害而专门设计与汽车有关的措施；二是内部安全性，指一切旨在减少在事故中作用于车内乘员的冲击力，例如高强度车厢结构、保险杠等汽车自我保护方式，以及安全带、安全气囊等辅助安全设备。其中汽车自我保护是非常重要的一个方面，据分析，在汽车碰撞事故中，发生正面碰撞的约占 64%，侧面碰撞占 20%，尾部碰撞占 16%，在最容易发生的正面碰撞事故里，汽车的内部安全性首先体现在冲击动能被保险杠、车厢前部前围板区域所吸收的程度以及车厢结构强度等汽车的自我保护上，然后才是安全气囊、安全带等辅助设备，因此在很多不是很严重的碰撞中，安全气囊不一定会弹出。据统计，在所有可能致命的车祸中，正确使用安全带，可挽救约45%的生命；同时使用安全气囊，比例将上升到60%。

本章小结

1. 汽车是一种具有4个或4个以上车轮，驾驶室与车厢一体或固装在同一车架上，具备自行驱动能力，并且只凭车轮驱动，主要供运输或由此派生出来的其他特殊用途使用的无轨车辆。

2. 汽车分为乘用车、商用车两大类。

3. 汽车均采用VIN码（车架号）进行唯一识别。

4. 无论什么样的车，都是由发动机、底盘、电气设备、车身等四大部分构成的，其中发动机包含曲柄连杆机构、配气机构、燃料供给系统、润滑系统、冷却系统、起动系统、点火系统；底盘由传动系、行驶系、转向系和制动系四大系统组成；汽车车身是容纳驾驶员、乘客和装载货物的场所，它对行驶安全性、舒适性、欣赏性等具有很大的影响，按承载方式，车身可以分为非承载式车身、半承载式车身、承载式车身三大类；汽车电气系统包括电源系、起动系、点火系、照明与信号系、仪表与报警系、空调系、辅助电气系统和配电装置等若干个系统，起到控制全车协调工作的作用。

5. 汽车的整体性能评价采用动力性、经济性、制动性、操纵稳定性、行驶平顺性、通过性、安全性7个方面。 这些性能在汽车使用期的保持和恢复构成了汽车的可靠性和可维修性。

习题

一、填空题

1. 汽车的VIN码共有__________位数字或字母组成，其中代表生产年份的为第__________位。

2. 在汽车的VIN码中，第一位若为L，说明该车为__________国生产的。

3. 在VIN中，若第10位的字母为W，说明该车的生产年份为__________年。

4. 汽车的总体结构，都是由发动机、__________、__________、__________四部分构成的。

5. 润滑系统的四大功用是：润滑、__________、__________、__________。

6. 汽车底盘由__________、__________、__________、__________四大系统组成。

7. 按承载方式分，汽车的车身可以划分为__________、__________、__________三大类。

8. 汽车的动力性可以用__________、__________、__________3个指标来衡量。

二、简答题

1. 简述汽车的定义。

2. 什么是乘用车？
3. 什么是商用车？
4. 在发动机的基本结构中，包含了哪两大机构、五大系统？
5. 电动机起动装置包含哪三部分？
6. 为什么汽车上要设离合器？
7. 汽车电气系统具有什么特点？
8. 对汽车整体性能的评价，有哪 7 个方面？

第 3 章　现代汽车工业

本章导读

汽车的设计和制造，是保证汽车性能的关键环节。 随着科学技术的飞速发展，汽车的设计方法和制造方法都有了飞速的发展，使得汽车的各项性能得到了极大改善，汽车的规格品种日益增多。 同时，由于现代设计方法的应用和制造工艺的提高，也使得新车上市的速度大大地加快了。

本章围绕现代汽车的设计和制造过程，首先论述了现代汽车工业的发展和特点，对汽车设计的要求和现代设计方法进行了总结，简述了现代汽车的制造工艺，对汽车设计开发的 4 个阶段即规划、设计、试验和制造阶段的特点进行了归纳。 最后对汽车设计和使用过程中的多种汽车试验给予了阐述。

通过本章的学习，可以使您对汽车工业的发展、特点、汽车设计要求，以及汽车的设计方法、典型制造加工工艺和汽车试验等进行初步的了解。

本章要点

汽车工业的发展；
现代汽车工业的主要特点；
现代汽车的设计；
汽车的制造工艺；
汽车制造的组织；
汽车的主要材料；
汽车试验。

汽车工业是一项现代大工业领域。汽车工业的发展涉及许多产业及科学技术研究领域,关系到千家万户,影响着世界经济的发展。

3.1 现代汽车工业的发展历史

自1886年世界上第一辆现代汽车问世以来,汽车的外形、技术性能、用途及产量等都发生了巨大的变化,世界的面貌也随着汽车工业的发展而日新月异。

一 世界汽车工业的发展及成就

1 世界汽车工业发展历程

世界汽车工业的发展历程大体可以划分为以下几个阶段。

(1)1886年~20世纪初:这是汽车工业的起步、单件简单生产阶段。汽车诞生于1886年,到了1896年,美国按同一图纸生产多辆汽车,开始了汽车产品的工业化生产,不过那时的年产量只有几千辆。由于汽车产量较低,产品仅具有初级的性能。这一阶段不断地有发明创造用于汽车的改进。

(2)20世纪初~20世纪50年代:1918年,美国福特公司创造了流水线生产线组装汽车法,汽车产量成倍地增加,使得汽车的生产成本大幅度下降。同时注意改进汽车外形以减小风的阻力,采用较大功率的发动机,提高车速及燃油经济性,并注意改善汽车的造型美观及乘坐舒适性。图3-1所示为改进汽车外形以减小风阻的3种车型。

a)1934年克莱斯勒气流牌轿车　　b)1936年林肯和风牌轿车　　c)1935年大众甲壳虫

图3-1　改进汽车外形以减小风阻的车型

(3)20世纪50年代~20世纪70年代:汽车形式及产量迅速增加,更加注意提高发动机功率及车速,改进生产技术,使得汽车性能有了明显的提高。在这一时期,日本丰田汽车公司提出了精益生产方式。

(4)20世纪70年代~20世纪90年代:自1973年石油危机爆发以后,汽车的节能、环保及安全成为汽车工业发展的主要目标。各大汽车公司开始制定全球发展战略,建立了全球化生产、经营体系。

(5)20世纪90年代以后:汽车生产除了继续追求节能、环保及安全外,更加注意驾驶操控的方便性以及乘坐的舒适性。由于计算机技术的广泛应用,使得汽车产品的开发技术及组织管理体制有了重大突破。机电一体化及电子控制技术的应用在汽车上的使用更加广泛,汽车生产开始向智能化汽车的方向发展。

2 汽车产销量增长迅速

汽车问世后22年(1908年),美国福特汽车公司生产的内燃机汽车的年产量还不到1000辆,但福特汽车公司于当年创建的流水生产线方式,使1915年的产量达到了30.8万辆。福特一家公司的产量占到了美国当时汽车总产量的3/4,而汽车生产历史较长的英、德等欧洲国家的年产量则只有美国的5%,也就是说1915年世界汽车总产量只有30多万辆。1995年,国际汽车制造商组织的统计表明,世界汽车总产量比1915年增长170倍,为5210万辆。自2012年,全球汽车销量增速放缓,当年共售出7600万辆,2015年,全球汽车行业共售出8290万辆。

另外,中国的汽车工业在2008年的金融危机后,逆势发展,2009年中国超越美国成为全球第一大汽车市场。之后,中国稳居全球第一大汽车市场,2015年累计销售汽车2460万辆。

3 汽车性能的提高

世界汽车工业在提高产品质量及性能方面,同样取得了惊人的成就,汽车的主要性能指标有:

(1)汽车速度。汽车,这件曾经被人们称之为不用马的"马车"的速度只有10km/h。而现代的载货汽车,其车速可以达到90~120km/h,轿车的速度为130~240km/h,赛车的速度则达到了400km/h。专门研制用于创造最高纪录的汽车速度已达1370km/h,这是英国Thrust SSC汽车公司研制的新式汽车于1995年创造的世界纪录,尽管这种汽车实际使用的可能性较小,但是却向世人有力地展示了汽车工业在设计和制造高速运输工具方面的可能和成就。

(2)汽车加速性。排量为2.0L左右的现代轿车,0~100km/h的加速时间仅需8s左右;而一些超级轿车的加速性能则更好,例如意大利罗达斯公司生产的布加迪EB112超级轿车的最高时速为300km/h,0~100km/h的加速时间仅需4.7s,而先进的赛车,0~100km/h的加速时间仅需3.7s。

(3)汽车的油耗。汽车的油耗与其所采用的发动机排量等因素有关,排量为2.0L左右的中型轿车,百千米的油耗为4~6L;排量为3.0L左右的轿车,百千米的油耗为6~9L;根据设计发展趋向,不久之后,实用型轿车的油耗有望达到3L/100km。

(4)汽车的空气阻力系数。汽车正面迎风阻力系数C_D的日趋减小,表示汽车外形的设计日渐完善,有利于提高汽车速度,降低油耗。现代大中型载货汽车的C_D已由过去的0.7~0.8降到0.5~0.6;轿车已由过去的0.4~0.5降低到0.3~0.4。个别轿车的C_D已达到0.2,而一些概念车的C_D则低于0.2,例如采用泪珠形等特殊车身外形和材料的概念车的C_D可以少到令人难以置信的0.14。图3-2所示为汽车空气动力学发展历程。

(5)汽车的有害排放。20世纪五六十年代发生了伦敦烟雾事件及洛杉矶化学烟雾事件,使得人们认识到汽车有害排放物成为危害人类健康的主要原因之一。从此,人们开始注意减少和控制汽车有害排放物。借助科技的力量及汽车行业的努力,现代汽车有害排放物只有未进行控制时的4%~10%,乃至更低。

为了保护人类生存环境,还要使更多的汽车达到低排放水平甚至零排放水平。

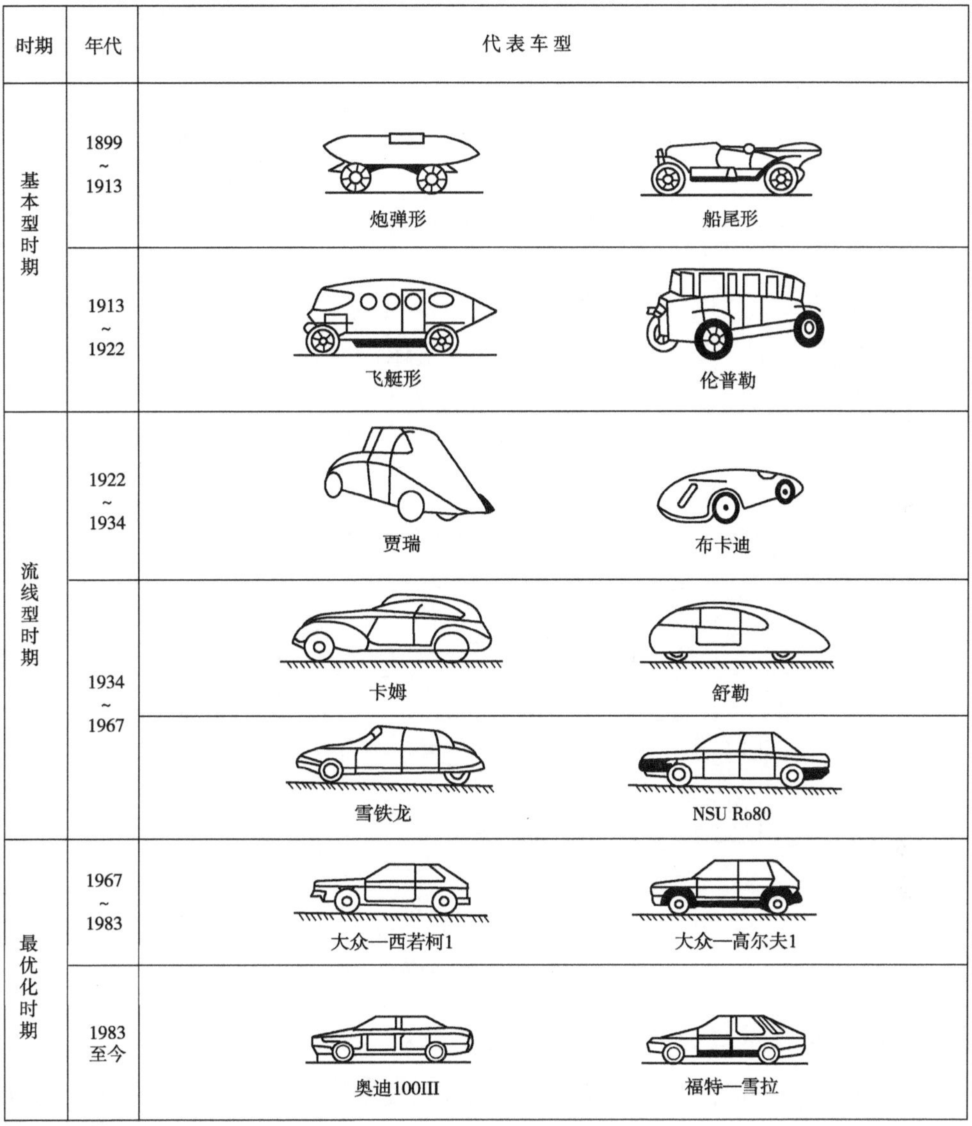

图3-2 汽车空气动力学发展的三个时期

4 高新技术、科技成果的应用日益突出

现代汽车已不是过去单纯的机械工程的体现，而是要运用诸如空气动力学、工程热物理、电子学、控制论、模糊数学、人体工程学等基础学科的研究成果；运用诸如计算机网络技术、多媒体技术、电子技术、激光技术、红外线以及航空等高新技术及新材料。

现代科学的成就以及人们对自身生活提出的新需求，促进人们在汽车工业领域里进行新课题的研究和应用，出现了更多的新车型，例如电动汽车、太阳能汽车、氢燃料汽车、安全汽车、智能汽车、水陆两用汽车、会飞的汽车、利用风力作动力的汽车等。应该指出，上述汽车都已研制出样品，个别的（如电动汽车）已有不少商品问世，但还有许多问题有待研究解决。未来也还有其他新形式的汽车出现，尽管它们不一定会得到广泛的实际应用，但是这种现象在启示着人们：很多领域的科研成果及高新技术推动了汽车工业的发展，产生了许多优秀车型。未来的汽车工业,也为广大科技、工程、管理人员提出了更多的需要探索、研究的新课题。图 3-3 所示是 CVT 技术在汽车上的应用实例;图 3-4 所示是混合动力汽车实例。

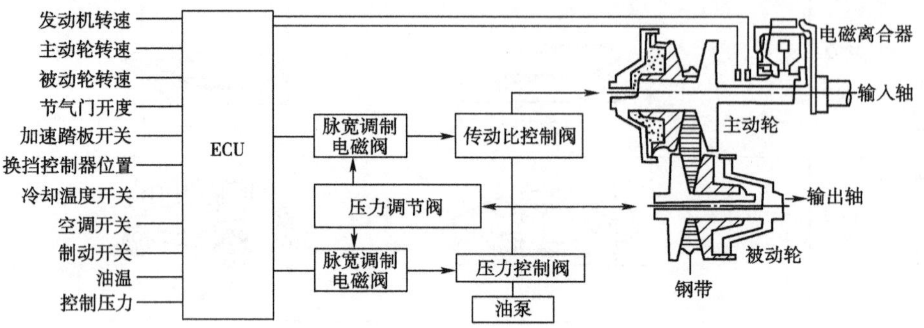

图 3-3　CVT 技术控制系统

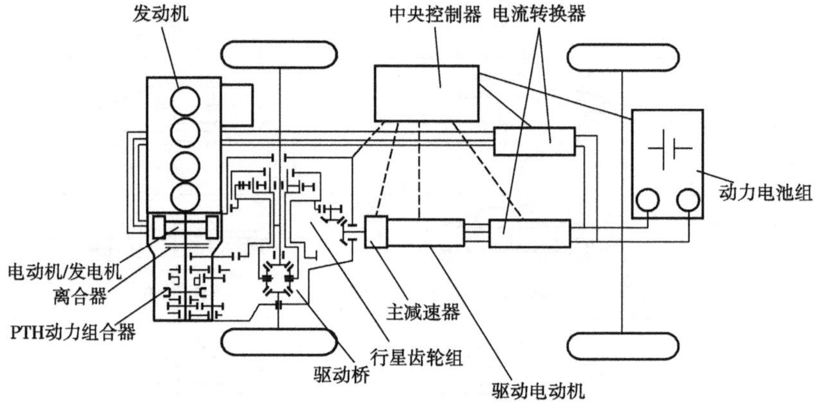

图 3-4　混合动力汽车的结构形式

5 产品开发技术日益先进,开发周期更短

现代汽车工业在产品开发方面,所采用的主要新技术及成就,体现在以下几个方面:

(1)计算机的应用贯穿全过程。使用计算机进行新、老产品的市场调查、信息收集及管理,称为产品信息管理(PIM)。使用计算机进行产品的设计、试验、工业设计、工程分析及制造,通常相应地称为 CAD、CAT、CAID、CAE 及 CAM。国外有些汽车公司将 CAD、CAID、CAE 及 PIM 概括为 C3P。

(2)计算机技术孕育出新的汽车技术。对汽车“新技术”的传统理解是要经过基础或应用研究,通过实验,在产品或生产流程中得到证实可用的技术。由于计算机数值分析技术的不断进步,可以同时进行分析的变量及测试通道数量增多等,有时在运用计算机计算、分析的过程中,可以更快地孕育出用常规方法难以产生的新技术,这就加快了新技术的推广应用,缩短了周期,节省了费用。

(3)新产品虚拟技术的开发成功。国外研究开发成功的三维设计模型及软件,可以用精度很高的曲线、曲面等组成新设计产品的三维立体图形,并且可以加上所需的不同色彩,形成和真的几乎完全一样的“虚拟汽车”。利用高密度电视设备及技术等,将这一“虚拟汽车”投影到真实环境录像中,例如投影到周围有人员评估的大厅中,或者投影到真实街道环境的录像中，再加上卫星、先进通信技术等的运用，让分布世界各地的设计、研究中心的工程技术人员同时参加可以移动、旋转的虚拟汽车新产品的评估和讨论，同时可以在计算机上修改设计，这样可以节省很多时间和费用。

(4)在新产品开发中实施同步工程。世界级的汽车公司在开发新产品时，对于结构、性能变化较大的发动机及底盘则提前开发，同时进行主机及零部件的设计、研制工作。让公司内部的设计、试验、试制、生产准备、销售等各部门的人员以及配套件厂的设计工程人员，同时参加有关新产品开发的有关工作。在产品设计过程中，同时进行部件、总成的计算机模拟试验分析，进行产品的工程分析及制造工艺的分析，进行试制及批量生产的准备等。

由于采用了上述产品开发的新技术，新产品开发的周期由过去的5～7年缩短到两年，有些大的汽车公司还准备缩短到1.5年甚至1年。这也是激烈的市场竞争和用户要求多样化的需要。掌握了自主开发产品的新技术，具有开发产品短周期的综合能力，才可能称得上具有竞争力的世界级汽车大国。如图3-5所示是在汽车产品开发时采用的新技术情况。

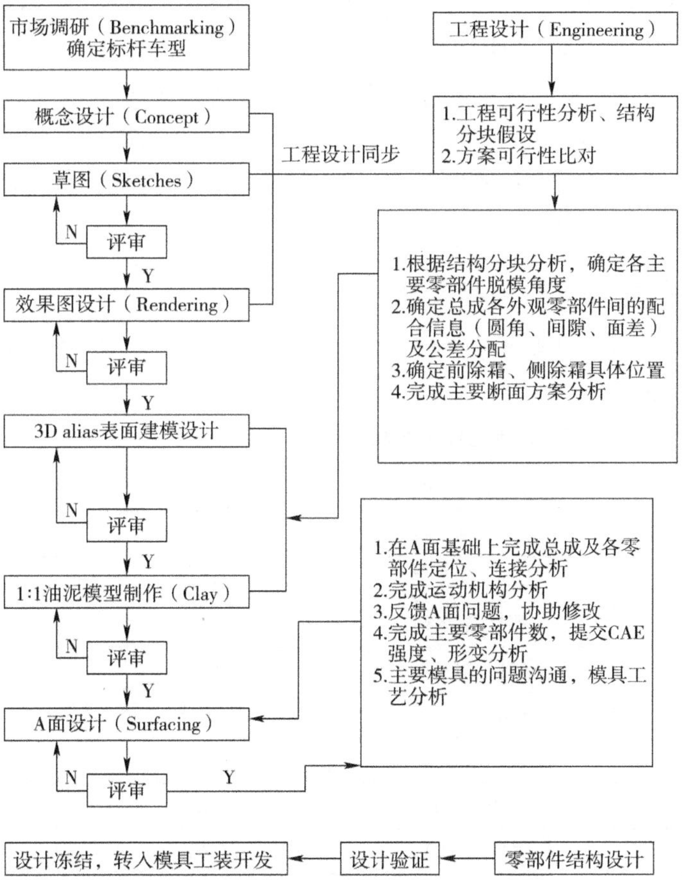

图3-5 汽车产品开发流程中采用的新技术

6 新技术不断涌现

除在上述产品开发中采用的新技术外，在底盘、发动机各系统及零部件方面，新的结构、工作原理以及新的材料及工艺等新技术不断涌现，这些内容将在以后各章节中予以介绍。

7 组织管理及经营方式的发展

为了适应现代汽车工业市场竞争、产品开发的需要,世界各大汽车公司在企业战略目标、产品开发组织管理及生产方式上都有较大的变化,尽管各大汽车公司的具体做法有所差异,但是可以归纳出若干共同点。

(1)汽车工业运作的全球化。现代汽车工业的产品开发、研究、生产、经营及售后服务等,都已跨出国界,在全球范围内进行,竞争与合作也都具有全球性。

(2)矩阵管理方式。为了提高工作效率,降低成本,各大汽车公司很注意组织管理体制的改革,精简组织管理的层次,采用以产品系列为纵向、功能部门为横向体系的矩阵式管理体制。

(3)生产方式及生产规模的变化。世界汽车工业生产方式在20世纪发生了三次重大变革,第一次变革是美国福特汽车公司推出了T型车,发明了汽车装配流水线,使世界汽车工业的发展从欧洲转向美国。第二次变革是欧洲通过例如发动机前置前驱动、发动机后置后驱动、半承载式车身、承载式车身、微型节油车等等多品种的生产方式,打破了美国汽车公司在世界车坛上的长期垄断地位,使世界汽车工业的发展从美国又转回欧洲。第三次变革是日本通过完善生产管理体系形成的精益生产方式,全力发展物美价廉的经济型轿车,日本成了继美国、欧洲之后世界第三个汽车工业发展中心,使世界汽车工业的发展从欧洲转到日本。目前又注意生产方式柔性化和产品美观化,以满足产品多样化的要求,而提高效率、降低成本则是汽车工业生产中永恒的主题。

8 生产效率及汽车普及程度高

发达的汽车工业国家的汽车生产效率及普及程度是相当高的,现将几个汽车集团的有关数字列于表3-1及表3-2中。

2015年全球十大最畅销汽车排行(单位:辆)　　表3-1

排　名	汽车公司	2015年	2014年
1	丰田　卡罗拉	1339024	1352064
2	大众　高尔夫	1041297	922800
3	福特　F系列	920172	907177
4	福特　福克斯	826796	1025800
5	丰田　凯美瑞	754154	770100
6	现代　伊兰特	746924	930047
7	大众　Polo	698182	738000
8	本田　CR-V	696594	711069
9	丰田　RAV4	676425	642500
10	雪佛兰　Silverado	669683	583294

世界主要汽车大国千人汽车拥有量(单位:辆)　　表3-2

国家(年份)	美国(2010)	德国(2008)	日本(2009)	法国(2007)	英国(2008)	中国(2015)
千人汽车拥有量	812	634	589	575	525	110

二 我国的汽车市场

1 国内汽车市场现状

自2009年,中国超越美国成为全球第一大汽车市场,至2015年我国汽车产销量情况见表3-3。

2009~2015年中国汽车产销量数据统计(单位:万辆)　　表3-3

年　份	产　量	销　量
2009年	1379.10	1364.48
2010年	1826.47	1806.19
2011年	1841.89	1850.51
2012年	1927.18	1930.64
2013年	2211.68	2198.41
2014年	2372.29	2349.19
2015年	2450.33	2459.76
2016上半年	1289.22	1282.98

2 国内汽车企业市场表现情况

2015年,国内十大汽车企业/集团排名情况变化如表3-4所示。

2015年国内汽车企业销量排名　　表3-4

排　名	企　业	销量(万辆)
1	上汽集团	229.01
2	中国长安	153.83
3	东风集团	121.85
4	北汽集团	115.07
5	长城汽车	85.27
6	安徽江淮	58.79
7	华晨汽车	56.9
8	吉利控股	56.19
9	奇瑞汽车	51.78
10	一汽集团	50.24
十家企业合计		978.93
中国品牌企业合计		1197.05
占行业比重(%)		81.78

从表中可以看到，2015 年上述十家企业共销售汽车 978.93 万辆，占汽车销售总量的 81.78%。

3.2 现代汽车工业的主要特点

一 现代工业的特点

现代工业的主要特点有：

(1)生产向专业化、批量化和多品种方向发展。

(2)技术装备向智能化、高效率的机器体系方向发展。

(3)市场需求是启动生产的发动机。

(4)技术是市场竞争的焦点。

(5)部门间的依存度不断提高。

(6)生产分工向国际化方向发展。

(7)新型的工业垄断正在形成。

二 现代汽车工业主要特点

自卡尔·本茨于 1886 年发明第一辆汽车以来，汽车工业已经有了 120 多年的发展历史。汽车工业最早形成于美国，然后扩展到欧洲、日本等国家。汽车工业的发展代表着现代工业的发展，在具有现代工业特点的同时，其主要的鲜明特点如下：

1 流水作业

流水作业是一种汽车生产的组织形式，是汽车工业首创发展起来为大批量生产服务的。1908 年，美国福特汽车公司首先引用了流水线加工模式。流水作业方式与早先的汽车定点装配形式相比，极大地提高了生产效率。流水作业的总装模式要求各分装工序和之前的加工工序保持大致相同的进度，使输送各种零部件的输送带、输送链被广泛采用。

汽车工业流水作业的好处是：工位按生产工序顺序排列，生产对象沿排列好的工位向前移动，非常有序；各工位之间没有积存的工件，工件只位于生产线的输送装置上；每条生产线有一定的生产节奏，整条生产线上各个工位的生产节奏是一致的，保证生产的均衡性；容易采用机械化的输送装置，等等。

流水作业方式在现代轿车生产中得到了充分发展。从车身的焊接、喷漆、烘干、内饰、机械安装、附件安装、调整试车直到新车下线，整条总装生产线由若干空中、地面、地下的输送带组成。沿线设置多个工位所需零部件的周转库，用输送带与大件分装线相衔接。

2 生产自动化

图3-6所示为一现代汽车的生产线。汽车生产的生产自动化不但提高了生产速度，降低生产成本，同时还保证了产品质量的稳定。

汽车生产的自动化首先经历了加工机床（普通机床、专用机床和组合机床）的自动化和半自动化；随着控制技术的发展，采用程序控制和数字控制，成为流行趋势。通过在机床上安装电子或液压控制系统，按设定程序对工件进行加工，可以方便地加工不同形状和尺寸的工件。随着计算机技术的发展，计算机辅助制造技术（CAM，Computer Aided Manufacturing）开始应用于汽车制造过程中。人们只要把零件的形状、尺寸等要求输入计算机就可以由计算机控制机床自动加工出合格的产品。

图3-6　汽车生产线

计算机集成制造系统（CIMS，Computer Integrated Manufacturing System）可以利用计算机的硬件、软件、网络、数据库等现代化技术，将企业的经营、管理、计划、产品设计、加工制造、销售服务等环节和人力、物力、设备等资源集成起来，实现全面优化，提高企业的生存能力。CIMS已成为现代制造企业和工厂自动化的最新模式。

除机械加工外，计算机应用也使铸、锻、焊、冲压、喷涂等工艺的自动化程度大幅度提高。

3 专业化生产

在汽车工业兴起的初期，汽车生产的主要特点是扩大工厂规模，实现高度的综合化。在一个汽车生产厂中，门类设置齐全，从原材料生产到加工工艺及加工装配等均有，甚至还有运货码头。这种大而全的工厂建造模式不能适应产品快速改型换代的要求，管理困难，与小的专业生产厂相比，工厂部门的竞争力较差。

随着世界汽车工业的发展，汽车制造逐步进行了分工生产。一个生产单位一般先生产某种具有独特功能和相对完整性的部件或总成，并对其功能和质量负责；再由总成构成系统，若干系统组装在一起构成汽车。这些专门的生产单位就是汽车零部件的专业生产厂。专业生产厂一般都具有很强的技术开发力量和先进的生产手段，能够进行多品种、系列化、大批量、专业化生产，具有较强的市场竞争力，可以根据自身条件和需要，选择零部件自制或外购，从而决定灵活的汽车生产方式。汽车生产的分工协作不仅存在于汽车厂与各专业厂之间，同时也存在于汽车厂或专业厂内部。

图3-7　现代专业化汽车自动流水生产线

随着现代汽车工业的发展，汽车厂减少自制零件的数量已成为大趋势。随着汽车工业分工协作的程度越来越高，发展大批量、专业化的汽车零部件生产是现今汽车工业的一大特点，也是我国汽车工业的发展方向之一。图3-7所示是现代专业化汽车自动流水生产线状况。

3.3 现代汽车的设计

一 汽车设计要求

汽车是一个复杂的机电产品，在诞生初期，明显带有权力、地位和富有的特征。到了流水线方式进行大规模生产的时代，汽车变成为了平民大众能够普遍接受的消费品，已经进入了人们生活的各个方面，成为生活中不可缺少的部分。随着汽车技术的发展，人们对汽车的要求也是多方面的，如高速、安全、节能、美观等。为了适应人们对汽车的多方面要求，设计人员将各种新概念、新结构、新材料等科学地结合进汽车的设计之中，使汽车在技术、经济、艺术诸方面达到最佳的折中效果。

现代汽车设计要求大体可分为以下几方面：

(1)功能性。功能性要求是为满足汽车用途而提出的性能要求（动力性、经济性、机动性、安全性和舒适性等）。由于汽车工作环境和使用条件的多变，设计人员在确定汽车性能的设计目标时，要考虑到道路、气候、燃料供应和维修能力等一些具体问题，从而确定出性能要求的优先次序。对于高级轿车，其动力性、舒适性和安全性是首要的，其他性能次之；而对于越野汽车而言，机动性是首要设计目标。对于高原用车要考虑发动机的增压；而寒冷地区用车要考虑冷起动；热带地区用车则要考虑驾驶室良好的通风和隔热设备等。所以，设计人员一定要仔细调查研究汽车的使用条件，精心设计，尽可能使汽车在不同使用条件下都满足其功能要求，即对复杂多变的使用条件具有良好的适应性。

(2)使用经济性。汽车的使用经济性不但包括燃料、润滑油、轮胎、易损件等的消耗，还包括维修等方面的开支费用。所以，提高汽车的使用经济性要考虑到汽车运行的各个方面，如提高发动机的热效率、降低摩擦损失、减小附件的运行阻力、减小车辆的行驶阻力、汽车轻量化设计及减少轮胎磨损等。通过解决这些方面的问题来提高汽车的使用经济性。

(3)工艺性。在汽车产品的设计中，一定要考虑到产品制造、维修的可行性和经济性，其中重要的是零件的机械加工工艺性和零部件的装配工艺性。由于汽车产品产量大、品种形式多，设计时一定要考虑到零件设计的标准化、零部件的通用化和产品的系列化，即汽车设计中的“三化”。

所谓产品系列化就是把产品合理分挡，组成系列，并考虑到各种变型，如发动机可按缸数分为直列4缸、6缸或V6、V8、V12缸，分自然吸气、增压、增压中冷等几个品种，这样较少的基本型就可以满足广泛的需要。产品系列化为零部件的通用化创造了条件。

所谓通用化是在总质量相近或同一系列的一些车型上尽可能采用同样结构和尺寸的部件，使不同车型上的部件类型大为减少。同时通过实现部件的批量生产可以提高工效、降低制造成本。

零件标准化对汽车的大量生产也很重要。在设计中广泛采用标准件，不仅简化了设计工作，而且便于组织生产，使零件在机械加工中可使用标准的或通用的工艺装备，减少了工艺装备的规格种类，降低了设备造价，方便维修，有利于缩短零部件的生产准备周期和降低生产成本。

(4)可回收性。随着汽车产量的增加，废旧汽车的数量日益增加，给环境带来了污染。为节省资源和消除废旧汽车对环境的污染，汽车部件材料的可回收性日益受到重视。汽车设计中要考虑到使用材料的可回收性。一些对环境有重大污染及不能回收的材料被禁止使用，相反一些新兴的环保可回收材料被广泛研究和采用。同时，由于对汽车轻量化、先进制造工艺等的研究，使得车用材料如铁、镁、铝、塑料等材料在汽车制造中所占的份额在逐年变化。

(5)艺术性。随着汽车技术的发展，汽车不仅作为代步工具带给人们出行的方便，同时也作为艺术品存在于人们的生活中。汽车产品，不仅反映出民族的风格，消费者的爱好，同时也反映出拥有者个人的品位与志趣。无论是从外观造型还是内饰布置上，都要讲究一定的艺术性，以满足人们不同的艺术欣赏力。在汽车性能大致相同的情况下，汽车的外形、色彩、装潢等因素直接影响到汽车的销售量(图3-8)。

图3-8 具有现代气息的汽车

汽车设计时，在考虑上述因素的同时也要兼顾其艺术性。

二 汽车设计方法

1 汽车设计方法的发展

伴随着汽车工业的不断壮大和汽车技术的不断发展，汽车设计技术也在不断发展和更新中，先后经历了如下三个发展阶段：经验设计阶段，以科学实验和技术分析为基础的设计阶段，计算机辅助的半自动、自动设计阶段。

1)经验设计阶段

所谓经验设计，就是在产品设计中以工作积累的经验数据为依据，通过运用经验计算公式来进行设计。由于缺乏准确的设计数据和科学的计算方法，经验设计一般考虑到零部件的安全可靠性，会使产品的安全系数普遍偏大，造成设计零件过于笨重。设计过程中对零部件性能的试验很少，只偏重于整车的综合性能试验。如果受试验设备和试验手段的限制，设计图纸就会反复修改，设计质量就比较差，材料消耗大。

2)以科学实验和技术分析为基础的设计阶段

第二次世界大战之后，伴随测试技术的提高，汽车设计开始进入以科学实验和技术分析为基础的设计阶段。通过采用新的测试技术，如模拟技术、物理模型试验等，在新产品技术设计前就会进行发动机燃烧系统、热循环、冷起动试验；零部件的应力应变、弹性疲劳、振动和寿命测定；车型风洞试验；制动系统制动效能等试验，这些试验能从各个侧面对产品结构和零部件的性能、强度进行测试。同时广泛采用近代数学物理分析方法，对产品的机构从材料力学、弹性力学、理论力学、热工学等角度进行全面的技术分析研究，使产品的设计建立在一定的科学基础上，相比经验设计方法在生产成本、材料消耗及设计周期等方面会有极大改善。图3-9所示是传统汽车车身设计方法和过程。

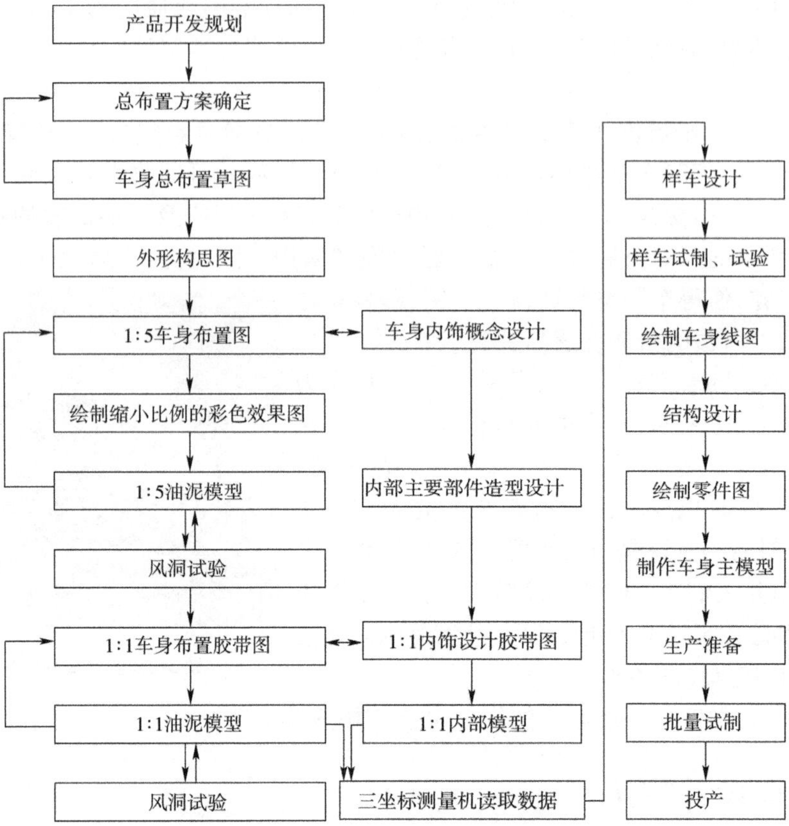

图 3-9　传统汽车车身设计方法和过程

3)计算机辅助的半自动、自动设计阶段

计算机的出现使汽车设计方法有了新的飞跃，进入了计算机辅助设计(CAD)和自动设计(AD)阶段。在电子计算机应用于汽车设计的初期，计算机的主要作用是协助技术人员进行工程计算和技术分析，其主要内容是以规定的技术参数计算产品性能和分析结构中的问题。随着计算机计算速度和容量的提高以及在外部设备和人机联系方面的发展，计算机可以根据设计者描述的设计模型先对有关产品的大量资料进行检索；然后对有关数据和公式进行高速运算；通过草图和标准图显示设计结果。如需修改，可由设计人员对图形进行直接的修改设计，达到最佳的设计方案。计算机在汽车设计中的使用，大大缩短了设计周期，提高了设计质量，使设计人员能从烦琐的计算和绘图中解放出来，有时间从事更多的创造性工作，这是设计技术的一次飞跃。

在计算机引入汽车制造业后，使各种工艺和装配工作的自动化程度快速提高，加工质量和功效有很大的飞跃。将计算机辅助设计和计算辅助制造等结合起来，组成一个系统，实现从设计到加工、装配、检验、管理的全自动化过程是当前汽车设计技术趋势。

2 汽车的现代设计方法

现代科学技术的发展对汽车的性能、可靠性、经济性等提出了更高的要求，同时也为汽车的设计、制造提供了改进和创新的设计方法。据统计，一般汽车的质量和性能有60%～70%取决于汽车设计。在汽车设计中所采用的现代设计方法主要有以下几种：

(1)有限元分析。有限元分析就是把所需分析的结构直接离散化,使用最小位能原理或虚功位移原理等力学基本原理,列出计算公式,用电子计算机求解。在汽车设计中,有限元分析除了应用于车身、车架等板梁结构外,还可以对各种零部件、组合结构进行强度、刚度、热强度、振动模态、稳定性等方面的计算分析。

(2)优化设计。优化设计方法就是首先要根据设计要求确定设计变量、优化准则、优化目标函数和约束条件,然后通过最优化数值方法来求解针对实际工程问题所建立的数学模型。

(3)系统工程方法。对于车辆整体这样一个复杂系统,为了能在设计阶段进行较为准确的定性和定量分析,需要采用系统工程方法,主要是采用系统分析方法。用系统分析的方法可以预先研究系统结构及其相关性,可以通过建模和仿真进行模拟研究,提高了设计开发过程的质量和效率。

(4)模糊设计。现实生活和工程领域中存在着许多不确定的现象,表现为随机性和模糊性。模糊设计不是建立在对系统的数学分析基础上,而是根据实际经验确定的参数、控制过程、算法与信号。如可在汽车离合器、汽车变速器及齿轮、发动机支承参数等方面进行模糊优化设计。

(5)模态分析技术。汽车现代设计中一个重要的组成部分就是车辆的动态设计。因为车辆处在动态载荷工作的环境中,其运动形态本身就是动态的,所以在车辆的总体设计过程或具体方案论证、技术设计和技术验证中都会遇到与产品结构动态特性有关的问题。模态分析技术是分析结构系统振动特性的强有力的力学工具。

(6)逆向工程技术。逆向工程是相对于传统正向工程而言的。传统设计通过工程师创造性的劳动将某种理念或想法变成产品的过程。而逆向工程是将实物转变为CAD模型相关的数字化技术、几何模型重建和产品制造技术的总称。逆向工程技术以先进产品、设备的实物、样件或影像等为研究对象,应用现代设计方法学、生产工程学等进行系统分析和研究、探索掌握其关键技术,进而开发出同类的更为先进的产品的技术。

(7)人机工程。人机工程又称人体工程学,是从人的生理和心理出发,研究人、机、环境的相互作用的规律,以优化人—机—环境系统的一门学科。通过研究工程设计中与人体有关的问题,使设计更好地适应人体的各种要求,提高人机系统的工作能效。

(8)计算机辅助设计(CAD)。计算机辅助设计技术将计算机高速而精确的计算能力、大容量数据存储和处理能力与设计者的综合分析和逻辑判断能力以及创造性思维结合起来,从而加快设计进程,缩短设计周期,提高设计质量。应用CAD技术可以进行结构和性能的计算、分析并绘制出零部件的设计图样,同时还可进行方案初选、最优决策等操作。将CAD技术与CAM(计算机辅助制造)、CAPP(计算机辅助生产过程规划)结合,可构成CIMS(计算机集成制造系统)。

图3-5所示为现代设计方法在汽车产品开发时的应用情况。

三 汽车设计开发流程

完成新型汽车的开发工作比较复杂,所需要动用的人力、牵涉的部门和单位都很多,花费的时间也很长,除此以外还必须有足够的资金做保障。各部门、单位以及参加开发工作的全体人员必须协调一致地工作。为此,负责项目开发工作的组织者要制定如图3-10所示的汽车新产品开发流程图。图中给出从新汽车的规划阶段开始,经过开发阶段、生产准备阶段到生产阶段为止的各阶段内，规划部门、设计部门、试制试验部门、生产部门和销售部门等各自应承担的工作内容。

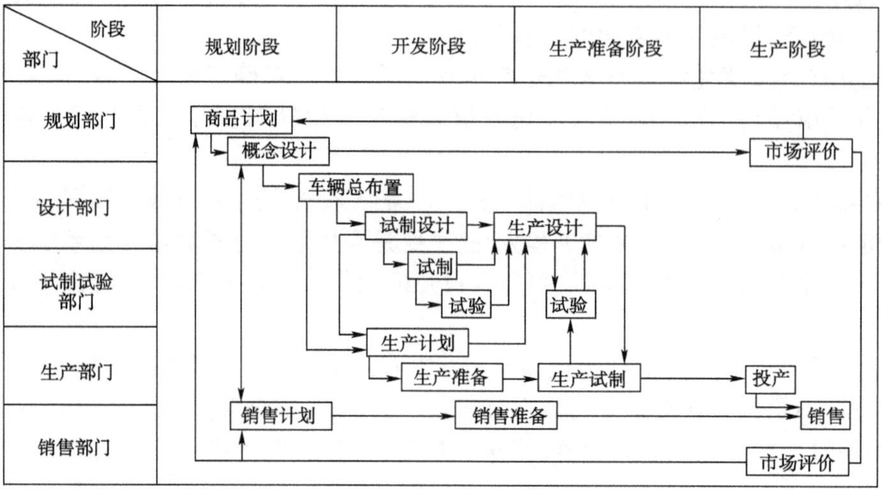

图 3-10　汽车新产品开发流程图

概念设计是指从产品创意开始，到构思草图、出模型和试制出概念样车等一系列活动的全过程。

概念设计是将商品计划中确定开发的产品定义更加具体化，使之达到能进行具体设计的程度。

概念设计阶段可以充分发挥设计人员的创造力与想象力，但这种创造力、想象力应该以市场需求、用户要求和技术发展水平以及企业自身状况为基础。

概念设计阶段，还要完成汽车的造型设计工作。造型设计包括外部造型、内饰设计和色彩设计。要求造型设计达到既实用又美观。优美的外部造型设计能给人以美的享受同时还会影响到市场销售，这是一项十分重要的工作。但外部造型、设计必须建立在汽车总体布置基础之上，并考虑汽车应当有的良好的空气动力学特性和制造工艺性。汽车的总体布置是建立在保证汽车有良好的使用性能基础上进行的，因此，当外部造型设计与总体布置设计出现矛盾时，应该服从总体设计的需要。这就给外部造型的设计工作带来不小的困难，要求造型设计人员能结合各种限定的条件从事创造性工作。在概念设计期间，通过绘制外形构思草图、美术效果图和制作油泥模型等一系列工作，能体现出造型设计的主要工作。汽车外形构思草图(图 3-11)常以素描画形式表达，经筛选后对选定的方案绘制成彩色效果图。实车制造出来之前，在图样上表现新开发汽车造型效果的图称为美术效果图。美术效果图主要表现外形、室内装饰的局部效果，该图应具有真实感。图上应表现出车型前面、侧面、后面的关系，要求能概括出车型的整个形状(图 3-12)，用来作为初步选型的参考。因为在图面上表达车身外形不能代替空间形体，作为补充还要制作油泥模型。

概念设计期间可以制作比例为 1:10 或 1:5的便于制作和修改的油泥模型。缩小比例的模型还可以用于风洞试验，用来确定空气动力学特性。图 3-13 所示为汽车内部局部造型的美术效果图。

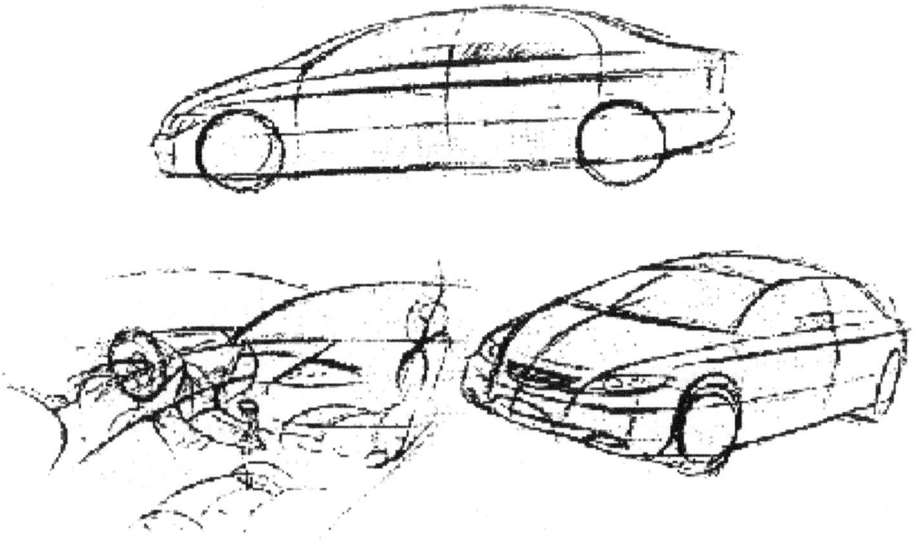

图 3-11　汽车外形构思草图

图 3-12　汽车外形美术效果图

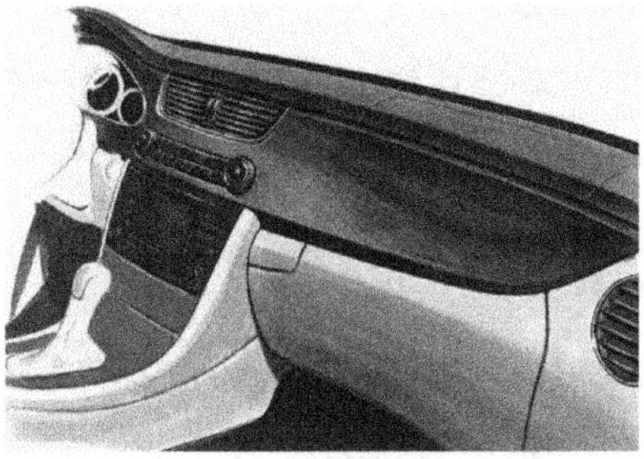

图 3-13　汽车内部局部造型的美术效果图

3.4 汽车制造工艺

随着汽车所使用的材料和汽车性能要求的发展及其机械制造技术的进步,汽车制造工艺也在不断地完善。汽车制造工艺直接影响汽车制造质量。

根据加工过程中工件材料多少的变化及材料的力学性能是否改变,将汽车制造工艺分为6大类:固结成型模式、机械加工成型模式、切割成型模式、连接加工模式、涂镀加工模式和材料性能改变加工模式。这些制造工艺方法的实质均是材料结合方式的改变。

一 固结成型模式

固结成型工艺模式就是通过松散物质(如熔化物、粉末、颗粒等)的黏结加工成型制造固体工件的方式。

1 金属工件固结成型

常用的金属工件固结成型方式包括使用液态物质的固结成型(铸造成型)或是对固体状态物质挤压成型或烧结。

将金属加热到熔融状态浇注到铸型型腔中,经凝固、清理后获得毛坯或零件的工艺过程叫铸造成型。铸造是毛坯制造最基本的方法之一,一般无须精密的设备,投资少,成本低,且大多数金属均可以进行铸造,所以在毛坯制造中得到广泛的应用。

固体状物质挤压成型就是固体状态的物质通过烧结挤压(压缩)或无烧结挤压来成型。

2 塑料工件的挤压成型

塑料工件的原始材料在加工完成时多为液态、糊状或固体状材料。塑料工件的原始材料包括热塑性塑料和热固塑料两种。这些原始材料经常与填充材料或硬化材料相混合使用以改善材料的性能,如提高稳定性等。

热塑性塑料多为粉末状或颗粒状。加热时会变软以至流动,冷却变硬,这种过程是可逆的,可以反复进行。

热固塑料在第一次加热时可以软化流动,但加热到一定温度时会由于发生化学反应而变硬,而且这种变化是不可逆的,此后,再次加热时,就不能再变软流动了。

二 机械加工成型模式

机械加工成型主要是通过固体零件的塑性变形来实现的,在该过程中,工件没有材料增减的变化,只是材料的形状发生了变化。机械加工时,是采用冷加工还是采用热加工的方式主要取决于材料的性质。加工成型工艺方式主要包括 5 种方式:压力加工成型,如锻造;拉压成型,如拉压加工;拉伸成型,如拉伸加工;弯曲成型,如弯曲加工;扭转成型,如扭转加工。

压力成型本质上是通过固体零件在压应力载荷下发生塑性变形来实现加工的。

在汽车技术中最重要的拉压成型加工方式是拉压。许多车身零件是通过拉压方法来生产制造的,如车门、发动机罩等。

把平板毛坯、型材或管材弯曲成一定的曲率和角度,以形成一定形状零件的工序称为弯曲。弯曲成型实质上是物体本身在施加的弯曲应力作用下发生塑性变形。

三 切割成型模式

切割成型是指通过改变工件材料微粒局部之间的黏结性来改变工件外形的加工过程。切割成型模式中工件材料多少发生了变化,部分材料在加工过程中被去除。

切割成型工艺模式中最常用的加工方式是剪切和切削。

1 剪切加工

剪切加工就是依靠剪切力从毛坯或工件上分离一部分材料的加工过程。

剪切加工有两种方式,一种是通过楔形刀具的挤压在工件内部形成拉应力用以克服材料强度从而将工件分离;另一种是通过刀具的剪切力来克服材料的剪切阻力以达到剪切的目的。

2 切削加工

金属的切削加工是指在刀具和工件的相互作用下,从工件表面切下一层多余金属,并将其转变成切屑的过程。因此,金属切削过程也是切屑形成的过程。根据切屑形成方式和切削刀具的不同,将金属切削加工方式分为车削、铰孔、钻孔、螺纹加工、磨削等。

车削是各种旋转表面加工的主要方法,如内外圆柱面、内外圆锥面、螺纹、沟槽、端面和成型面等。

铰孔是用铰刀从工件孔壁上切除微量金属层,以提高其尺寸精度和降低表面粗糙度值的加工方法,铰孔是应用较普遍的孔精加工方法之一。

钻孔是用钻头在实体材料上加工孔的方法,钻孔是一种最基本的圆形孔加工方法。

螺纹是在圆柱或圆锥母体表面上制出的螺旋线形的、具有特定截面的连续凸起部分。

磨削是指在磨床上用砂轮切削金属的过程。磨削是精加工的主要方法之一,在汽车零件机械加工中占有很大的比重,特别是对淬硬材料的精加工,磨削是一种有效的精加工方法。

四 连接成型加工模式

所谓连接成型工艺模式是指将两个或多个零件组装或组合在一起。这些零件要有固定的几何外形或是由不同材料组合而成的。连接成型加工模式过程中,工件的材料增加了。

根据连接成型的作用原理和加工过程将其分为三大类:力配合连接、形状配合连接和材料配合连接。

1 力配合连接

力配合连接指通过两个工件之间的摩擦力将工件结合在一起,如夹紧连接、挤压连接、锥体连接、螺纹连接等。

夹紧连接是可拆卸的力配合连接方式。

挤压连接也是可拆卸的力配合连接方式。当被连接件之间存在过盈量时在装配过程中就会产生挤压连接。

锥体连接使得被连接工件具有精确的中心配合。利用专门的工具可以轻松地将锥体连接松开。

螺纹连接是一种广泛使用的可拆的静连接,具有结构简单、连接可靠、装拆方便等优点。通过螺纹可以实现可拆卸的形状配合或力—形状配合连接。

2 形状配合连接

形状配合连接是指通过连接工件间几何固定形状的相互咬合来实现连接,如止动垫片连接、卡环连接、销连接、楔连接、锥状体连接、铆接、翻边等连接方式。

止动垫片和卡环连接属于形状配合的可拆连接。止动垫片和卡环限制轴的纵向运动,保证装配件在固有位置。

销连接的主要用途包括定位(定位销)、轴或轮毂的连接(连接销)及安全保护装置中的过载剪断元件(安全销)。

键和花键连接是最常用的轴毂连接方式,属于形状配合的可拆连接。键主要用来实现轴和轴上零件之间的周向固定以传递转矩。

铆接就是利用铆钉将两件或两件以上的被铆件连接在一起的不可拆、形状配合连接。

翻边是在毛坯的平面或曲面部分上使板料沿一定的曲线翻成竖立边缘的冲压方法。车身冲压件常用翻边来作为焊接和装配面，或增加零件的刚度或使覆盖件边缘光滑、美观。

3 材料配合连接

材料配合连接指通过被连接工件间的分子力的相互作用来实现连接，如焊接、胶接等连接方式。

焊接是汽车车身制造的主要手段。在汽车制造技术中主要用到的金属焊接方法包括电阻焊接、气体保护焊接、激光焊接等。

胶接是利用胶黏剂直接把被连接件连接在一起，形成不可拆卸的材料配合连接。胶接是利用胶黏剂凝固后出现的黏附力来传递载荷的。

五 涂镀加工模式

涂镀加工模式是在工件表面上涂镀其他物质。根据镀层物质的状态不同其主要分为4种加工方式：镀层物质为气态或蒸气状态，如气相喷镀；镀层物质为流体、粥状或胶状，如喷镀；镀层物质处于电离状态，如电镀；镀层物质为颗粒状或粉末状，如粒子喷镀。

六 材料性能改变加工模式

材料性能改变加工模式指在加工过程中材料性能发生了改变，如工件的淬火、退火及氮化处理等。

3.5 汽车生产实施过程

新车开发的过程一般包括以下4个阶段：规划阶段、设计阶段、试验阶段、生产阶段，如图3-10所示。

一 规划阶段

作为新车开发的前奏，在规划阶段要结合市场调研的结果，分析市场需求，同时结合社会环境保护的发展规划和汽车相关新技术的发展状况来确定新车开发的定位，从而相应确定新车开发的布置及配置方案，如车内空间大小、座位数多少、舒适性配置及各总成、各部件装置的配置及布置等。当然，新车的布置及配置方案在新车的后续设计加工中会根据具体情况进行相应的修改和完善。

此外,新车设计、生产、销售的费用及生产设备等也是汽车规划的重要内容。

二 设计阶段

作为新车的设计和生产,其所采用的车型、具有的性能和体现的风格都应具有新的表现,具有使人眼前一亮的震撼感觉,这样才能使所生产出来的新车在市场销售、品牌提升等方面达到预期的设想。

汽车作为一件实用工具和艺术品的结合体,其美感设计是很重要的因素。而车辆外形是使用者或购买者最先接触到的,对汽车的整体印象具有很重要的影响。例如,大众的甲壳虫汽车,新颖的车形对其风靡一时具有不可低估的作用,因此研发出新颖的、具有震撼效果的新车形是新车设计的一个重要方面。

除了车形外,新车的性能(动力性、经济性、舒适性等)也是新车设计的一个主要方面。不同档次、不同使用环境的汽车设计会侧重不同的汽车性能。各种汽车新技术的开发和采用对提升汽车性能起到保障作用。

汽车作为科技与文化的结合体,体现出不同的风格。不同时代、不同国家设计出具有不同风格的汽车,其实汽车的风格与一个国家和地区的文化具有密不可分的联系。如何在新车的设计中展现自己民族或地区的文化特征也是在新车设计阶段要考虑的。

确定了新车的车形、性能和风格后,接下来就是将新车的构想直观化,通过创作新车的素描草图来展现新车的基本风格(图 3-14)。利用素描草图可以将新车的车型、风格等直观展现,对于不满意的地方可以进行修改和完善。

图 3-14 新车素描草图

完成草图后,还可以对新车进行模型预制。通过制作 1:1的模型样件来进一步确定和完善新车的造型设计。同时也对于车室内部设计方案进行确认,如仪表盘的风格、布置,座椅的安置等。

根据草图和模型样件制作出新车的样车。样车的制作具有很重要的意义,在制作样车的过程中可以检查设计中存在缺陷的方面,检查新车的目标品质是否达到设计规定的要求。同时根据样车对新车设计进行初步的评价。通过样车的边制作边改进可以获得较好的修正数据来完善新车性能设计,缩短开发周期。

三 试验阶段

对新车的试验包括动力性、经济性、安全性、操纵稳定性等性能试验及使用条件试验等。

通过对新车的这些试验,可以较早发现设计中存在的缺陷,进行及时纠正和完善。设计人员的构思和设想很完美,但有时在加工制造技术上实现起来困难很大,这时就要衡量设计和加工的利弊,找到合适的平衡点。有些设想只停留在试验阶段,由于其弱点使其在新车的实际应用中受到一定的限制。这时就要对设计图纸进行局部调整。通过对批量生产前的新车进行试验发现设计中存在的缺陷以便对设计图纸进行及时的修改和完善是新车设计中很重要的一环。

四 生产阶段

当新车样车经过多次试验、评价合格后，就可以批量生产了。现在的汽车生产线自动化程度很高，由于采用了流水线作业方式，大量使用机器人和机械手进行作业，如图3-15、图3-16所示。汽车生产机械化程度的提高，一是可以从繁重的机械加工劳动中解放出来，二是可以保证加工的精度和质量。操作人员只需要进行一些烦琐而简单的操作即可，比如安装驾驶室附件、车标等。

图3-15　装配操作

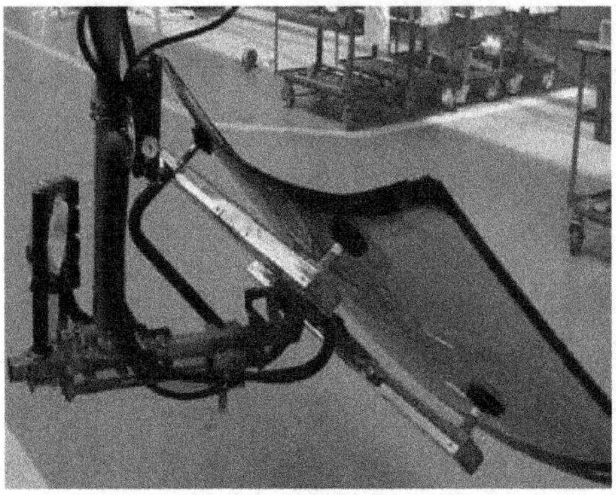

图3-16　运送操作

汽车生产过程包括动力总成的制造、车体制造和整车装配三部分。动力总成的制造又包括动力总成的零件制造、发动机加工装配和变速器加工；车体制造包括白车身制造及车身喷涂等操作；最后将动力总成和车体组装在一起就完成了整车生产。

1 汽车总成的零件制造

汽车总成的零件制造过程中涉及的生产工艺包括铸造、锻造、辊压等。零件加工工艺的选择与汽车零部件的材料性能和加工精度要求相关。汽缸套、活塞、飞轮等采用合金铸造的生产工艺；滚动轴承滚道、齿轮毛坯等采用锻造的生产工艺；而轿车中的等速联轴器等则采用冷锻的生产工艺。

发动机的加工装配过程中首先要完成发动机部件的机械加工。发动机部件的机械加工大多采用以组合机床为中心的大规模设备完成，如汽缸套和汽缸盖等。在机械加工完成后立即进行零部件精度和质量的检测。同时，由于汽车发动机排量不同、布置方式变化及辅助机械的多样化要求发动机的生产设备能够进行多品种多规格零部件的加工。

发动机装配在自动生产线上完成，无须人的参与。各种机器人和机械手会准确完成各种操作。装配完成后立即进行发动机性能参数检测，包括发动机的输出功率、进排气压力、排气分析等。计算机会立即生成检测报告，根据检测报告对发动机性能进行评价。

在变速器加工中，齿轮的生产是极其关键的一步。随着现代加工方法的改进，使得齿轮的精度、热处理变形、齿面光洁度等得到了较大的提高，这对于降低驱动装置的噪声具有十分重要意义。

2 汽车车体制造

此过程主要是完成白车身的制造、车身喷涂和内饰装配。除内饰装配外，在白车身制造和车身喷涂过程中均为全机械化无人操作。

汽车的车身是将冲压成型后的车体面板装到车骨架上，再装上车门和发动机罩盖，以及挡泥板和翼子板等而成。这种在喷涂前的车身称为白车身。白车身制造主要包括车体面板冲压成型和车体焊接两大工艺。

车体用面板是由薄钢板在专用机器上经过弯曲和翘度校正后，裁成适用尺寸，经过冲压设备依次进行深冲、切边、弯曲、钻孔等操作后而形成的。整个过程均在流水线上自动完成，无须人工参与。

车身用面板加工完成后是车体的焊接装配。薄钢板焊接使用最多的是点焊。焊接过程中焊接操作及焊接质量的检测均由焊接机器人或机械手来完成，需要将车固定在特定的位置以便焊接机器人进行准确的操作，如图 3-17 所示。

车身喷涂时首先要进行车身防锈处理。现在的汽车厂多采用浸渍处理方式来进行车身防锈处理，就是把整个车体浸没在盛满处理液的槽中。这种方式可使车身全部得到均匀处理，同时提高防锈性能，然后采用电泳法涂底漆，采用自动喷漆机械装置喷漆。喷漆机械采用程序控制并安装在喷漆室的顶部和两侧。喷漆的循环速度为 110m/s，喷射率为 $1400cm^3/min$。自动喷枪喷不到的部位由手工喷枪补喷。

图 3-17　自动焊接的车身定位

汽车内饰装配一般由人工来完成。

3 汽车整车装配

汽车整车装配就是将汽车总成和车体组装在一起，同时安装汽车电子和电气设备，完成新车的整车装配过程。

随着计算机技术和检测技术的发展，现在的大型汽车厂中除汽车内饰装配外，均实现了自动流水线生产。在新车的生产中人工操作仅占到总工作量的5%左右，甚至更少。在汽车制造行业，人们基本已经从繁重的体力劳动中解放出来了。

3.6 汽车的主要材料

一 汽车材料简介

材料是人类生产和生活所必需的物质，人类社会的发展伴随着各种材料的不断开发和利用。材料、能源、信息被称为现代技术的三大支柱，材料是汽车工业的基础。

通常，一辆汽车由约 3 万个零部件组装而成，汽车上每个汽车零件的生产制造都涉及材料问题。据统计，汽车上的零部件采用了 4 千余种不同的材料加工制造。从汽车的设计、选材、加工制造，到汽车的使用、维修和维护无一不涉及材料。

现代汽车要满足安全、舒适、自重轻、污染排放低、能耗小、价格低等要求，材料是满足这些要求首要考虑的方面。

二 汽车材料的组成

汽车材料包括制造汽车各种零部件用的汽车工程材料，以及汽车在使用过程中使用的燃料和工作液等汽车运行材料。

1 汽车工程材料

汽车工程材料包括金属材料、非金属材料和复合材料三大类。

(1)金属材料：即纯金属及合金，有黑色金属(钢铁)、有色金属（Cu、Al、Ti、Mg ……）。图 3-18 所示是金属材料在汽车车身上的应用。

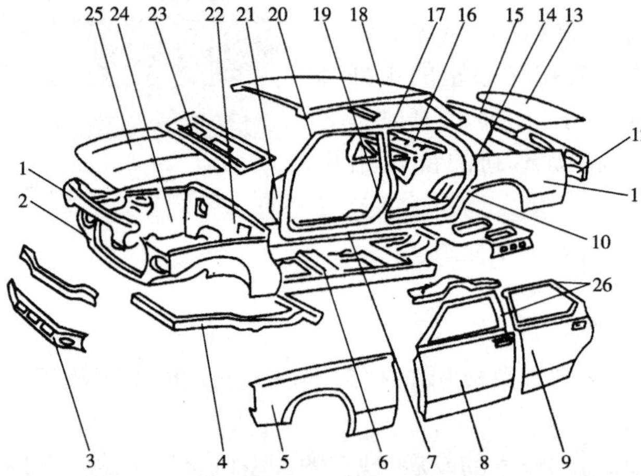

图 3-18　金属材料组成的汽车车身

1-发动机罩前支撑板；2-水箱固定框架；3-前裙板；4-前框架；5-前翼子板；6-地板总成；7-门槛；8-前门；9-后门；10-车轮挡泥板；11-后翼子板；12-后围板；13-行李舱盖；14-后立柱（“C”柱）；15-后围上盖板；16-后窗台板；17-上边梁；18-顶盖；19-中立柱（“B”柱）；20-前立柱（“A”柱）；21-前围侧板；22-前围板；23-前围上盖板；24-前挡泥板；25-发动机罩；26-门窗框

(2)非金属材料：有机高分子材料(主要成分为 C、H)，如塑料、橡胶、合成纤维等，以及无机材料，如玻璃、水泥、陶瓷等。图 3-19 所示为塑料在轿车上的应用部位，图 3-20 所示为玻璃在轿车上的应用。

(3)复合材料：如玻璃纤维增强塑料等。

2 汽车运行材料

汽车使用的燃料、润滑剂及其他工作液和轮胎等被称为汽车的运行材料，通常是指在车辆运行过程中，使用周期较短、消耗费用较大、对车辆使用性能有较大影响的一些非金属材料。

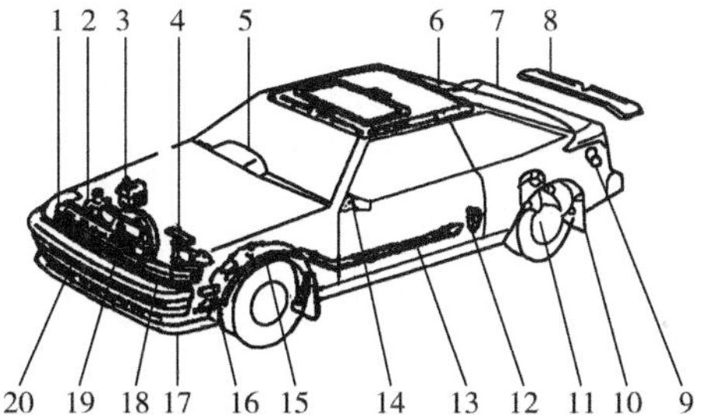

a) 汽车外部

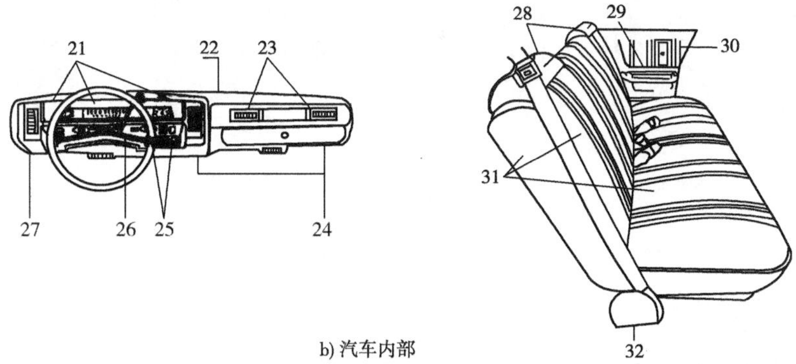

b) 汽车内部

图 3-19 塑料在轿车上的应用

1-散热器格栅(ABS);2-风窗玻璃洗涤罐;3-散热器备用冷却液罐(PP);4-伸缩式前照灯装饰(PMMA);5-安全缓冲垫(PVC/PUR);6-驾驶室顶衬(织品,PVC);7-后挠流板(UP);8-后车门内饰(PP);9-后侧围加油口(PE);10-翼子板(TPO);11-进油管保护架(PE);12-室压释放阀(PP);13-燃料管护罩(PE);14-外后视镜(ABS/ASS);15-翼子板内衬(PE);16-示宽灯(ABS/PMMA)/侧转向信号灯(ABS/AS);17-前导流板(PP);18-前转向信号灯(PP/PMMA);19-风扇罩(PP);20-前保险杠面罩(PUR);21-丙烯腈—丁二烯—苯乙烯(ABS);22、26、28、30、31-乙烯基;23-丙烯腈—丁二烯—苯乙烯(ABS)或聚丙烯;24-聚丙烯或金属;25-镀铬丙烯腈—丁二烯—苯乙烯(ABS);27-聚丙烯或金属;29、32-聚丙烯

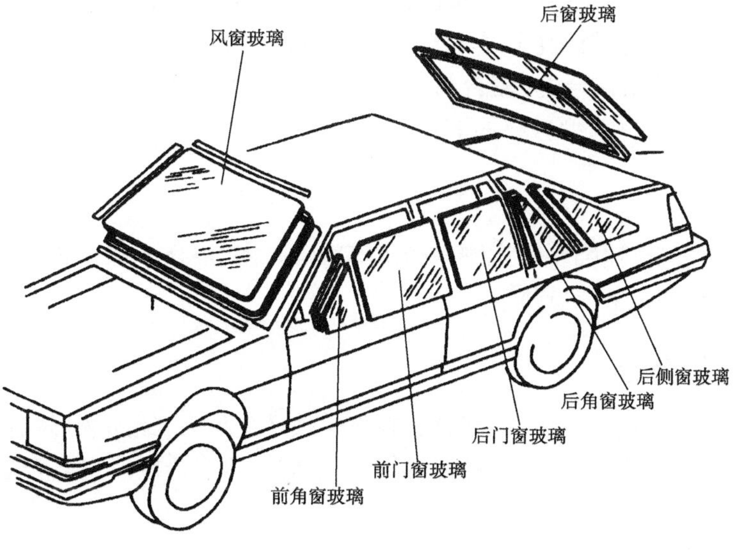

图 3-20 轿车上的玻璃

汽车运行材料的性能关系到汽车的安全性和可靠性,关系到节约能源,关系到环境保

护，必须予以高度重视。

汽车运行材料的组成：燃料有车用汽油、轻柴油和其他代用燃料；润滑剂有发动机润滑油、车辆齿轮油、液力传动油、液压油和润滑脂等；其他工作液有制动液、减振器液、发动机冷却液和制冷剂等。轮胎是汽车运行材料的重要组成之一，轮胎可按其组成、充气压力、胎面花纹、胎体中帘线排列方向等进行分类。图 3-21 为轮胎按胎面花纹的分类。

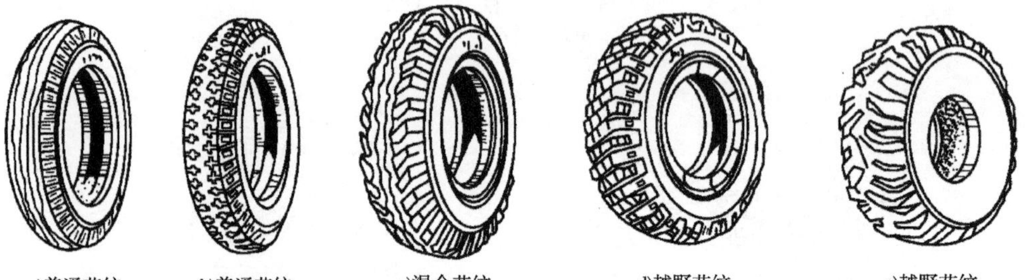

图 3-21　轮胎胎面花纹

3 汽车材料的应用

以现代轿车应用的材料为例，按照重量来换算，钢材占汽车自重的 55% ~60%、铸铁占 12% ~5%、有色金属占 6% ~10%、塑料占 8% ~12%、橡胶占 4%、玻璃占 3%、其他材料（油漆、各种液体等）占 12% ~6%。汽车材料应用的总趋势就是，以非金属材料代替部分金属材料，在金属材料中以非铁金属取代钢铁。

三 汽车材料的发展

汽车材料的发展方向是使汽车轻量化和减少污染。

汽车材料总的发展趋势是：在汽车的结构材料中，钢铁材料所占比例将逐步下降，有色金属、陶瓷材料、复合材料、高分子材料等新型材料的用量有所上升。在性能可靠的条件下，将尽可能多地采用铝合金、复合材料等轻型、新型材料取代钢铁材料。

现代汽车使用的几种新型材料如下：

1 镁合金

镁合金具有密度低、比强度和比刚度较高等特点。镁、铝合金和复合材料是现代汽车轻量化的主要材料，目的是节能减排。

2 形状记忆合金

记忆合金具有形状记忆效应，记忆合金在发生塑性变形后，经加热形状记忆合金恢复原来的形状。在汽车上的应用有：汽车的散热器护栏活门、汽车冷却风扇离合器等。

3 复合材料

复合材料具有比强度高、耐腐蚀、密度低等特点，如玻璃纤维增强塑料等，在客车车身上应用较多。

4 纳米材料

纳米材料是指颗粒直径在0.1～100nm(原子、分子尺度)的材料。纳米材料具有卓越的性能和特殊功能,如纳米级铜不导电、纳米材料空调可抑制细菌生长。

5 其他材料

如超导材料、贮氢材料、分离膜材料具有特殊性能和功能。贮氢材料和分离膜材料在现代新能源汽车上都有具体应用。

3.7 汽车试验

在新车从设计到生产的过程中,始终贯穿着汽车试验。随着计算机技术和检测技术的快速发展,汽车试验带给研究者更加详细、更加真实的数据,对汽车新技术的应用和改进起到了非常重要的作用。

一 汽车性能试验

汽车性能试验包括动力性试验、燃油经济性试验、通过性试验、安全性试验、制动性试验、操纵性试验及平顺性试验等多项试验。

动力性试验包括汽车的最高车速试验、加速试验和爬坡试验。最高车速试验的目的是测定汽车通过测试区间所能达到的最高车速(我国规定的测试区间是1.6km试验路段的最后500m);加速试验一般包括起步加速和超车加速两项试验内容;爬坡试验指对汽车进行最大爬坡度试验。

燃油经济性试验可以为道路试验或汽车测功器试验。测功器试验能控制大部分的使用因素,重复性好,能模拟实际行驶的复杂情况,还可以进行废气排放率测量。

通过性试验一般在汽车试验场和专用路段上进行。试验内容包括对汽车几何参数和挂钩牵引性能的测定。测试路段上应包括沼泽、水田、松软土壤、沙漠、壕沟、灌木丛、凸起等无路或障碍路段。

安全性试验主要指碰撞安全性试验,包括正面碰撞和侧面碰撞试验。除进行实际的车辆碰撞试验外,进行碰撞模拟试验也是一种较好的研究安全性的试验方法。但某些国家和厂家规定必须进行实车碰撞试验。

制动性试验主要通过路上试验来评定。一般要测定冷制动及高温下汽车的制动距离、制动减速度、制动时间等参数。

操纵稳定性试验类型较多,包括转弯制动试验、蛇形行驶试验、侧向风敏感性试验、抗侧翻试验、汽车稳态回转试验等。通过这些试验来对车辆在各种不同形式状态下的行驶稳定性做出评价。

平顺性试验主要用以测定汽车在随机不平路面的行驶振动及汽车在较大凸起物或凹坑冲击下的振动对乘员及货物的影响。

二 汽车大型试验设施简介

汽车试验场和汽车风洞是汽车试验的两种大型试验设施。

1 汽车试验场

1)试验场的分类

试验场按用途分综合试验场、专用试验场、军用汽车试验场三类。

(1)综合试验场。这是汽车行业特有的综合试验设施,可全面进行汽车结构的强度、寿命、可靠性和整车基本使用性能的测试,有效提高试验结果的可比性和试验过程的安全性。此外,通过强化试验,还可大大缩短试验周期。综合试验场占地面积很大,以构成各种室外道路,如高速环行道、高速直线道、耐久性试验路、爬坡试验路、噪声发生器、比利时路、搓板路、随机波形路、扭曲路、越野路、涉水路等,还有专用于操纵稳定性试验和撞车试验的场地。试验场中也常包括一些室内试验设施,如整车参数测定室、发动机试验室、部件试验室、轮胎试验室、材料试验室、噪声与振动试验室、环境试验室等。图 3-22 所示为日本汽车研究所的试车场。

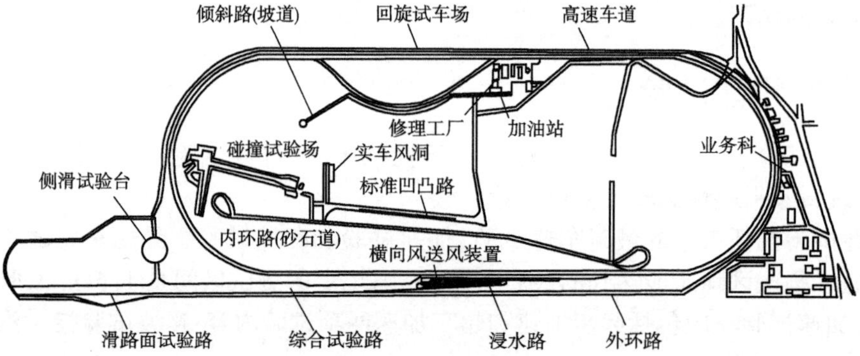

图 3-22 日本汽车研究所的试车场

(2)专用试验场。如沙漠试验场、热带试验场、寒地试验场等。

(3)军用汽车试验场。军用汽车试验场还往往增加高越野性能和车载军用装备方面的试验设施。

2)我国主要汽车试车场

目前,我国大陆的主要汽车试验场有:

(1)北京通县交通运输部汽车试验场。交通运输部公路交通试验场是可同时进行汽车工程、交通工程及公路工程试验研究的大型综合性试验基地,建有碰撞安全实验室、整车排放实验室、发动机实验室、汽车保修设备实验室。

(2)上海大众汽车试验场。上海大众轿车试车场是轿车专用试车场。

(3)襄樊汽车试验场。襄樊汽车试验场按照英国汽车工业研究协会(MIRA)提供的技术设计建造。路面布局合理、道路参数科学,能够满足国内外汽车法规试验、定型试验、研究性试验、产品开发试验的技术要求。

(4)一汽农安汽车试验场。一汽农安汽车试验场位于吉林省长春市西北部，北纬44°，是具有寒带气候特点、设施先进、功能齐全的汽车试验基地。

(5)一汽海南汽车试验场。一汽海南汽车试验场设在海南省琼海市，是一个现代化湿热气候的汽车道路试验基地。

(6)中国定远汽车试验场。中国定远汽车试验场是国家级汽车新产品定型试验机构和陆军军工产品定型委员会职能机构，可进行汽车产品定型试验中所需完成的全部试验项目。

(7)黑河冬季试验场。黑河，号称中国的阿拉斯加。寒冷的气候、崎岖蜿蜒、凸凹不平的山路，使黑河被誉为中国汽车界天然的冬季试验场。

2 风洞

风洞是用来研究汽车空气动力学的一种大型试验设施。它对发展新车型、提高汽车动力改善汽车的空气动力稳定性和燃油经济性、减小汽车噪声和改进车内通风等都有重要作用。根据相似原理，风洞不一定是全尺寸的整车风洞，可以采用缩小比例的模型风洞。风洞试验中主要通过空气动力天平测出作用在试验汽车上三个相互垂直的力和绕三个相互垂直的轴的3个力矩，以便得到空气阻力系数、升力、侧向力等。风洞中还可设置噪声测量装置以研究气流噪声，设置测压装置以确定车体表面的压力分布，在车身表面粘上纤维并通过摄影装置记录气流在车身表面的流谱等。

过去风洞试验中车轮是不转的，实际上转动的车轮对空气阻力系数也有一定影响，因此为测量更精确，近来不少风洞安装转鼓以便能更好地模拟行驶状态。带有转鼓测功器的全天候整车风洞功能较多，它除了可对汽车的空气动力学性能进行评价外，还可对严寒、高温、潮湿等条件下的汽车性能进行测定。

汽车风洞的基本结构形式有4种：直流闭式、直流开式、回流闭式、回流开式。

汽车风洞的洞体主要由收缩段、试验段、扩散段、动力段和稳定段组成。汽车风洞的试验段是风洞的核心部位，试验段通常有开口、闭口、流线型洞壁和开槽4种形式。图3-23所示为风洞试验段的形式。

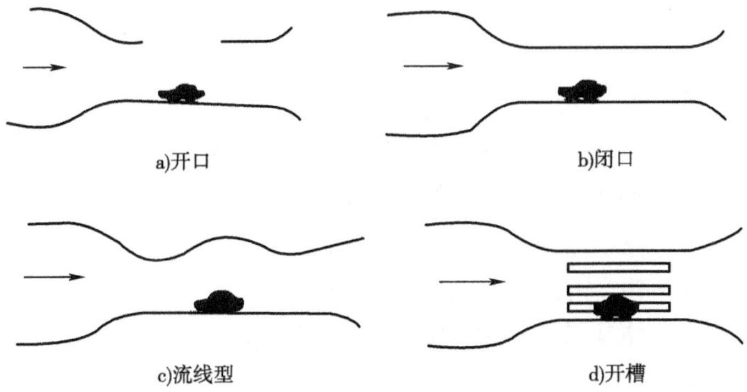

图3-23 风洞试验段的形式

本章小结

1. 现代汽车工业的特点是：流水作业、生产自动化、专业化生产。

2. 现代汽车设计要求分别为：功能性、使用经济性、工艺性、可回收性、艺术性。

3. 汽车的现代设计方法主要有：有限元分析、优化设计、系统工程方法、模糊设计、模态分析技术、逆向工程、人机工程和计算机辅助设计。

4. 根据加工过程中工件材料多少的变化及材料的力学性能是否改变，将汽车的制造工艺分为 6 大类：固结成型模式、机械加工成型模式、切割成型模式、连接加工模式、涂镀加工模式和材料性能改变模式。

5. 新车开发的过程一般包括 4 个阶段：规划阶段、设计阶段、试验阶段、生产阶段。

6. 汽车试验包括动力性试验、燃油经济性试验、汽车通过性试验、汽车安全性试验、汽车制动性试验、汽车操纵性试验及汽车平顺性试验等多项试验。

习题

一、填空题

1. 伴随汽车工业的不断壮大和汽车技术的不断发展，汽车设计技术也在不断发展和更新中，先后经历了三个发展阶段，分别是：__________、__________和__________。

2. 根据连接成型的作用原理和加工过程将连接成型加工模式分为三大类：__________、__________和__________。

3. 汽车生产过程包括__________、__________和__________三部分。

4. 现代汽车工业的特点是：__________、__________和__________。

5. 新车开发的过程一般包括 4 个阶段：__________、__________、__________和__________。

6. __________、__________、__________被称为现代技术的三大支柱；__________是汽车工业的基础。

7. 几种新型材料有__________、记忆合金、__________、__________和其他材料。

8. 汽车试验场按用途分__________、__________、__________三类。

二、简答题

1. 世界汽车工业的发展历程大体可分成几个阶段？

2. 我国汽车工业的发展历程大致可分为几个阶段？

3. 现代汽车设计大体有哪几个方面的要求？

4. 汽车的现代设计方法有哪些？

5. 汽车制造过程中，常见切削加工方式有哪些？

6. 汽车制造过程中，常见连接成型加工方式有哪些？

7. 汽车材料包括哪些？

8. 汽车运行材料有哪些？

9. 汽车动力性试验包括哪些试验项目？

10. 汽车大型试验设施有哪些？

第4章 汽车商务概论

本章导读

本章通过对汽车商务活动中的营销、维修、保险理赔与二手车买卖等环节的分类概括，以横向视角阐释了汽车商务服务活动的过程。

在汽车营销模式一节中，主要介绍了汽车营销模式的种类、我国汽车营销渠道模式现状及发展趋势等问题。

在汽车维修服务一节中，主要介绍了汽车维修服务业的现状与发展趋势、汽车维修服务作业范围、汽车维修服务业运营管理等内容。

在汽车保险与理赔一节中，介绍了汽车保险的含义和分类、汽车保险的理赔等内容。

在二手车交易一节中，主要介绍了二手车发展现状和趋势、二手车买卖的评估和定价、二手车的维护和保险过户等内容。

通过对本章内容的学习，可以使您对汽车商务活动有所熟悉。

本章要点

汽车营销模式及发展趋势；

汽车维修服务的作业范围及运营管理；

汽车保险产品及理赔；

二手车评估。

4.1 汽车营销模式

一 汽车营销模式的概念

营销模式在汽车行业主要是指销售渠道。

目前，我国汽车企业主要通过4个较为典型的模式及渠道销售产品：一是特许经营专卖店，二是汽车交易市场，三是多品牌汽车经营店，四是汽车园区。

营销模式是企业在营销价值链中各环节所发生的一系列业务活动或因素的组合，主要包括营销理念、营销组织和营销策略这三个要素。有效的营销模式可以成就一个成功的企业。

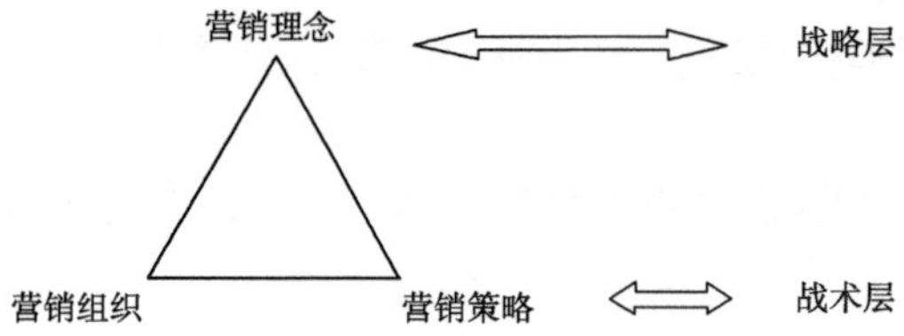

图4-1 营销模式"三要素"

作为一种"模式"，营销模式是一个有机的整体，所包含的三个要素相互影响、相辅相成，营销组织是执行营销策略的载体，营销策略是实现营销理念的手段，营销组织和营销策略决定于营销理念，其关系如图4-1所示。

二 汽车营销模式

改革开放30多年来，我国汽车工业得到了迅猛发展，汽车营销模式也得到了较快发展，已由单一化逐渐演变为多级化。目前，我国汽车行业的营销渠道模式主要有：特许经营专卖店、普通经销商、汽车园区和车展。这几种主要营销模式的特点为：

(1)特许经营专卖店。专卖店一般实行单一品牌营销的4S店（整车销售、售后服务、配件供应、信息反馈），受到了汽车生产厂家的青睐，成为当前汽车销售的主要模式。特许专卖店的营销队伍需要素质良好、文化水平较高、接待礼仪规范、身份表示醒目等。

4S店有利于培养客户的品牌忠诚度，树立品牌形象，集中资源为消费者提供完善而周到的售后服务，便于实现市场信息收集和提高客户的信息管理。但4S店规模大、投资多，风险也大，店面的建设易流于形式，市场划分区域化，容易造成不平等竞争，限制了市场的全面展开。

(2)汽车交易市场。顾名思义，就是众多种类的汽车集中在一个场地内交易的市场。它的特点是车辆品种繁多、选择余地较大，有些还有工商、交警、银行、保险公司以及部分维修、维护商家进驻。但环境不很幽静，销售人员情况复杂。

汽车交易市场内营销对象的特殊性，更容易形成规模效应，满足不同层次消费者的需求，对管理服务进行集中监督，市场经济特点突出，容易形成综合的社会效益，投资风险相对较小、灵活，能够较快地适应市场变化；但市场价格竞争激烈，容易造成恶性竞争，另外，售后服务的提高也成为发展的瓶颈。

(3)普通经销商。普通经销商一般是同时代理多种品牌汽车的销售，通常会集中国内外各种品牌、价格、档次的车，由多个代理经销商分销，形成集中的多样化交易场所，使购车人在一地即可接触到大多数的汽车品牌，便于比较选购。

多品牌经营店便于消费者对不同品牌的汽车进行比较，易于满足不同消费者的需求，最大限度地利用营销资源，可以降低运营成本，提高经销商抗拒风险的能力。但也会受到外界大环境的影响产生滞销，某些品牌车型的利润空间小使得投资风险变大，和生产商之间的协调具有一定难度。

(4)汽车园区。汽车园区是最能吸引汽车消费者的场所，在汽车的销售、维修、配件等方面，由于其功能齐全，更能综合展现汽车文化、科技、旅游和娱乐等功能，对于客户购车来说非常方便。汽车园区通常以3S、4S店群为主要形式，具有先进的营销模式、多元功能的汽车交易中心、售后服务中心、信息交流中心和国内外汽车厂商咨询服务中心，具有规模宏大、环境优美、整洁、效益显著、交易广泛等特点，体现了汽车营销由单一专卖店走向集约化的趋势，是我国汽车营销模式发展方向之一。

但汽车园区建筑面积大，投资大，一般选择在郊区，存在着一定的地域劣势，给汽车的售后服务带来不便，用户关系不稳定，也会造成用户的流失。

4种不同汽车经销模式的优缺点比较见表4-1。

4种不同汽车经销模式的优缺点比较 表4-1

模　式	优　点	缺　点
4S店	品牌形象好，客户忠诚度高 可用资源多，售后服务完善 信息反馈及时	投资规模大，建店要求高，限制竞争
汽车交易市场	投资风险小，体制较灵活 规模宣传效应，满足不同需求 集中监督管理，社会效益较好	竞争激烈，价格混乱 利润降低，软、硬件条件差
多品牌经营店	便于客户比较，降低运营成本 充分利用资源，抵御经营风险	部分产品滞销，总体利润较低 厂家协调难度大
汽车园区	多元化功能，规模化效益 一站式服务，环境较优雅	投资规模大，地域限制多，用户易流失

三 我国汽车营销渠道模式现状及发展趋势

1 我国汽车营销渠道模式现状

我国在加入WTO以后，汽车行业方面的竞争加剧，原有营销渠道的不足也逐渐暴露了出来，主要表现在以下方面：

(1)缺乏战略营销的理念与管理。尽管汽车业界已认识到规模经济的重要性，并把规模经济看成是优先于财务的企业关键目标，但在以竞争优势与竞争能力为导向的管理体系建立方面，长期没有形成分析未来市场需求、判断产品定位走势、建立滚动开发设计的汽车需求战略管理与开发体系，这一问题导致一部分优势企业的市场占有率开始下滑。

(2)汽车营销渠道管控体系不完善。渠道商务政策的完善性、返利制度的合理性以及激励制度的有效性,都会直接影响渠道的管控能力。目前,汽车厂家都是通过对产品的控制,特别是对产品利润的控制来实现对经销商的管理,厂家处于绝对控制地位。然而,一旦产品出现滞销,厂商关系就会恶化。经销商为了完成厂家的任务指标和获得利润,就必不可免地会降价、窜货,甚至低于进价销售,这不仅乱了厂家的价格体系,还严重影响了品牌形象。

(3)汽车营销渠道服务能力不足。目前,国内汽车企业普遍存在重营销、轻服务的现象,营销渠道服务能力不足主要体现在以下几个方面:备件供应不及时、备件供货率不能满足备件缺货;部分高档车的进口部件普遍缺货;对于专营店无法解决的技术难题,厂家的技术支持还不能满足需求;商家不仅需要产品的营销广告,也需要增加服务营销广告的投入。

(4)汽车营销渠道忠诚度降低。无论是国内还是国外汽车厂家,其销售体系一般都是以自己为中心,强调对渠道的控制。当汽车市场快速发展时,可以依靠经销商所获得的高额利润来维持其对生产商的忠诚度;但当汽车市场竞争激烈,经销商利润不断降低时,就会导致经销商对厂家的忠诚度逐渐降低。

2 我国汽车营销渠道发展趋势

我国的特殊国情,以及各种不同形式的汽车营销渠道都有其不同的优缺点,都有其特定的使用范围和消费群体,这就决定了我国新的汽车营销渠道不能建立单一的模式,要依据市场规律和变化,结合企业特征和消费者的个性需求建立多种形式的汽车营销渠道模式。未来的汽车营销渠道发展主要应该体现在以下几个方面:

(1)汽车营销渠道的发展趋于扁平化。扁平化是指营销渠道的层次要尽可能地少,厂商与消费者的距离要尽可能地拉近,降低渠道的经营成本。

扁平化的营销渠道不仅能大大降低运营成本,而且在信息反馈上也有着十分独到的优势,使得汽车生产厂家能在终端与用户直接沟通,做好售前、售中和售后的衔接服务,更加充分地满足客户需求。这一点是企业在进行营销渠道变革时需要考虑的重要因素,以避免营销渠道的变革风险。

(2)汽车营销渠道的发展趋于信息化和一体化。信息化是指对营销渠道所进行的信息化建设,用于提高企业营销渠道的信息反馈速度。比如,订货、车型选择、订单处理、资金往来、物流配送等都可以在网上实现或通过网络提供信息支持。一体化是指整合服务资源,实现营销渠道建设的一体化,即整车销售、维修服务、配件供应的全面整合。

(3)汽车售后服务趋于完善化。如今,售后服务在汽车销售中所起的作用越来越大,这几乎成为中国汽车企业的共识。根据中国质量协会、全国用户委员会的一项调查显示,汽车售后服务的受关注程度高达95.5%。事实上,汽车售后服务市场是汽车产业链中最稳定的利润来源,可占据总利润的60%~70%。

(4)汽车营销渠道的网络化。这种新的营销渠道模式正在逐渐地改变汽车销售方式,对汽车的营销将会产生很大影响,具体体现在:首先,汽车网络营销改变了汽车的销售模式,只要进入汽车制造企业的网站,用户便可便捷地了解这个品牌4S店的销售网络,进行查询、网上订单下载等;其次,网络营销为用户提供了方便,只要轻轻点击鼠标,就可在互联网上任意选择和直接订购,并且在计算机屏幕上会即刻呈现出所选的车型、颜色和车的立体模型,为用户提供直接的感受。客户还可以在各大汽车公司的网站之间任意转换,对同类型汽车性能进行比较;再次,每个汽车企业网站上都有客户评论,浏览的客户直接点击就能了解大家对这个企业或者某个车型的评论（如诚信度、性能、售后服务等），非常便于比较选择。

总之，只有把握好市场需求和经济发展的方向，才能做好汽车市场营销渠道的改进和应用。新的、适合市场的营销渠道必然取代旧模式，这为汽车制造企业、经销商和汽车消费者之间的联系和利益起着决定性的作用。

4.2 汽车维修服务

随着中国汽车保有量的越来越多，汽车后市场的规模必定是日益壮大。

一 汽车维修服务概述

1 维修服务基本理念

“维修服务工作”包含两个层面的工作，既是直接面对顾客的前方服务，也是支援前方工作的后方服务，两者相得益彰，缺一不可。汽车维修服务所追求的重点是，针对顾客提出的要求，如何快速而准确地提供超过其预想的优质服务。

将上述两种工作进行周密而有效地统一管理，关系到能否实现优质服务，最大限度地提高顾客满意度并使之提升为顾客感动。

2 汽车维修企业的经营管理

企业，是指从事商品生产和商品经营（流通或服务）等经济活动，满足社会需求、获取盈利的基本经济组织。

在社会主义市场经济条件下，企业也是具有法人资格、享有民事权利并承担民事义务，依法“自主经营、自负盈亏、自我发展、自我约束"的独立经济核算单位。

企业管理是企业管理者对企业中人、财、物、信息和时空实施统一管辖和治理的全过程。

企业管理具有二重性：一方面，不管社会制度如何，所有企业管理的共性职能或一般职能，都是必须合理地组织劳动、统一指挥生产；另一方面，不同社会制度下的企业管理，其个性职能或特殊职能（社会属性），都必须要维护和完善与其社会制度相适应的生产关系。

企业管理是企业发展的关键。企业规模越大、人员越多、生产工艺或技术越复杂，就越需要企业管理——三分技术、七分管理。要在学习外国成功经验的基础上，结合中国国情，将民营企业的经营理念与国有企业的规章制度相结合，这一点对于现代汽车维修企业的管理尤为重要。

企业管理包括管事和管人。管事靠技术，管人靠艺术。企业管理者不仅要敢于管、敢于理，也要善于管、善于理，这取决于他们的经营理念、职业素质和管理能力。在汽车检测与维修专业开设“汽车维修企业管理”课程，其目的就是想培养更多的“懂管理的技术人员”和“懂技术的管理人员”，让他们能在今后工作实践中更多地参与企业管理，实现自己更大的人生价值。

企业经营管理包括企业的外部经营与内部管理两个方面。在市场经济条件下,企业经营管理应该突出市场观念,把经营决策作为企业管理的重心和中心,把提高经济效益作为企业管理的核心目标。

二 汽车维修服务业的现状与发展趋势

1 我国汽车维修业的现状

(1)汽车维修业的人员队伍结构发生变化。改革开放以来,中国汽车维修业迅速发展,随着大量进口汽车的涌入,使一大批中外合资、独资汽修企业出现。过去的汽修业,给人们的印象是"脏""累""差",维修人员工作条件艰苦、社会地位低下,因而从业人员的整体素质也较差。许多人是在升学无望的情况下,才迫不得已学修车,并且,是沿用传统的师傅带徒弟的工作方式。

近年来,一大批有一定文化基础和专业素质的中高职学生,甚至是大学生加入了汽车维修的队伍。他们懂技术,能够运用更为先进的仪器设备进行故障诊断和维修,使汽车维修行业的从业人员文化水平上了一个新台阶。

(2)汽车维修企业定位不准确,市场混乱。目前,汽车维修业按照行业标准分为一、二、三类维修厂。修理厂级别的评定取决于其本身的资金、人员、场地及技术设备等,因此,每一个级别的汽修厂所经营的服务项目都是有严格限定的:一类厂可以从事汽车大修、总成大修、汽车维护及小修等;二类厂从事汽车一级和二级维护、小修等;三类厂只能进行专项小修、汽车清洁维护等。但是,由于汽车维修是利润率相对较高的一个行业,所以越来越多的企业或个人都在进行投资从业。为了减少投资成本,很多企业选择建立二、三类维修厂甚至汽车洗车店、美容店。但在实际运营中,却都存在超范围经营的现象,导致维修质量下降。

(3)企业管理和服务水平参差不齐,综合实力两极分化。在汽车科技飞速发展的今天,部分中小型汽车修理厂还处于手工或半机械维修的阶段,厂房设备简陋,作业环境差,管理规章和安全制度不健全。维修过程中缺少监管,难以保证良好的维修质量、公正的维修价格,加上从业人员素质偏低,对一些科技含量较高的车型,缺乏相应的维修设备或维修资料,单凭个人经验和简单机械工具,难以达到客户维修要求。而大中型品牌特约维修企业,从厂房规模、设备、人员素质、管理模式,都是汽车维修业的佼佼者。这些修理企业大都通过了ISO质量体系认证,各项管理制度完善,实现了电脑化管理,从业人员大多接受过专业培训,加上有所代理的品牌汽车制造厂家的鼎力支持,能及时掌握一些新车型的维修技术,极大地保证维修质量和客户满意度。

(4)汽车库配件供应充足促使维修模式转变。当前社会倡导节能、低碳、高效、快捷的维修新理念。定期维护、酌情修理的维修新制度——"七分维护,三分维修"的理念也逐渐被消费者所接受。由于零配件供应充足,修配厂的理念已经逐渐被淘汰,现代的汽修以诊断、检测为主,更换新零件总成的快速维修已成为新的维修模式。

2 我国汽车维修业发展趋势

随着我国加入WTO,国外汽修企业纷纷涌入。但国内汽修企业在经营思路、管理水平、服务质量、技术实力、资金投入等方面大多无法与国外汽修企业抗衡。要想在日益激烈的汽修业中立于不败之地,首先,政府相关职能部门要加强对汽车维修行业的规范化管理和监督指导，按照行业标准与规范对维修企业进行严格的监督管理，对不符合标准与规范的修理企业进行政策性、方向性的指导，使其能够尽快适应新的市场环境和WTO的游戏规则。其次，汽车企业要加强对从业人员的培训，落实岗位责任制，规范维修作业，严格控制质检，建立四位一体的服务体系，由单一维修企业向集配件、整车销售、信息反馈于一体的企业过渡。

随着汽车进入家庭，新技术的不断发展，中国的汽车维修业将作为朝阳产业，发生巨大的变化，推动国民经济的发展。未来汽车维修业的发展将向规模化、高档次、多种服务形式的方向发展；向专业化、工业化方向发展；向连锁化经营方向发展；未来的汽修企业将提高企业管理水平，向管理要效益，旧车交易和旧车翻新也将占据一定的市场……总之，汽车维护向I/M检查维护方向发展；汽车修理向汽车翻新方向发展；而企业规模向超小型(快修店)和超大型(连锁经营)方向发展。

三 汽车维修服务作业范围

1 汽车维修服务的作业范围及作业要求

(1)汽车零件失效分析。汽车零件的失效主要有零件的疲劳与腐蚀，零件的变形等。做好零件失效的维修作业，应当了解零件失效原理，零件的磨损、变形原因，掌握零件磨损的规律，熟悉零件疲劳断裂的原理。

(2)汽车零件的检验。零件检验之前需要首先对其进行分类，主要包括零件分类的技术条件、零件的磨损、变形、隐伤的检验，零件和组合件平衡的检验等。

(3)汽车零件的修复。这个过程是零件的机械加工修复、焊修、喷涂与喷焊、刷镀、粘接等修复的过程。维修人员对维修的原理、方法和工艺过程、操作要点等都需要有正确的认识和掌握；对零件的校正及表面强化方法，以及零件修复方法做出正确的选择。

(4)汽车的接收、清洗和解体。汽车的接收、清洗和解体主要指汽车的接收工作，零件的拆解，零件油污、积炭、水垢等的清洗作业。

(5)发动机维修。包括：发动机维护；汽缸体与汽缸盖、活塞连杆组、曲轴和飞轮组的修理；配气机构、冷却系、润滑系的修理；汽油机、柴油机燃料系的修理；发动机的总装和试验等。关键内容：汽缸的检验，镗削、磨削技术的应用，活塞连杆组的选配组装，曲轴磨削，机构检修，化油器的检修调整，汽油喷射装置的维护，喷油泵、喷油器的检修调试等。

(6)底盘维修。包括传动系、转向系、制动系、行驶系常见故障的维护，主要零部件的检修、装配与调整。重点在于离合器、主减速器的检查与调整；前桥、转向系的检查与调整；车轮制动器的装配与调整。

(7)电气设备维修。包括蓄电池、发电机、电压调节器、点火系、起动机、照明装置、信号、仪表、暖风、空调等。电气设备的维护、检修都是汽车电气设备维修的范围。

(8)竣工检验及维修质量的检查评定。汽车修竣之后需经过修竣检验才能交付给客户，同时要有相应的质量检查评定。

2 汽车维修设备简介

汽车维修的专用设备主要有：

(1)清洗设备负责车辆的外部清洗和零件清洗；

(2)补给设备负责加注、充气、充电；

(3)拆装整形设备,对汽车进行拆装、总成拆装、车身整形等;

(4)专用加工设备,进行镗缸、磨轴、镗瓦、冷磨热试等;

(5)举升搬运设备,进行车辆的举升、搬运、装卸作业;

(6)检测诊断设备,主要进行各个部件,如发动机、底盘、车载电器的检测诊断等工作。

汽车维修设备管理对维修企业同样具有重要意义,这不仅因为其本身的价值,更因汽车维修设备具有择优选配、合理使用、维护修理、适时改造、报废更新的任务。合理选择设备,是提高维修质量的基本保证。合理选择设备与配置要遵循维修的一般原则、遵守维修的基本程序,遵守操作规程,文明生产,视情修理、及时进行设备的改造、报废与更新等。

四 汽车维修企业运营管理

1 汽车维修企业的管理机构

1)设置企业管理机构的基本原则

设置企业管理机构的基本原则主要有:

(1)管理跨度原则。要求管理者有适当的管理跨度,但并非跨度越大越好,以适宜为宜。

(2)精简原则。维修企业的管理层应当尽量删减冗员。

(3)逐级管理原则。管理层次明显,实施逐级任务,逐级管理。

(4)逐级负责原则。各个管理层次有各个管理层次的工作和职责,各施其责,各尽其职,避免越级管理,责任不明的现象。

2)汽车维修企业的组织机构

一般汽车维修企业的组织机构主要由业务部门、车间、班组等组成。

股份制公司的董事会结构则由股东会、董事会、监事会、经理等组成。其中,董事会是股份制公司的决策机构,主要负责公司重大经营决策,如聘任、考核和评价经营者等。董事会下设有各种专业委员会主要负责审计、薪酬、提名、执行等具体工作,如图4-2所示。

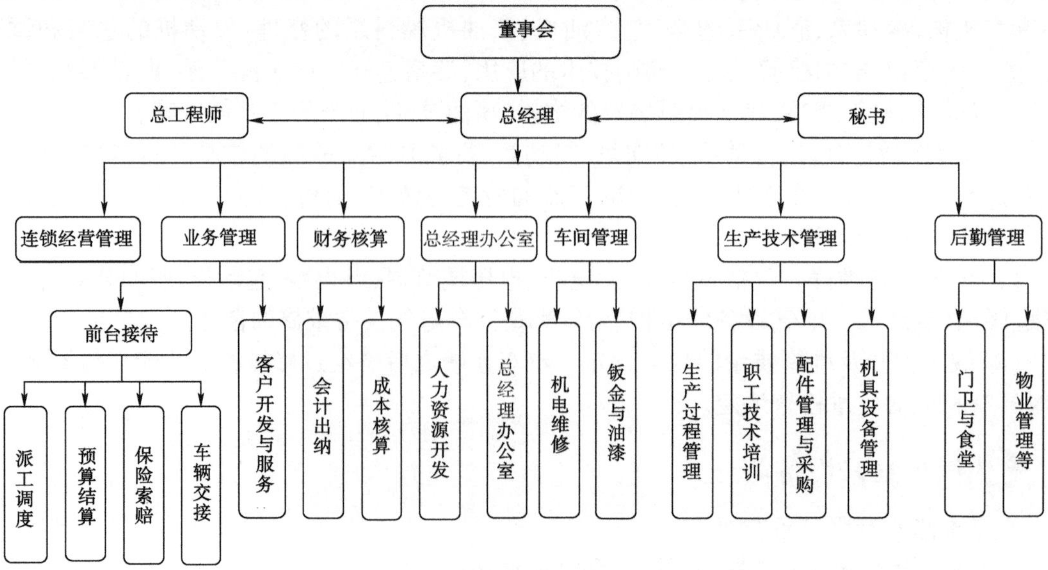

图4-2 董事会结构的维修企业

2 汽车维修企业的经营思想和策略

汽车维修企业一方面要树立良好的企业形象,实施专业化营销与多种经营,另一方面要全方位为用户服务,同时,开展正当竞争、互利共赢。

汽车维修企业的经营目标有贡献目标与利益目标。企业在运营过程中更加注重市场目标与企业发展目标相统一,强调整体性、系统性原则,可行性、可量化原则。合理运用外部开源、促进内部节流;并开展多种特色服务、层层落实指标,不断提高企业经营管理水平。

汽车维修企业应奉行遵纪守法、为用户服务、以市场预测与决策为依据,将企业长远利益与当前利益相结合的经营方针,立足长远,坚持可持续发展。

汽车维修企业的经营策略主要有:

(1)市场细分策略与市场开发策略。市场细分策略与市场开发策略强调特色服务,实行服务的专一化与差别化,侧重市场开发与市场渗透,遵守价格策略。

(2)连锁经营策略。连锁经营是指同类经营的经营联合体,包括直营连锁、特许连锁、自由连锁等。企业要实现有规模效益的连锁经营,必须组建5大支持系统:人力资源管理系统、客户管理系统、信息管理系统、配送管理系统、标准化管理系统。实行统一招聘与培训、统一调度及配送、统一标准及管理。

(3)用户服务策略。采用用户满意理念为核心的用户服务策略,就要通过客户的服务满意度,培养客户的忠诚度。

(4)价格竞争策略。要求具有合理的服务定价的依据与方法。通过新项目定价、差别定价、折扣定价、心理定价等多种定价策略综合考虑,提高服务的价格竞争优势。

3 汽车维修企业管理的基本职能

为满足汽车制造和运输市场的发展需要,采用先进的技术和装备,增强企业销售维修服务能力,并为企业不断提供更多的盈利,扩大积累,把企业建设成为具有高度物质文明和精神文明的社会主义现代化企业。

那么,如何评判汽车维修企业管理状况好坏呢?一方面,可以看汽车维修企业的管理是否充分有效地利用了企业中人力、物力、财力、信息和时空,而没有闲置的人力、物力、财力、信息和时空。另一方面,看该企业的管理是否取得了最好的经济效益和社会效益,从而为社会需求和进步作出了贡献。

企业管理有六大基本职能:

(1)计划。要根据市场调查与市场预测,确定计划目标与经营策略,编制各项行动计划,根据实施情况,检查和评价原定计划。

(2)组织。建立组织机构并配备适当人员,合理岗位分工并明确相互关系、业务范围和职责权限等。

(3)指挥。建立统一集中的指挥系统,建立岗位责任制度,逐级管理、逐级负责,加强思想政治工作,加强组织性纪律性和相互协作。

(4)控制。建立工作标准,加强督促检查,及时纠偏。

(5)协调。用现场办公来解决企业内部矛盾,调整人事结构,平衡纵横关系,加强思想政治工作,搞好公共关系。

(6)领导。管事需要技术,管人需要艺术。企业管理者需要具有良好的品德、丰富的知识、出色的决策、组织和控制能力。

4 汽车维修实务

1)前台业务人员的组成与素质要求

前台业务人员主要包括经营人员和技术人员。

(1)业务经营人员。一方面,他们需要负责市场调查与客户接待,开拓市场,走访用户;建立用户档案,了解客户需求,创建企业文化、宣传企业形象。另一方面,还要负责联系车源,接洽业务,并通过俱乐部、救援、预约和修后服务等,履行承诺,全方位开展为客户服务活动等。

(2)业务技术人员。主要负责汽车进出厂交接和质量检验、负责车辆维修登记、派工调度、维修合同管理等;生产安全、生产进度与统计、维修技术指导、事故鉴定与车况鉴定、技术责任事故处理;另外,维修业务的开票估价与结账,车辆销售时的索赔与保险也是业务技术人员需要负责的范畴。

(3)对前台业务人员的业务素质要求。

第一,了解政策法规和规章制度,具有较高的职业道德素质。

第二,具有专业理论知识并熟悉本企业业务流程,并具有一定的生产管理能力和派工协调能力。

第三,熟悉所修车型的收费标准、配件编码及价格、保险及索赔条例等,并具有一定的维修经验和诊断能力,能检验所修车型的维修质量。

第四,能熟练驾驶车辆,并具备一定的计算机操作能力。

2)前台业务人员的工作流程

前台业务人员的工作流程如下:

(1)建立客户档案与预约维修。

(2)进厂接待。

(3)掌握维修过程。

(4)向客户交车与收费。

(5)处理客户投诉。

3)汽车维修企业的合同管理

汽车维修合同属于技术经济合同中的加工承揽合同。它是承修、托修双方为某项汽车维修业务而设立、变更或终止其民事法律关系(即承修方按照托修方的要求维修汽车,托修方在维修竣工并质量合格后给予约定报酬)的有偿协议。

汽车维修合同管理是汽车维修行业管理的重要内容。

汽车维修合同旨在保证签约双方合法权益,适用于汽车大修、总成大修、汽车二级维护、预算费用超过1000元的汽车维修作业。签订维修合同要遵守合法性的原则、可行性原则(如平等互利原则、协商一致原则、等价交换原则)等。

合同的主要条款有:承、托修双方的名称,企业类别,签订日期、地点与合同编号;送修车辆的车种车型、牌照号、发动机号和底盘号;送修类别及附加修理项目;送修日期、地点、方式;质量保证期、质量验收标准和方式;预计维修费用及结算方式;违约责任及纠纷解决方式;双方商定的其他条款。

在签订合同时要求使用汽车维修合同示范文本,遵照合同签订的规定程序依法签订、签章生效;承修方在维修中需要增加项目或延长维修期限时,应征得托修方同意;代订合同应根据其授权范围签订。

签订程序分两步:第一,主体、资信和履约能力审查;第二,要约和承诺,并签署合同。合同签订后,由维修行业管理机构和工商行政管理机关负责监督实施,合同双方都应严格按条款履行义务,任何一方不得擅自变更或解除。如遇特殊情况需要变更或解除合同,必须经双方当事人协商同意(不得损害国家或集体利益),任何一方都无权擅自变更和解除。如有合同纠纷,首先由合同双方友好协商,或由各级经济合同仲裁机构进行协调、调解和仲裁。

4)汽车维修服务流程与要点

我国 GB/T5624 规定,汽车维修服务即为汽车维修企业向客户提供车辆维护和修理及相关活动的总称。汽车维修服务质量,就是汽车维修企业在车辆维护和修理及相关活动中满足规定要求的能力。

要进行汽车维修,首先是待维修车辆的进厂,然后向驾驶员报修,建立车辆的技术档案,然后交由监测站进行车辆的故障检测,进一步确定附加作业项,按照规定签订维修合同。接下来,进行维修作业,待维修结束进行竣工检验,检验合格签发合格证,建立车辆技术档案,然后进行维修结算,开具发票。这样,维修车辆就可以出厂了。具体流程如图 4-3 所示。

汽车服务顾问在流程中的职责:服务人员要做到以下几点:真诚(Cordial)地对待、准确(Accurate)地诊断、合理(Reason)地收费、快捷有效(Effective)地维修。

维修流程的要点主要有以下几方面:

(1)倾听客户,记下细节。

(2)预约。客户需要填写预约表,标出维修车辆客户是否为返修客户或投诉客户。维修预约单填写需注意问清楚顾客是"返修客户"还是"投诉客户",预约时间保持在 15 ~ 30min,由维修主管决定预约截止时间。

(3)预约开展的必备条件——确认预约。提前两天与顾客联络,以确认预约。

(4)预约后要准备维修单。查阅顾客档案,打印资料或预约表,将顾客及车辆资料写在维修单上。按两种情况进行处理:一种是,确定简单工作及常规维护用的主要零件有无库存。如果没有库存,查询可能的送货日期,并通知顾客零件何时到;同时要求零件部订购必要零件。另一种是,预先要求车间主任估计要做的工作量及所需时间,并预先要求服务主管在接待时出席。要注意了解什么时候可预约,什么时候不可预约;与安全有关的返修客及投诉客的预约应予优先安排;将预约时间留有间隔,防止重叠;留 20% 的车间容量应付简易修理,以及前一天遗留下来的修理不能预见的延误;尽可能将预约放在空闲时间,避免太多预约挤在上午的繁忙时间及傍晚。

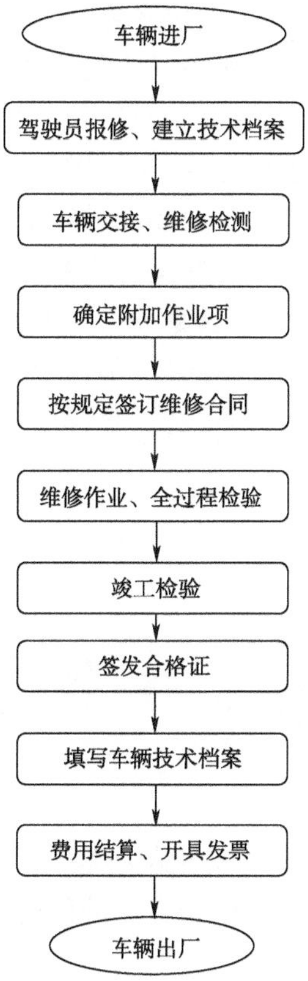

图 4-3　车辆维修流程图

接车过程要求能完全理解客户的需求,用语言引导确认故障症状,向客户推荐其不知道的附加项目。具体工作有:

日常准备工作,准备好必备的文件(预约表和工作进度表、修理单、顾客档案、统一费率手册或人工收费表、零件目录和价目表、车主手册和维修手册等)和三件套(转向盘保护套、座椅保护套、作业脚垫)。

在顾客将车辆驶到维修厂的接待区域时,接待员要及时来到顾客面前,为顾客打开车门,向顾客问好并做自我介绍。查看顾客档案或电脑印出资料,了解上次维修情况,看是定期检查、一般维修还是返修客或投诉。完整及准确记录顾客的陈述内容和要求。包括行驶里程数,故障发生时车辆所处的行驶速度、发动机状态、发生时间、部位、天气、路面状况及声音的描述等。估算完工时间和维修金额。

进行六方位环视检查,并按标准表格填写检查内容,由客户签字确认。与顾客一起环车检查,并根据表格中的项目填写,将检查结果记录在维修单或检查的表格中。

(5)接待。业务接待员应统一着装,佩戴胸卡上岗,仪容端正。业务接待员应遵守礼仪规范,接待客户时做到态度热情,语言文明。业务接待员负责接车交验,协助故障诊断,制定诊修方案,告知估价、结算方法及维修工期,与客户签订维修合同。业务接待员应熟悉各类汽车维修检测作业内容,能及时为客户提供咨询服务。业务接待室服务设施配套齐全,具备良好的客户休息环境,包括茶水、报纸杂志提供,配备冷暖空调、播放系统。业务接待室应及时清理和打扫,不乱堆乱放物品,保持整洁干净。

(6)故障诊断。企业应制定接车规范文件,规定人员职责、告之事项以及接车诊断流程。企业应配备必要的检测诊断仪器设备,设置检测工位(区域)。接车诊断时应详细记录客户陈述,填写诊断记录,并交客户签字确认。业务接待员应向客户详细说明车辆技术状况、故障诊断意见、建议维修项目、作业内容、配件价格、维修时间和维修费用。业务接待员应提醒客户对车内物品进行清理,对外观、内饰、仪表和座椅等车辆状况以及客户要求事项进行确认、记录,并交客户签字。

(7)注意填写委托书,记录双方承诺,准时并在承诺的时间内完成。准确而全面地完成订单上的任务,确保维修工作质量的必备条件,检查工作质量,质量控制及交车准备,车的外表和干净程度,解释修理项目及发票,检查车辆,记录细节以及相应的服务跟踪等细节。

4.3 汽车保险与理赔

汽车在给人类提供了交通便利的同时,也带来了意外事故造成的财产损失和人身伤亡。人们在享受生活的同时,希望安全也能得到保障,当有意外发生时也需要得到保护。

一 汽车保险概述

随着生产力水平的提高以及社会财富的增加,汽车事故造成的损失也越来越大,对人类社会的危害也越来越严重,机动车辆在使用过程中遭受自然灾害风险和发生意外事故的概率较大,人们要确保自己的汽车能够安全稳定行驶的同时,也希望在意外状况发生后,能够得到相应的补偿,利益能够有所保障。

1 汽车保险的起源

1)汽车保险的发展

1896年,英国法律事故保险公司在全球率先开办了汽车保险,成为汽车保险"第一人"。当时,该公司签发了保费为10~100英镑的第三者责任保险单,汽车火险可以增保,但要增加保险费。

1899年,汽车保险责任扩展到与其他车辆发生碰撞所造成的损失。这些保险单是由意外险部的综合第三者责任险组签发的。

从1901年开始,保险公司提供的汽车险保单已具备了现在综合责任险的条件,在上述承保的责任险范围内,增加了碰撞、盗窃和火灾。

1906年,英国成立了汽车保险有限公司,该公司的工程技术人员每年都会为客户免费检查保险车辆一次,其防灾防损意识领先于其他保险大国。

第一次世界大战后,英国机动车的流行加重了公路的负担,交通事故层出不穷,有些在事故中受害的第三者不知道应找哪一方去索取损失的赔偿。针对这种情况,政府发起了机动车辆第三者强制保险的宣传,并在《1930年公路交通法令》中纳入强制保险条款。在实施机动车辆第三者责任强制保险的过程中,政府又针对实际情况对规定作了许多修改,如颁发保险许可证,取消保险费缓付期限,修改保险合同款式等,以期强制保险业务与法令完全吻合。强制保险的实施使在车祸中死亡或受到伤害的第三方可以得到一笔数额不定的赔偿金。

1945年,英国成立了汽车保险局。汽车保险局依协议运作,其基金由各保险人按年度汽车保费收入的比例分担。当肇事者没有依法投保强制汽车责任保险或保单失效,受害者无法获得赔偿时,由汽车保险局承担保险责任,该局支付赔偿后,可依法向肇事者追偿。

英国现在是世界保险业第三大国,仅次于美国和日本。据英国承保人协会统计,1998年在普通保险业务中,汽车保险业务首次超过了财产保险业务,保险费达到了81亿英镑,汽车保险费占每个家庭支出的9%,足见其重要地位。

2)近现代保险的分界

近现代保险分界的标志之一就是汽车第三者责任险的诞生。汽车保险是近代发展起来的,它晚于水险、火险、盗窃险和综合险。保险公司承保机动车辆的保险基础是根据水险、火险、盗窃险和综合责任险的实践经验而来的。汽车保险的发展异常迅速,如今已成为世界保险业的主要业务险种之一,甚至超过了火灾保险。目前,大多数国家均采用强制或法定保险方式承保的汽车第三者责任保险,它始于19世纪末,并与工业保险一起成为近代保险与现代保险分界的重要标志。

2 汽车保险的职能和作用

保险基本职能就是组织经济补偿和实现保险金给付,这同样也是汽车保险的基本职能。

我国自1980年国内保险业务恢复以来,汽车保险业务已经取得了长足的进步,尤其是伴随着汽车进入百姓的日常生活,汽车保险正逐步成为与人们生活密切相关的经济活动,其重要性和社会性也正逐步突现,作用越加明显。汽车保险的作用主要有以下几方面:

(1)促进了汽车工业的发展,扩大了对汽车的需求。从目前经济发展的情况来看,汽车工业已成为我国经济健康、稳定发展的重要动力之一,汽车产业政策在国家产业政策中的地位越来越重要,汽车产业政策要产生社会效益和经济效益,要成为中国经济发展的原动力,离不开汽车保险与之配套服务。汽车保险业务自身的发展对于汽车工业的发展起到了有力的推动作用,汽车保险的出现,消除了企业与个人对使用汽车过程中可能出现的风险的担心,一定程度上提高消费者购买汽车的欲望,扩大了对汽车的需求。

(2)稳定了社会公共秩序。随着我国经济的发展和人民生活水平的提高,汽车作为重要的生产运输和代步的工具,成为社会经济及人民生活中不可缺少的一部分,其作用显得越来越重要。汽车作为一种保险标的,虽然单位保险金不是很高,但数量多而且分散,车辆所有者既有党政部门,也有工商企业和个人。车辆所有者为了转嫁使用汽车带来的风险,愿意支付一定的保险费投保。在汽车出险后,从保险公司获得经济补偿。由此可以看出,开展汽车保险既有利于社会稳定,又有利于保障保险合同当事人的合法权益。

(3)促进了汽车安全性能的提高。在汽车保险业务中,经营管理与汽车维修行业及其价格水平密切相关。原因是在汽车保险的经营成本中,事故车辆的维修费用是其中重要的组成部分,同时车辆的维修质量在一定程度上体现了汽车保险产品的质量。

保险公司出于有效控制经营成本和风险的需要,除了加强自身的经营业务管理外,必然会加大事故车辆修复工作的管理,一定程度上提高了汽车维修质量管理的水平。同时,汽车保险的保险人从自身和社会效益的角度出发,联合汽车生产厂家、汽车维修企业开展汽车事故原因的统计分析,研究汽车安全设计新技术,并为此投入大量的人力和财力,从而促进了汽车安全性能方面的提高。

(4)汽车保险业务在财产保险中占有重要的地位。目前,大多数发达国家的汽车保险业务在整个财产保险业务中占有十分重要的地位。美国汽车保险保费收入,占财产保险总保费的50%左右;亚洲地区的日本汽车保险的保费占整个财产保险总保费的比例更是高达58%左右。

从我国来看,随着积极的财政政策的实施,道路交通建设的投入越来越多,汽车保有量逐年递增。在过去的20年,汽车保险业务保费收入每年都以较快的速度增长。在国内各保险公司中,汽车保险业务保费收入占其财产保险业务总保费收入的60%以上,部分公司的汽车保险业务保费收入占其财产保险业务总保费收入的75%以上。

汽车保险已经成为各财产保险公司的"吃饭险种"。其经营的盈亏,直接关系到整个财产保险行业的经济效益。可以说,汽车保险业务的效益已成为财产保险公司效益的"晴雨表"。

二 汽车保险的含义和分类

汽车保险也称机动车保险。机动车保险是保险中最为重要的种类,机动车保险是综合性保险,属于财产保险的范畴,是运输工具保险的一种,它承保各种机动车因遭受自然灾害或意外事故造成的车辆本身以及相关利益损失和采取措施所支付的合理费用,以及被保险人对第三者人身伤害、财产损失依法应负有的民事赔偿责任。

机动车保险按承保条件分为主险和附加险。主险中的机动车损失险承保机动车辆在使用过程中所创造的风险,即对于因车辆本身损失;第三者责任保险承保车辆在使用过程中所发生的风险,即对于因车辆使用给他人造成的人身伤害和财产损失依法应由被保险人承担赔偿责任时,由保险人负责赔偿。机动车附加险都是针对主险中保险条款的责任免除而言的,投保这些险种可以使汽车保险更加完善,投保险种更加全面,发生事故后可以解决得更加全面。

汽车保险的常见险种主要有：交强险、车损险、第三者责任险、全车盗抢险、玻璃单独破碎险、新增设备损失险、自燃险、车身划痕险、车上人员责任险、不计免赔险等。

(1)交强险。我国于2006年7月1日开始施行机动车交通事故责任强制保险(简称“交强险”)，规定机动车所有人必须购买此险种才能获得上路行驶的资格。这是国家法律规定必须购买的险种，车主没有自主选择的权利。

5座私家车初次购买的费用标准为950元，保险期限为一年。续保费用视以往是否赔付而在 -30% ~ +30%之间浮动。

交强险属于在出险之后只赔偿别人损失，不赔偿本车、车上人员以及被保险人自己财产损失的险种。而对于别人损失的赔偿范围，相对来说比较宽泛。如果驾驶员对于事故的发生有责任，则受害方的死亡伤残赔偿限额为110000元，医疗赔偿限额为10000元，财产损失赔偿限额为2000元；如果驾驶员对于事故的发生没有责任，则受害方的上述三项赔偿限额分别为11000元、1000元、100元。

发生以下情形下的交通事故，造成受害人受伤需要抢救的，对于符合规定的抢救费用，保险人在医疗费用赔偿限额内(或无责任医疗费用赔偿限额内)垫付。对于其他损失和费用，保险人不负责垫付和赔偿。这几种情形是：

①驾驶人未取得驾驶资格的；

②驾驶人醉酒的；

③被保险机动车被盗抢期间肇事的；

④被保险人故意制造交通事故的。对于垫付的抢救费用，保险人有权向致害人追偿。

在以下情形下发生的交通事故，保险公司可以拒赔：

①因受害人故意造成的交通事故的损失；

②被保险人所有的财产及被保险机动车上的财产遭受的损失；

③被保险机动车发生交通事故，致使受害人停业、停驶、停电、停水、停气、停产、通信或者网络中断、数据丢失、电压变化等造成的损失以及受害人财产因市场价格变动造成的贬值、修理后因价值降低造成的损失等其他各种间接损失；

④因交通事故产生的仲裁或者诉讼费用以及其他相关费用。

(2)车损险。机动车辆在遇到碰撞、倾覆、火灾、爆炸、外物体、空中运行物体坠落、保险车辆行驶中平行坠落、雷击、暴风、龙卷风、暴雨、洪水等情况造成的损失，保险公司将予以赔偿。但是，地震，人工向汽车供油、高温烘烤，车辆涉水行驶或被水淹后导致的发动机损失，人为故意损坏行为，尚未取得合法驾驶车辆的人员驾驶车辆出险等，将不予赔偿。

(3)第三者责任险。被保险人或其允许的合格驾驶人员在使用保险车辆过程中发生意外事故，致使第三者遭受人身伤亡或财产保险种类损毁，保险公司将予以赔偿；驾驶人员不符合法律法规车辆的或是醉酒等导致的第三者伤害，保险公司不负责赔偿。

(4)全车盗抢险种类。保险责任有以下几条：

被保险机动车被盗窃、抢劫、抢夺，经出险当地县级以上公安刑侦部门立案证明，满60天未查明下落的全车损失；

被保险机动车全车被盗窃、抢劫、抢夺后，受到损坏或车上零部件、附属设备丢失需要修复的合理费用；

被保险机动车在被抢劫、抢夺过程中，受到损坏需要修复的合理费用。

(5)玻璃单独破碎险。被保险机动车风窗玻璃或侧窗玻璃单独破碎，保险公司按照实际损失给予赔偿。但在安装、维修机动车过程中造成的玻璃单独破碎，则不予赔偿。

(6)新增设备损失险。因发生机动车损失保险责任范围内的事故，造成车上新增加设备的直接损毁，保险人在保险单载明的本附加险的保险金额内，按照实际损失计算赔偿。

(7)自燃险。火灾、爆炸、自燃造成被保险机动车的损失；发生保险事故时，被保险人为防止或者减少被保险机动车的损失所支付的必要的、合理的施救费用等，都属于保险公司的赔偿责任。但自燃仅造成电器、线路、供油系统、供气系统的损失；汽车所载货物自身的损失；轮胎爆裂的损失；人工直接供油、高温烘烤造成的损失等则属于责任免除的范围。

(8)车身划痕损失险。无碰撞痕迹损失，保险人负责赔偿；而车身表面自然老化、车主故意损坏等则属于免责。

投保时，保险金额分为2000元、5000元、10000元或20000元，由投保人和保险人在投保时协商确定。

赔偿处理时，每次损失都是在保险金额内按实际修理费用计算赔偿，但每次赔偿实行15%的免赔率，而且在保险期间内，累计赔款金额达到保险金额后，保险责任终止。

(9)车上人员责任险。发生意外事故，致使保险车辆上的人员遭受人身伤亡，依法应由被保险人承担的经济赔偿责任，保险公司按规定负责赔偿。

(10)无过失补偿责任险。因与非机动车辆、行人发生交通事故，造成对方人身伤亡或财产直接损毁，保险车辆一方无过失，且被保险人拒绝赔偿未果，对被保险人已经支付给对方而无法追回的费用，保险公司负责赔偿。

(11)不计免赔险。保险事故发生后，按照对应投保的险种规定的免赔率计算的、应当由被保险人自行承担的免赔金额部分，保险人负责赔偿。

三 汽车保险的理赔

1 理赔的定义

理赔是指被保险人发生保险合同中约定的保险事故，在向保险公司提出赔偿要求时，保险人履行赔偿保险金的义务和责任，这种义务和责任的履行过程，通常称为保险理赔处理，简称为理赔。

理赔是保险公司履行合同义务的行为，它的依据是保险合同及保险相关法律同行业规定和国际惯例，其他任何理由或解释均不能作为保险理赔的依据。

2 理赔工作的特点

理赔工作是汽车保险后续非常重要也是高频发生的一个工作过程，具有突出的特性。

(1)被保险人的公众性。我国的汽车保险的被保险人曾经是以单位、企业为主，但是，随着个人拥有车辆数量的增加，被保险人中单一车主的比例将逐渐增加。这些被保险人的特点是他们购买保险具有较大的被动色彩，加上文化、知识和修养的局限，他们对保险，交通事故处理，车辆维修等知之甚少。另一方面，由于利益的驱动，检验和理算人员在理赔过程中与其在交流过程中存在较大的障碍。

(2)损失率高且损失幅度较小。汽车保险事故虽然损失金额一般不大，但是，事故发生的频率高。保险公司在经营过程中需要投入的精力和费用较大，有的事故金额不大，但是，仍然涉及对被保险人的服务质量问题,保险公司同样应予足够的重视。另一方面,从个案的角度看赔偿的金额不大,但是,积少成多也将对保险公司的经营产生重要影响。

(3)标的流动性大。由于汽车的功能特点,决定了具有相当大的流动性。车辆发生事故的地点和时间不确定,要求保险公司必须拥有一个运作良好的服务体系来支持理赔服务,主体是一个全天候的报案受理机制和庞大而高效的检验网络。

(4)受制于修理厂的程度较大。在汽车保险的理赔中扮演重要角色的是修理厂,修理厂的修理价格、工期和质量均直接影响汽车保险的服务。因为,大多数被保险人在发生事故之后,均认为由于有了保险,保险公司就必须负责将车辆修复,所以,在车辆交给修理厂之后就很少过问。一旦因车辆修理质量和工期,甚至价格等出现问题均将保险公司和修理厂一并指责。而事实上,保险公司在保险合同项下承担的仅是经济补偿义务,对于事故车辆的修理以及相关的事宜并没有负责义务。

(5)道德风险普遍。在财产保险业务中汽车保险是道德风险的"重灾区"。汽车保险具有标的流动性强、户籍管理中存在缺陷、保险信息不对称等特点,以及汽车保险条款不完善、相关的法律环境不健全及汽车保险经营中的特点和管理中存在的一些问题和漏洞,给了不法之徒可乘之机,汽车保险欺诈案件时有发生。

3 理赔工作的基本原则

(1)树立为保户服务的指导思想,坚持实事求是原则。当发生保险事故后,保险人要急被保险人所急,千方百计避免扩大损失,尽量减轻因灾害事故造成的影响,及时安排事故车辆修复,并基本恢复其原有技术性能,使其尽快投入生产运营。及时处理赔案,支付赔款,以保证运输生产单位生产、经营的持续进行和人民生活的安定。在现场勘查、事故车辆修复定损以及赔案处理方面,要坚持实事求是的原则,在尊重客观事实的基础上,具体问题作具体分析,即严格按条款办事,又结合实际情况进行适当灵活处理,使各方都比较满意。

(2)重合同、守信用,依法办事原则。保险人是否履行合同,就看其是否严格履行经济补偿义务。因此,保险方在处理赔案时,必须加强法制观念,严格按条款办事,该赔的一定要赔,而且要按照赔偿标准及规定赔足;不属于保险责任范围的损失,不滥赔,同时还要向被保险人讲明道理,拒赔部分要讲事实,重证据。要依法办事,坚持重合同,诚实守信,只有这样才能树立保险的信誉,扩大保险的积极影响。

(3)坚持主动、迅速、准确、合理"八字理赔"原则。"主动、迅速、准确、合理"是保险理赔人员在长期的工作实践中总结出的经验,是保险理赔工作优质服务的最基本要求。

(4)理赔工作的"八字"原则是辩证的统一体,不可偏废。如果片面追求速度,不深入调查了解,不对具体情况具体分析,盲目下结论,或者计算不准确,草率处理,则可能会发生错案,甚至引起法律诉讼纠纷。当然,如果只追求准确、合理,忽视速度,不讲工作效率,赔案久拖不决,则可能造成极坏的社会影响,损害保险公司的形象。

理赔工作总的要求是从实际出发,为保户着想,既要讲速度,又要讲质量。

4 理赔程序

发生交通事故后,车主首先要做的就是及时报案,除了向交通管理部门报案外,还要及时向保险公司报案。这一方面是为了让保险公司知道投保人发生了交通事故,另一方面也可以向保险公司咨询如何处理、保护现场等。车主理赔时的基本流程如图 4-4 所示。

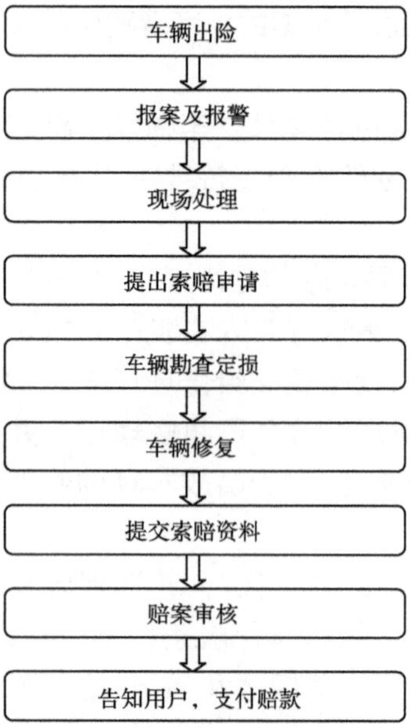

图 4-4　车辆保险理赔程序图

汽车保险理赔基本流程。发生保险事故后，理赔的基本流程为：

(1)保护现场，抢救伤员，迅速报案；

(2)出示保险单证、行驶证、驾驶证、被保险人身份证、保险单；

(3)填写出险报案表；

(4)详细填写出险经过；

(5)详细填写报案人、驾驶员和联系电话；

(6)检查车辆外观，拍照定损；

(7)理赔员带领车主进行车辆外观检查；

(8)根据车主填写的报案内容拍照核损；

(9)理赔员提醒车主车辆上有无贵重物品；

(10)交付维修站修理；

(11)理赔员开具任务委托单确定维修项目及维修时间；

(12)车主签字认可；

(13)车主将车辆交于维修站维修；

(14)提交单证，领取赔款。

这些是车主和保险公司理赔员必须要做到的。

4.4　二手车交易

一　二手车概述

1　二手车相关含义

二手车一词由英文 Second Hand Vehicle 得来，意为“第二手的汽车”。在中国，二手车也称为“旧机动车”。

北美是二手车市场最为发达的地区，平民百姓购买旧车时不一定就能买到“第二”手的，可能是“第三”“第四”手的旧车，而且大多是小轿车和家用吉普车。因此，北美二手车叫作“用过的汽车”。

2005 年 10 月 1 日，由商务部、公安部、工商总局、税务总局联合发布的《二手车流通管理办法》正式实施。此办法总则的第二条，对于二手车的定义为：二手车是指从办理完注册登记手续到达到国家强制报废标准之前进行交易并转移所有权的汽车（包括三轮汽车、低速载货汽车，即原农用运输车，下同）、挂车和摩托车。

二手车交易市场是指将二手汽车集中起来进行销售、买卖的场所。很多车主将替换下来的车卖到二手车市场,经纪公司收购后将其整备,然后再转卖。现在,除了实体存在的二手车交易市场外,网上的二手车销售也在迅猛发展。

2 二手车交易相关名词

(1)收购价。收购价即为经纪公司买入价。一般情况下,经纪公司得到车源消息后,会迅速和车主取得联系,或是亲自上门或是车主将车开到公司进行收购。收车人员会根据具体车款在市场的交易价格进行一个基本的判定。

进行收购价格评估时,车况是最主要因素,收车员会查看这辆车的外观有没有划痕,是不是撞过车,如果汽车的前端撞过而且伤及到了汽车的车梁,那么,这辆车的价格就会受到很大的影响。作为收购员来说,当然希望尽可能收到低价的车源,这样经纪公司才能有更高的利润可以赚取。

(2)标价。标价即为经纪公司卖出的价格。在二手车交易市场,每一辆旧车上都会有一个标价,这个标价是经纪公司出让这款车的理想价格,一般都要高于最终的实际成交价格。一般收购上来的旧车,经纪公司都会对其进行简单的翻新,如先对整车进行清洗(包括对发动机、内饰进行清洗),如果划痕严重的还要补漆,另外还要对机械部分进行简单的维修,而损坏严重的易损件,还要进行更换。比如更换轮胎、脚垫等,尽可能使这辆车看上去靓丽如新。这些工作完成之后,其成交价格就会比收购价格高出许多。

(3)交易价格。交易价格即为最终成交价格。一般情况下,一辆旧车从收购到最终交易会在一两个星期之内完成,即使如奔驰、宝马等的高档车,也最多在一个多月的时间内完成交易。如果由于各种原因超过了这个时限,旧车经纪公司的利润就会大大缩水,有些甚至要赔本,这使得这款车型的最终平均交易价格在市场内得以上下浮动。

(4)评估价。评估价即为纳税基准价。一般消费者会把评估价误认为是旧车的指导价。但实际上评估价只是交易旧车的缴纳税费的基准价。一辆旧车交易完成后,都要向市场缴纳2.5%的过户费,而缴纳这个费用就需要一个基准价,为防止交易双方谎报交易价格致使税费损失,市场会对每一辆参与交易的汽车进行一个科学估价。这个评估首先要求车主提供交易车辆的品牌年限,原车价格(以原始购车发票为准),然后由市场的专业评估师根据车况对该车进行等级判定(一般分5个等级)。然后输入电脑程序中由电脑估价。电脑估价是一个复杂的过程,一般是根据10年折旧率,结合该车型的原价格和新车价值共同计算。

二 二手车发展现状和趋势

1 二手车发展的现状分析

目前,我国属于世界第一大汽车消费市场,汽车消费大幅上升,呈现出几大特点:

(1)汽车销售高速增长,行业经济指标继续向好。

(2)小排量汽车增长显著,自主品牌比重加大。小排量乘用车的销售占乘用车总销量七成以上,市场贡献率大。自主品牌乘用车销量增长迅速。

(3)农村汽车消费发力,结构调整效果显著。受到国家政策的支持,农村汽车消费量增长明显。

(4)区域经济发展的不均衡导致了二手车区域发展呈现出了不均衡的状态。如2008年遭遇了地震、经济危机等突发事件,更加剧了这种区域不均衡的态势。其中,四川省由于灾后重建等因素的影响，二手车需求量急剧攀升。

(5)二手车交易稳定增长，市场发展潜力巨大。与发达国家二手车交易量是新车销售量1∶3.5倍的比例相比，我国二手车市场交易量在2009年只相当于新车销售量的四分之一，发展潜力巨大。

(6)国内主要乘用车企业布局二手车市场，共同打造品牌经营。2000年以后，以收购、置换、配件销售以及售后服务为核心业务，具有厂家统一形象标识的品牌二手车经营主体日益增多。这类由汽车制造厂家依靠严格的认证标准和操作规范推出的“认证二手车”，成为我国二手车市场的有益补充。

国家统计局的统计数据显示，2000～2015年这15年间，我国二手车交易额的变化如表4-2所示。

中国二手车年度交易情况(2000～2015) 表4-2

年　度	交易量(万辆)	交易额(亿元)
2000	25.17	95.18
2001	37.01	131.80
2002	71.33	252.07
2003	87.89	309.73
2004	134.08	422.59
2005	145.02	455.02
2006	190.59	693.09
2007	265.76	1069.65
2008	273.73	1182.65
2009	333.86	1488.32
2010	385.19	1778.68
2011	433.00	2108.80
2012	479.13	2589.67
2013	520.33	2916.49
2014	605.29	3675.65
2015	941.71	5535.40

从交易特点来看，有以下几点：

(1)国内二手车跨区域流转开始活跃，全国市场显现一体化发展态势。

(2)国产车占总交易量的96%，二手车市场以国产车为交易主体。

(3)使用期限在三年以内的二手车交易逐渐增多，达到了18%左右，提升了国内二手车市场的总体质量和性价比，也拉动了新车市场的消费。

(4)私家车占了绝大部分，约占总交易量的85%，其中轿车约占54%。

交易量排在前十位的省市分别为广东、山东、北京、四川、上海、浙江、河南、辽宁、重庆和天津。这10大城市的二手车交易量之和约占全国总交易量的80.11%。

2 二手车市场发展的趋势

随着我国私家车保有量的不断扩充，有的消费者会通过将旧车卖掉再去买新车的方式而不断换车;有的消费者会到二手车市场去购买一辆廉价汽车来满足自己的代步需求……这就为二手车市场提供了充分的货物来源和广泛的消费群体。同时,车主不断地换车行为也为新车的买卖提供了更大的市场机会。两者彼此依靠,形成良性循环。

随着二手车交易的增加,还会带动汽车租赁、拍卖、置换、美容、整修及零配件供应等诸多方面的增长。

基于二手车市场的蓬勃发展趋势,相关部门正在研究进一步完善二手车发展的政策,如建立二手车公共信息平台,制定二手车鉴定评估新标准,强化有关报废汽车的管理措施等,以鼓励二手车的流通。这些相关政策的建立与完善,将为二手车市场的平稳运行保驾护航。同时,新车市场的持续增长无疑也为二手车市场的成长提供了资源和市场保障。随着我国汽车保有量的增多,二手车市场需求持续增长。

随着二手车市场的发展,二手车交易的形式也随之向多元化方向发展,包括汽车交易市场、零散交易、品牌专卖、拍卖会、品牌化等,并分别呈现集贸中心交易、进入4S店和自发性交易的特点。

三 二手车买卖的评估和定价

二手车市场的繁荣和很多因素有关,诸如油价的高低、二手车的可选择性、二手车的利润率、贬值率、相关的国家政策、国内外的经济环境以及国家的宏观调控政策等,都会影响到二手车市场的繁荣程度。

1 影响二手车价格的因素

影响二手车交易价格的因素,主要有以下几个方面:

(1)新车价。二手车评估价格肯定和新车直接挂钩,目前,只要不是属于收藏性质的,任何一款车的二手车评估价格也不可能高于新车价格。然而,新车价格的出台,会直接导致二手车价格波动,假如新车降价,那么对应款式车的价格也会相应下降。

(2)车型、车况。车型越新,车价也会越高,而车况更是决定着价格的重要因素。同品牌同型号,使用年限也相同的两辆汽车,会因车主维护的好坏而卖出的价格差异很大。汽车的发动机、变速器、制动系统及其他应该具备的功能是否能够正常运作也显得十分重要。

(3)年限。二手车的使用年限越长,则该车的价格显得就越低,因为年限越长,车款相对也是比较老,因此对价格的影响会比较大。

(4)行驶里程。行驶里程的多少会直接影响发动机等主要部件的性能状况。一般说来,行驶里程越多,发动机等主要部件的损伤程度会越严重,汽车的交易价格就会越低。

(5)历史成交价格。某款汽车的历史成交价格对于二手车的最终交易价格也有一定的影响。市场上同一款车的二手车定价一般都是依照历史成交价而确定的,买车的人也会用历史成交价进行对比。

(6)供求关系。市面上比较热门的汽车肯定是供不应求,这样的汽车在市场上的保值率也就相对较高,所以进行二手车的价格评估时,其价格一般也要比别的汽车稍微高一些。

2 常用的二手车定价方法

1)平均年限法

采用这种方法定价时,其计算公式为:

折旧额 = 汽车的原值 × 已经使用的年限/预计使用年限

例如：一辆购买价格为 20 万元的汽车，预计使用期限为 10 年，则每年均应计算 2 万元的折旧。也就是说在第一年末，汽车的价值是 18 万元；第二年末，汽车的价值是 16 万元……依此类推。

这种计算方法比较简单，常被用于单位提取设备折旧时使用，但不符合商品在使用初期的阶段快速折旧的规律。

2）工作量法

采用这种方法定价时，是按照汽车的行驶里程来计算折旧，其计算公式为：

折旧额 = 汽车的原值 × 已经行驶的里程/预计使用里程

例如：一辆购买价格为 100000 元的汽车，预计行驶里程为 100000km。那么，汽车每行驶 1km 提取 1 元的折旧。也就是说在行驶 10000km 后，汽车的价值是 90000 元；在行驶 20000km 后，汽车的价值是 80000 元……依此类推。

3）双倍余额递减法

采用这种方法定价时，其计算公式为：

折旧的百分比 = 2/预计使用年限 × 100%

每年的折旧额计算起点 = 年初时的价值

在预计使用年限的最后两年平均分摊剩余的价值。

例如，一辆购价为 10 万元的汽车，预计使用年限为 10 年，折旧的百分比为 20%，则：

第一年末汽车的剩余价值是 8 万元（10 万元 − 10 万元的 20%）。

第二年末汽车的剩余价值是 6.4 万元（8 万元 − 8 万元的 20%）。

第三年末汽车的剩余价值是 5.12 万元（6.4 万元 − 6.4 万元的 20%）。

依此类推。

第八年末汽车的剩余价值是 1.678 万元。

第九年末汽车的剩余价值是 0.839 万元。

第十年末汽车报废。

4）年数总和法

采用这种方法定价时，其计算公式为：

折旧额 = 原值（剩余使用年限/使用年限总和）

例如：一辆购买价格为 10 万元的汽车，预计使用年限为 10 年，则使用年限的总和为：

$$10 + 9 + 8 + 7 + 6 + 5 + 4 + 3 + 2 + 1 = 55$$

第一年末汽车的剩余价值是 8.182 万元（10 − 10 × 10/55 = 8.182 万元）。

第二年末汽车的剩余价值是 6.546 万元（8.182 − 10 × 9/55 = 6.546 万元）。

第三年末汽车的剩余价值是 5.091 万元（6.546 − 10 × 8/55 = 5.091 万元）。

第四年末汽车的剩余价值是 3.818 万元。

第五年末汽车的剩余价值是 2.727 万元。

第六年末汽车的剩余价值是 1.818 万元。

第七年末汽车的剩余价值是 1.091 万元。

第八年末汽车的剩余价值是 0.546 万元。

第九年末汽车的剩余价值是 0.182 万元。

第十年末汽车报废。

3 二手车交易过程

1)二手车交易时需注意的问题

进行二手车交易时,需要注意以下问题:

(1)检查二手车的有关证件和手续,如来历凭证、牌照、行车证、年检记录、维修记录、保险凭证等是否齐全,是否在有效期内。若车主不慎购买了一辆来历不明的车,不仅会蒙受很大的经济损失,可能还会陷入法律困境。

(2)要查明二手车的使用年限,确认能否办理过户手续,以免因汽车技术落后、排放超标或达到报废年限而陷入无法入户的窘境。

(3)交易前要对二手车的整体状况进行一次全面细致的检查,尤其是关键部件,如发动机等,以免日后落入频繁修理的"黑洞"。

2)二手车交易应准备的相关材料

进行二手车交易时,需要携带相关的材料,如:车辆来历证明、车辆完税证明、机动车登记证书、机动车行驶证、车船使用税证、交强险凭证、身份证(户口簿)等。

不同交易对象所需的二手车过户需要准备和递交的材料见表4-3。

二手车过户需要提交的主要材料 表4-3

私车过给私车	私车过给公车
1.《机动车登记证书》原件	1.《机动车登记证书》原件
2.机动车完税证明及原始购置发票、保险单、车船税凭证等	2.机动车完税证明及原始购置发票、保险单、车船税凭证等
3.《机动车行驶证》原件	3.《机动车行驶证》原件
4.卖方身份证原件	4.卖方身份证原件
5.买方身份证原件	5.买方单位组织机构代码证及公章
6.机动车到场	6.机动车到场
公车过给私车	**公车过给公车**
1.《机动车登记证书》原件	1.《机动车登记证书》原件
2.机动车完税证明及原始购置发票、保险单、车船税凭证等	2.机动车完税证明及原始购置发票、保险单、车船税凭证等
3.《机动车行驶证》原件	3.《机动车行驶证》原件
4.原车主有效组织机构代码证原件及公章	4.卖方有效组织机构代码证原件及公章
5.新车主有效身份证原件	5.买方有效组织机构代码证原件及公章
6.机动车到场	6.机动车到场

3)二手车交易流程

如果车主打算出售自己的二手车,可以将车送到二手车交易市场,由二手车经营公司为其代理完成过户程序:评估→验车→打票。

买卖双方需签订由工商部门监制的《二手车买卖合同》,合同一式三份,买卖双方各持一份，工商部门保留一份。

四 二手车的维护和保险过户

1 二手车的维护

新车需要定期维护（如6000km首次维护，每行驶10000km更换一次润滑油，等等），旧车维护也是必需的。二手车有别于新车的是车况存在一定的不确定性，而且较难得知所购二手车的上任或前几任车主的维护习惯及维护状况。因此，购入二手车之后，应将车进行必要的维护，以充分保障汽车的基本性能及寿命。

（1）更换润滑油。首先是更换汽车发动机的润滑油。润滑油可以起到冷却、润滑发动机组件的作用，如果车辆经常在高速公路上行驶，更换时应选用一般的润滑油。但如果车辆时常在城区内行驶，这就会对发动机的磨损程度比较大，那就应该选择比较高级的润滑油。同时，也要更换润滑油滤清器，以确保油路通畅，不被杂质阻塞。此外，要更换的还有变速器油、制动油、水箱冷却水、风窗玻璃清洗水等。其中，变速器润滑油是最易被忽视的，购买二手车后应更换合乎厂方规格的变速器润滑油，这对于5年车龄以上的车尤其重要。如属后驱车则要把驱动桥内的润滑油一并更换。

（2）更换轮胎。轮胎的重要性无须多言。如果所购买的车辆行驶里程在60000km以上或者使用年限超过5年，或者轮胎磨损达到1.6mm以上（即胎面花纹磨损到了与胎肩上模印的“△”标志一样高度时），还是赶紧把轮胎更换了。

（3）车身美容。这是指对汽车外部的清洗、对发动机舱的彻底清洗、对汽车内饰的除尘整理、对车辆划痕进行补漆、对车身进行上光打蜡等。或者直接到汽车美容店、加油站或售后服务中心，对车做一次彻底的美容。

（4）安全装置。安全装置的维护包括：汽车制动间隙的调整，离合器的调整，汽车制动盘、制动片的更换，汽车减振设备的维护，汽车电路、油路系统检测，汽车灯光、信号的调整，等等。维护时，均需进行彻底的检查，必要时进行调整或者更换。

（5）汽车关键部件的维护。主要检查及维护以下项目：

①检查汽车是否有烧润滑油、漏油、漏气等问题。

②若发动机出现抖动、运转噪声大等问题时，可以送维修厂进行维修。

③检查起动机、电动机运转是否良好，蓄电池存电量是否充足，必要时进行补充或者更换。

④检查火花塞，看是否需要更换。

⑤检查变速器是否有齿轮异响和换挡不顺畅等问题。

⑥对机械连接部件进行维修或者更换。

如果在日常驾车时出现异常，如冒蓝烟、黑烟、发动机抖动严重、空调不凉、制动跑偏、转向异响等不正常现象时，一定要马上去维护和检测，提前做出防范，确保行驶安全。

2 二手车保险的过户

以往，在二手车交易过程中，因保单未及时过户而出现的保险公司拒赔现象时有发生，引发了许多纠纷。2009年10月1日，新的《中华人民共和国保险法》开始实施，其中的第49

条规定：

"保险标的转让的，保险标的的受让人继承被保险人的权利和义务。

保险标的转让的，被保险人或者受让人应当及时通知保险人，但货物运输保险合同和另有约定的合同除外。

因保险标的转让导致危险程度显著增加的，保险人自收到前款规定的通知之日起三十日内，可以按照合同约定增加保险费或者解除合同。保险人解除合同的，应当将已收取的保险费，按照合同约定扣除自保险责任开始之日起至合同解除之日止应收的部分后，退还投保人。

被保险人、受让人未履行本条第二款规定的通知义务的，因转让导致保险标的危险程度显著增加而发生的保险事故，保险人不承担赔偿保险金的责任。"

这一法律条文说明，车辆转让后，保险权益也跟着车辆而转移，二手车车主即使没有完成保单的过户，只要没有改变车辆的使用性质，出险以后保险公司照样需要赔偿，保险公司不得拒赔。

但是，由于法律规定"保险标的转让的，被保险人或者受让人应当及时通知保险人"，因此，二手车交易完成后，最好还是要及时将车辆保险一并过户。如果汽车的使用性质改变（如将非营运的车辆从事了营运），还要补缴保险费。

保险过户一般可以有两种处理方式：

（1）保单主体的变更。这种方式很简单，车辆在车管所完成过户后，新车主带着过户票、行驶证复印件、保单正本以及本人身份证和原保险人的身份证，到原保险公司填写一张过户申请单，就可完成过户。

（2）申请退保。申请退保只需缴纳从投保开始到退保期间的保费，其他的保费保险公司会相应退还。之后，新车主可到任何一家保险公司重新办理车险。

本章小结

汽车的商务活动包括营销、美容与装潢、检测、维修、保险与理赔、二手车交易等诸多项目。

1. 目前，我国的汽车企业主要通过 4 个较为典型的模式及其渠道销售汽车产品：一是特许经营专卖店（即 4S 店）；二是汽车交易市场；三是多品牌汽车经营店；四是汽车园区。其中，4S 店模式最为流行。

2. 汽车维修服务直接涉及向用户提供技术服务，解除其使用汽车的后顾之忧，需要从企业的经营理念、基本建构、内部管理、技术服务等方面全面提高素质。

3. 在售后服务中，汽车保险理赔是车主必须面对的。在琳琅满目的汽车险种中，交强险是车主必须购买的，而在商业险中，主要险种有：车损险、第三者责任险、全车盗抢险、玻璃单独破碎险、自燃险、车身划痕险、车上人员责任险、不计免赔险等。保险公司在经营过程中，面对客户的索赔，应该按照"主动、迅速、准确、合理"的原则给予赔付。

4. 二手车市场是我国未来若干年肯定会高速发展的一个领域，从国家政策到诚信经营，从合理估价到购车流程，从购回之后的使用到再次转卖的技巧，都有许多值得研究的问题。一个蓬勃发展的二手车市场，必定会促进我国整个汽车工业的高速发展。

习题

一、填空题

1. 所谓的汽车营销4S店，是指__________、__________、__________、__________四个方面，由于这4个单词的英文字母都是以“S”开头，故称4S店。

2. 维修服务工作包含__________、__________等两个层面的工作。

3. 按照汽车维修的行业标准，汽车维修厂可以划分为__________、__________、__________三类维修厂。

4. 根据交强险的赔偿限额规定，在一起交通事故中，如果驾驶员被交警部门认定有责，则死亡伤残赔偿限额为______元，医疗赔偿限额为______元，财产损失赔偿限额为______元；如果驾驶员被交警部门认定无责，则死亡伤残赔偿限额为______元，医疗赔偿限额为______元，财产损失赔偿限额为______元。

5. 在汽车保险的理赔服务中，“八字理赔”原则是指__________、__________、__________、__________。

6. 在我国，所谓的“二手车”是指__________。

二、问答题

1. 营销模式包括哪三个要素？
2. 为什么4S店营销模式在中国得到了良好的发展？
3. 我国汽车营销渠道发展趋势主要体现在哪几个方面？
4. 简述不同类别汽车维修厂的作业范围。
5. 汽车维修企业的经营策略主要有哪些？
6. 汽车维修企业管理有哪六大基本职能？
7. 汽车维修服务顾问需要做到哪几点？
8. 在什么情况下，保险公司会根据交强险的规定垫付医疗费用？
9. 在什么情况下，保险公司会根据交强险的规定拒赔？
10. 购买了机动车全车盗抢险，在什么情况下可以获得保险公司的赔偿？
11. 为什么二手车要有评估价？ 评估价的主要用途是什么？
12. 如何利用“年数总和法”估价一辆二手车的价格？
13. 车主购买二手车后，主要应该进行哪些项目的维护？

第5章 汽车使用技巧

本章导读

本章在汽车的选购一节，重点介绍了家用汽车选购原则，如何确定所购买的车型，如何选择车身的颜色，如何进行汽车挑选等。

介绍汽车运行材料时，说明了汽车上所使用的主要运行材料有发动机润滑油、制动液、齿轮润滑油、汽油、三滤等。

介绍新车使用时，应该充分注意做好走合前、走合中、走合后的维护。

驾驶汽车必须持有相应的驾驶证，作为一名合格的汽车驾驶员，应该掌握不同路况下的驾驶操作。

汽车美容与装饰，其实主要就是护理用品的选用、外部装饰、内部装饰等；而所谓的汽车日常护理，主要包括冷却系、轮胎、火花塞、蓄电池等项目的维护。

在日常行车中，部分严重影响行车安全的故障主要有：制动失灵、转向失控、车轮脱落、离合器分离不开、润滑油压力降为零、油底壳破碎等，应该掌握应急处理的基本方法。

通过本章的学习，可以使您对汽车的选购、美容、使用与维护以及应急故障的处理等有所了解。

本章要点

汽车的选购；
汽车的美容；
汽车的运行材料；
特定路况的驾驶操作；
汽车的日常维护；
汽车的应急故障处理。

作为“世界第一商品”,汽车已为世界各国消费者普遍接受。从 20 世纪 50 年代起,在全球汽车保有量和产量中,轿车就开始占有约 75%的比例,而在轿车保有量中,家庭轿车又占有约 80%的比例,也就是说,世界上每 100 辆汽车中,有大约 60 辆为家庭轿车。如果再算上一些私人拥有的生产型或生产、生活两相宜型的汽车,家庭汽车在整个汽车保有量中所占的比重则更高。2015 年,中国的民用汽车保有量为 1.72 亿辆,其中轿车保有量为 1.24 亿辆,由此可见,中国的轿车保有量还有很大的增长空间。

5.1 家用汽车的选购

一 家用汽车的选购原则

选购汽车时,尽管有众多的因素需要考虑,但是,“需求第一、物有所值、量力而行”,应该是通行的购车原则。

中国的家庭汽车市场可分为大城市、中小城镇和农村三部分。

居住在全国约 100 个大城市的 2 亿多人口,既集中了较高收入者阶层,也有较为便利的公共交通系统可供使用;既有交通堵塞、停车场地紧张等困惑,也有身份及地位需要证明的声望需求,这种矛盾心态的交集,加之收入水平的不断提高,个性化出行要求的日益高涨,决定了在这一市场领域既会有很大的总体销售数量,又可以成为“好车”的集中销售地。

广大农村地区的 6 亿多人口,虽然整体收入水平较低,但他们受不便交通条件的困扰及渴望迅速致富的心理驱使,会竭尽全力购买能够担负起生产、生活双重作用的适用汽车,曾经达到年产 400 多万辆的农用车,几乎都是在这一市场领域销售出去的。目前,这个广大的地区是国内自主品牌销售较为集中的地区。

生活在中小城镇的 4 亿多人口,既有收入相对较高和道路条件较为优越的有利条件,又有公共交通系统不够发达的相对不便,他们与广大农村地区的联系要比生活在大城市中的人多得多,非常渴望拥有一辆属于自己的汽车。

那么,具体到每一位消费者,到底应该购买什么样的汽车呢?如果你是一位收入不高的农民,选购车型时就不要以“提高生活质量”作为首要目标,就应选购一辆以生产为主要目的的农用车或价位较低的车型。如果你是生活在中小城镇的居民,家庭年收入在中等以上,个人的经营业务又颇有成色,对汽车的需求既有生产方面因素,也有生活方面因素,那么,一辆轻型客货两用车也许是最佳的选择。如果你是一位生活在大城市的工薪族,平时几乎没有需借助私家车才能开展的业务,购车目的纯粹是为了个人消费,那么,就应选购轿车,考虑到汽车的使用费基本上与售价成正比,为了保证你其他方面的生活质量不至于因购买汽车而有所下降,根据自己的收入水平去选择适当的轿车是合适的。如果你是一位年营业额上千万元、利润额上百万元的私营企业主,那么你购买汽车的目的就绝不单纯是为了让它实现乘坐、载货功能,你的身份、地位、经营实力等都需要依靠它来实现,因此,一辆中高档轿车才符合你的消费需求。

二 家用汽车选购方法

如果在综合分析了自己的经济实力及购车必要性之后,认为有必要购买一辆家用汽车的话,就要面临具体购买的问题。选购时须考虑以下因素:

首先,交通管理部门对汽车使用的政策规定,如通行规定(有些车型在大城市某些路段的特定时间不允许通行)、安全性规定、废气排放规定等。只有符合法规规定的汽车才能购买,因为只有这样才能让你在日后放心大胆地使用。否则,即使价格再便宜也不能购买。因为如果它在以后无法使用,或需付出高昂的使用代价,就会令你得不偿失。

其次,技术进步成果在汽车上的应用,如车身使用了金属漆,大大提高了车身的靓丽程度;汽车导航系统的普及,使得不常出门的人,也可驾车顺利到达目的地。

再次,社会对汽车的认可程度,由于汽车行驶于大街小巷,接受众人"检阅",选购时必须考虑本地区的审美情趣,使周围人在接受你的汽车的同时,也同时能够接受它的造型、色彩、装备,甚至车的品牌等。

1 品牌的选择

目前国内轿车市场的轿车品牌可以分为三大流派:欧美车系、日韩车系、自主品牌。就多数消费者的感觉而言,一般认为欧美车系安全性较高,日韩车系经济性较好,自主品牌购买价格较低。

消费者在决定购买什么车系的车时,应该综合考虑自己的经济实力、主要用途、价值趋向、社会舆论等,再做决定,但建议尽量不要购买未经市场检验的品牌。2015 年国内乘用车销量前 10 名的品牌见表 5-1。

2015 年国内乘用车销量前 10 名的品牌 表 5-1

序 号	生产厂商	品牌	2015 年销量(辆)	市场占有率
1	一汽大众/上海大众	大众	2666359	12.60%
2	上汽通用五菱	五菱	1294735	6.12%
3	长安汽车	长安	1112859	5.26%
4	北京现代	现代	1062826	5.02%
5	上海通用	别克	1035372	4.89%
6	一汽丰田/广汽丰田	丰田	1010178	4.77%
7	广汽本田/东风本田/本田中国	本田	992844	4.69%
8	东风日产/郑州日产	日产	891361	4.21%
9	长安福特	福特	865702	4.09%
10	长城汽车	哈弗	662475	3.13%
	全年全国广义乘用车合计销量		21169000	100%

注:表中 2015 年累计销量指广义乘用车的概念。

2 车型的选择

在确定欲购买的车型时,一般应考虑三条基本原则:一是满足使用要求;二是考虑经济性;三是保证安全性。具体可从以下十个方面进行决定。

(1)用途。购买汽车应有明确的目的性,如办公型、旅游型、炫耀型、上下班交通工具型、专业运输型、一般运输型等。目的不同,所选车型当然应该不一样。不考虑自己实际使用目的的购车行为只能自添烦恼。例如,子弹头车豪华气派、内部空间较大,作为公务用车比较合适,而作为家庭用车则几乎没有必要。

(2)经济实力。购车属于消费行为,而消费应考虑自己的经济实力。由于汽车价格不菲,购买时千万不要盲目攀比。大功率、高档次、高配置、进口车固然是好,但在经济实力不是太强的情况下,只要能够满足使用要求,即使档次低一些也没关系的。要知道,最理智的购买行为并不是买到了最好的汽车,而是买到了最适合自己且性能价格比最高的汽车。有人总认为进口车质量要比国产车好,其实也不尽然。虽然进口车在总体上来说质量比较稳定,但价格却也要高出许多,从性能价格比的角度来说不一定合算。要知道,高档汽车往往意味着保险、维护费用的等比例增多。所以,比国产车多花几万、十几万元购买一辆进口车,折旧、保险、维护费用每年多付出数万元,不一定是明智的选择。另外,如果你打算在几年之后将现车出售,那么流行款式就能多回收一些购车款。

(3)道路状况。每一款汽车都有自己相对固定的使用环境,如果你经常在山路或土路行驶,最好买一辆全轮驱动型越野车,而且轮胎花纹应大一些;如果你打算购买轿车,但它在日后行驶于崎岖路面的可能性较大,那么其离地间隙就应大一些,以免发动机润滑油底壳及差速器受损;如果你身处闹市,而且平时一般不会将自己的汽车开到没有像样路面的荒郊野外去,那就应该选择一辆经济型的轿车,而且最好采用子午线型轮胎。因为子午线胎与斜交胎相比,耐磨性可提高50%~100%,滚动阻力可降低20%~30%,从而实现节油6%~8%。

(4)汽车动力性及发动机类型。在相同类型、相同品质的汽车中,一般发动机排量越大、动力性越好;排气量越小、动力性越差。不过,在不同品质的同类型、同排量汽车中,有时动力性也有较大差异,当然其价格也各不相等。从汽车的动力方式来看,目前有汽油发动机、柴油发动机、天然气发动机、电动汽车、混合动力等不同类型,选购时需考虑汽车的初期购买成本及燃料添加的方便性、经济性等各方面因素。

(5)汽车质量。汽车质量涉及汽车使用寿命及维修费用,因而最受消费者关注。如果你打算购买一辆新车,最好到汽车4S店去购买"零公里"车(所谓"零公里"是指一辆驶下生产线之后只有极少量行驶记录就到达用户手中的汽车。国际汽车工业协会规定:行驶记录不超过50英里——即80.45km的汽车才算新车)。这样,只要在使用过程中按照磨合期的要求去驾驶及维护,就可避免汽车的异常损伤,为以后的正常使用奠定下坚实基础。

(6)安全性。"生命诚可贵",作为一名汽车用户,选购时决不应仅考虑汽车的经济性问题,安全才是第一位的。目前安全性能良好的汽车,在设计时就充分考虑到了抵御来自前后左右各个方向撞击的问题,基本可以保证驾乘者在一般车祸情况下的生命安全。从发动机安装方式来说,横置发动机由于可抵消事故发生时所产生的部分冲击力,因而安全系数相对较高。另外,安全玻璃、防撞保险杠、安全带、安全气囊、ABS、开阔的前视野、较少的后视死角及性能优良的车门锁、防盗装置等安全装备也是需要考虑的内容。

(7)维修保障体系。对于个人来说,汽车绝对属于大件消费品。由于它在长期的使用过程中需不断地维修,因而厂家是否拥有完善的维修体系是相当重要的。所以,购买汽车时最好能够选择那些已经形成规模的国家重点汽车生产厂家出产的汽车或国外大汽车公司的产品,因为这样的产品生产厂家一般都拥有遍布各地的维修网点,而且备件充分、价格合理。

(8)操纵性能。变速器有手动式和自动式两种,前者结构简单、维修方便,而且传动时功率损失少，有利于高速行驶，缺点是操作较费力且不灵活；后者操作简单灵活，可明显减轻驾驶员的劳动强度，在经常容易出现塞车现象的大城市中使用，可有效避免经常换挡的辛苦，缺点是维修麻烦且费用较高，而且在汽车的整个运行过程中油耗增加10%左右（低速行驶时尤为明显）。动力转向助力转向盘常常是大型汽车、女性或体力不佳驾车者的首选目标。不然的话，在大范围转动了几次转向盘之后，可能就已累得气喘吁吁了。

（9）汽车配置。汽车配置包含三个概念，分别是标准配置、置换配置、选装配置。消费者可根据自己喜好、需要以及经济承受能力进行选装。

①标准配置：是指预先安装在汽车之上，已经包括在了全车售价之内，属于必不可少、无可替代、能够实现汽车的基本功能的配备，如车架、离合器、玻璃、轮胎，等等。

②置换配置：是指就其功能而言，属于必不可少的内容，但是汽车生产厂家提供了两种以上不同价位、不同结构的可以相互替代的不同配置供消费者选购，如：普通音响与高保真音响、塑料仪表台与木质仪表台、布艺座椅与真皮座椅、手动变速器与自动变速器、普通发动机与涡轮增压发动机、化油器式供油系统与电控汽油喷射系统、钢制轮毂与铝合金轮毂、传统制动系统与ABS、普通前照灯与疝气前照灯，等等。

③选装配制：是指在一辆传统结构的汽车上，属于可有可无，如果消费者选用，需要额外追加费用的加装零配件，如天窗、安全气囊、卫星导航系统、倒车雷达等。

消费者可以根据自己喜好、需要、经济承受能力等，选装部分不同的配置。

（10）汽车重量。就一般规律而言，自重轻的汽车燃油经济性自然要好一些。统计表明，小型车自重每增加400kN，燃料消耗增多1%。不过，选择汽车时也不能只以经济性一项指标作为依据，自重轻的汽车在紧急制动、转弯时会有程度不同地发飘感。另外，自重轻的汽车也体现不出汽车稳重、高雅、气派的贵族风范。

2015年我国轿车销量前10名的车型见表5-2。

2015年我国轿车销量前10名的车型 表5-2

排　名	厂　商	品　牌	车　型	销量(辆)
1	上汽大众	大众	大众朗逸	379069
2	东风日产	日产	日产轩逸	334087
3	上汽通用	别克	别克英朗	290213
4	一汽大众	大众	大众速腾	279887
5	一汽大众	大众	大众捷达	274932
6	北京现代	现代	现代朗动	267166
7	上汽大众	大众	大众桑塔纳	255968
8	一汽丰田	丰田	丰田卡罗拉	254301
9	上汽通用	雪佛兰	雪佛兰科鲁兹	246088
10	长安福特	福特	福特福睿斯	214362

3 汽车颜色的选择

车身颜色与外形一样具有重要作用。黑色给人庄重、严肃、富有之感；红色代表火热的生命力，给人勃勃向上的心跳感觉；白色清新靓丽、卓尔不群，给人安然洁净之感；绿色具有田园诗画般的风情，给人健康、生机勃勃的感觉；黄色具有轻盈、高注目性的特点，给人柔和、希望之感；蓝色显示着汽车的博大、尊贵和风度，是名贵汽车的常用颜色；桃红色具有积极的动感，最能体现车主个性，风光无限而又不落俗套。就世界范围而言，白色、黑色、蓝色是目前三种最常用的颜色，其中黑色为首选色，白色是过去 20 年中最流行的颜色。

选择汽车颜色时应考虑以下 5 个方面的协调问题：

(1)与用车环境相协调。由于不同地区的阳光照射强弱有别，导致人们对不同色彩的偏爱。例如，北方的冬季气候寒冷，人们一般多选暖色基调，而且色彩也应相对重些，如红色、黄色等；而南方的夏季气候炎热，人们一般多选冷色基调来降低感觉气温，而且色彩也相对浅些，如白色等。在沙漠或长期积雪的地区，宜选绿色，以便给人以清新、愉快的感觉；在广阔的大草原上，宜选用醒目的红色、白色、黄色等。

另外，由于习俗、信仰的差异，不同民族对色彩的偏爱也有所差别。中国人喜红色，日本人爱白色，北欧流行蓝、绿色，意大利人好黄色，而荷兰人则对橙黄色情有独钟。

(2)与车型相协调。微、轻型轿车由于车身本身不引人注目，应选用亮度较高的活泼色彩。中、高档轿车宜选用亮度相对较低、色彩较沉稳的色调，以显示其豪华气派的英雄本色。旅行车多采用国际流行色，以给人华贵、洒脱、大方的美感；车内色彩不宜五花八门，宜选用比较柔和的乳白、米黄或浅蓝色等，内壁色彩应比顶棚色彩适当重些，以减轻对驾乘者的压抑感。

(3)与车主的气质、个性和心理需求相协调。中老年成功人士由于开展业务的需要，车体颜色应体现其华贵、庄重的气质，一般选择黑色或白色。青年人充满青春活力，既要求汽车能够体现自身的华贵、快捷，又要求体现驾车人活跃、鲜明的个性特点，所以车身颜色以轻色调为主。时尚女性爱美求新，可以选购颜色独特(如色彩斑斓型)的汽车。

(4)与交通安全相协调。理论研究与实践调查均已表明，车身颜色与交通安全密切相关。正确选择车身颜色对于减少甚至避免交通事故具有非常重要的作用。

由于辨认明亮色比辨认灰暗色容易 1～3 倍，给对方来车以比实际距离要近得多的感觉，从而使其提前采取避让措施，因此，明亮色可大大提高行车安全性。表 5-3 列出了各种不同色彩基调的可辨性。

车身颜色辨认率　　表 5-3

车身颜色	白	象牙白	淡黄	黄	红	灰	浅绿
辨认率(%)	88	77	68	50	38	26	19
车身颜色	淡蓝	褐红	浅褐	深蓝	黑	深绿	
辨认率(%)	12	9	7	6	5	4	

(5)与维护和维修相协调。汽车在自然环境中行驶、停放，免不了脏污甚至损伤，因此，选择车身颜色时应考虑日后维护和维修的方便性。黑色车身在使用中容易沾污，为保持其明亮和高的辨认度，必须经常擦拭，因而平时维护汽车的劳动强度明显加大，容易令人生厌。色彩斑斓的“变色龙”型车身一旦被刮伤，修补费用可是一笔相当大的开支。

三 检验车辆

车主从 4S 店接车时，要进行充分的检查。接车时的检查内容与步骤是：

1 检查底盘与蓄电池

检查目的在于发现密封、紧固是否存在缺陷。仔细检查停放汽车的地面是否有油点，观察上、下、左、中、右(上就是发动机上盖，下就是油底壳，左、右就是两边传动轴皮套处，中是飞轮盘旁护盖下部)是否有湿润的沾灰现象,以判断是否渗油,汽车相关部位的密封是否良好。检查蓄电池两个极桩接头是否有腐蚀,电解液高度是否处在最佳位置,显示充电程度的小窗是否呈现绿色,另外,蓄电池的极桩接头是否已经拧紧了。

2 验证汽车是否属于“零公里”车

检查时,可以采用三种方法:第一,看仪表盘上里程表的读数。但这种做法不太可靠,假如汽车是被使用过的,经销商肯定会将里程表的读数调整回近似于零的状态。第二,查看润滑油颜色。检查润滑油颜色时,应该先着车 3min 左右,然后熄火,拉出油尺用纸巾擦拭、观察,凡属于油色发黑的,应拒绝接车。但是,没有经验的消费者无法通过润滑油颜色判断行驶里程,如果润滑油发黑,可能需要行驶 1000km 以上。第三,观看轮胎上花纹接口处的细柱型胶条,这种细胶条大约行驶 50km 就磨损掉了,假如汽车行驶了 200km,可能花纹中间的胶刺也就磨损掉了。如果自己感觉没有经验,可以先去轮胎店看一下新胎,或者在 4S 店内看其他样车的轮胎进行比较。

3 倾听发动机声音

倾听发动机声音时,分远听与近听两种方法。

(1)远听发动机声音时,同时起动两辆车的发动机并都使其处于怠速运转的状态,倾听者站在中间位置,离开两车的距离相等,感觉声音明显偏大的那辆车不应该购买。为了避免两耳听力不同所产生的错觉,可以转个身再听一遍。

(2)近听发动机声音时,可以打开前盖,用螺丝刀的一端顶在发动机上,另一端贴在耳朵上听声音。只有这样,才能听见发动机内部的声音是否有杂音,比如敲缸声、气门的嘀嘀声等。好的发动机只会听到一种“呼噜、呼噜”的声响,不会有其他杂音。如果有人可以帮忙,可以请他踩加速踏板提高发动机的转速,再仔细倾听发动机的响声。

倾听发动机声音时,如果急踩、急松加速踏板,效果更好,此时转速的升高、下降声要和顺,中间不能有杂音,发动机的抖动可以用半杯水放在上盖处,或拿把钢尺贴在排气管上,通过液面和声音来比较。

4 观看车身外观

检查外观时,主要不是看车身是否有划痕,而是看车门缝隙是不是均等。另外,观看外观时还要注意玻璃是不是原配(玻璃下角有标记),以免买了辆事故车。需要说明的是,新车小的刮擦基本上可以处理得天衣无缝,但如在事故中伤及了轮胎、撞坏了机构件、撞碎了玻璃等,只要不加以更换,就没法修补得看不出来。

5 检查驾驶舱

在驾驶室内(图 5-1),对着说明书检查各种按钮、开关是否都有效。灯光、音响、空调、座椅、安全带、电动窗等的调整是否自然、顺畅,要不厌其烦地逐个测试。控制台面板是一个容易出问题的地方,要检查是否有刮伤面漆,甚至裂纹的现象。

6 离合器与制动器的挑选

第一步,冷车时踩住离合器逐个挡位挂挡,各挡都应该很顺畅;然后松开离合器要求能顺利摘挡。第二步,热车时重复第一步的程序。第三步,热车时不挂挡,狠踩制动踏板,细心体会能踩下去的深浅。应该是次次所踩深浅相同,但不能踩到触底,否则就要调整了。

图 5-1　驾驶室内检查项目

7 行车感受

在场地内低速行驶数十米,操作时应缓加油、轻抬离合器,此时起步应平稳,换挡不犯卡(更不应出现挂不上挡、摘不下挡、齿轮响等现象)。空挡滑行性能应良好(车速 20km/h 时,平路可滑行 60 ~ 80m)。轻轻转动转向盘以感受转向效果是否令人满意,前轮碰到路面的凸起物时应无强烈振动,左、右转向至极限时车轮不干涩、无异响。

在良好路面高速(80 ~ 120km/h)行驶,考察高速稳定性,感觉有无车轮打摆、方向发飘等不正常现象。通过蛇形行驶评定操纵性。通过在不同速度(40、60、80km/h)时的紧急制动,测试制动距离及制动时的方向稳定性。感受来自于发动机、风、路面的噪声大小。

需要说明的是,尽管商家的广告中都会提及"驾驶方便、乘坐舒适",但这种感受只能凭借试车人的个人感受。不过,在未交钱之前,有的商家是不会同意试驾的,在这种情况下,就只能通过试驾别人已购的同类型汽车来亲自感受。

5.2 汽车运行材料

一 润滑油

1 润滑油特性

润滑油评价指标主要有如下两个:

(1)润滑油黏度:黏度越大,流动性越差,在零件上可形成不易流失的油膜,对零件保护性越好;但黏度过大也不易到达需润滑部位。黏度可根据其标号中查出,如在美国汽车工程师学会 SAE 制定的规范中,SAE40 就比 SAE30 更黏,即数字越大越黏。在一些润滑油桶上常见 SAE10W 标志,W 为冬天,表示用该润滑油可抵御冬天的低温。0W 表示适用范围是 -30℃;

10W 为 -20℃;15W 为 -15℃;20W 为 -10℃,依此类推。

(2)润滑油级数:级数越大,品质越好。最通用的润滑油级数是美国石油学会(API)所颁布的,汽油发动机润滑油规格从 SA、SB 一直到 SF、SG、SH;柴油发动机润滑油规格从 CA、CB、CC 到 CD,以英文字母为序,越靠后品质越好。

2 润滑油选用

润滑油选择有 4 条基本原则:

(1)适用。根据发动机要求选择,既不要在要求较低的发动机上使用过于高级的润滑油,也不能将低级润滑油用于要求较高的发动机上。

(2)高效。应尽量选择多级润滑油。多级润滑油由于经济、长寿、高效,对发动机有较好的保护作用。多级润滑油在使用过程中可能会出现过早发黑、压力较普通润滑油小等现象,这属正常。

(3)经济。国产名牌润滑油品质也很好,且价格明显低于同类进口产品,可放心使用。

(4)黏度适宜。如发动机状况良好,且用车地区冬季温度较低,应尽可能采用黏度较低的润滑油,以保证油路畅通。如在高温季节或发动机严重磨损状况下选用高黏度润滑油有利于形成油膜,减少发动机磨损。

3 润滑油检查

拔出润滑油尺观察,若油液透明为正常;若油滴中呈暗黑色,而油滴四周为透明,表示半老化;若油滴完全为黑色,则已完全老化,应更换。车辆维护手册上注有润滑油的合理容量,用标尺检查时,若发现润滑油明显减少,很可能是油底壳漏油或润滑油被燃烧,应检修。润滑油低于下限时,需及时添加,但加注量不超过上限。同时需注意不同润滑油不能混用。

4 换油周期

发动机换油分为周期换油和品质换油。

(1)周期换油:可根据汽车维护手册中建议的周期和自身实际情况制定一个合理的换油周期。日本发动机换油周期推荐值为:汽油发动机使用 SD、SE 级润滑油,换油里程为 4000km;柴油发动机使用 CD、CC 级润滑油,换油里程为 10000km。不同汽车生产厂家对换油周期的规定有所不同,车主在参考厂家建议的同时,还应结合车辆使用状况确定合适的换油周期。

(2)品质换油:润滑油在使用一段时间后性能会有所降低,树立品质换油的概念,既可避免早换油造成的浪费,又可避免使用变质润滑油造成发动机的磨损。实施品质换油需对润滑油指标进行检验,从而确定是否需要更换。

二 制动液

1 质量要求

汽车液压系统制动液应满足以下质量要求:

(1)对橡胶皮碗的膨胀率要小。制动系统中装有许多橡胶密封件,它们对保证制动质量起着至关重要的作用。由于橡胶密封件长期浸在制动液中，其机械强度会有所降低，体积和质量发生变化，失去应有的密封作用，从而导致制动失灵。一般规定，在常温下皮碗浸泡在制动液中72h，增重不大于1.0%～1.5%。

(2)腐蚀性小。制动装置多由铸铁、铜、铝等制成，它们长期与制动液接触，极易产生腐蚀，使制动失灵。

(3)沸点高。高速行车制动频繁，会产生大量摩擦热，使制动系统升温，如使用沸点较低的制动液，在高温时就会由于制动液蒸发而使制动系统局部管路充满蒸气，产生气阻，由于气体可以压缩，会引起制动失灵。

2 制动液的特征

制动液的正常色泽为淡黄色，较稀，具有刺激味；使用时间长了就会变成深褐色，如加入水会出现乳白色混浊现象。

3 制动液选用

制动液分合成型、醇型、矿物型。合成型有4603、4603—1(适用于货车)、4604(适用轿车)；醇型是以精制蓖麻油加乙醇或正丁醇制成的，由于乙醇或正丁醇受温度影响较大，此类制动液不能满足严寒或炎热地区车辆使用要求，被逐渐淘汰；矿物型润滑性较好，无腐蚀，但对橡胶有溶胀作用，使用时应将制动系统的密封件换成耐油型的。

国内生产的制动液分JC0、JC1、JC2、JC3、JC4、JC5六个级别，序号越大沸点越高，高温抗阻性越好，制动安全性越高，主要性能指标已达到国际先进水平。其中，JC3、JC4、JC5的指标相当于国际通用的DOT3、DOT4、DOT5标准，具有良好的高温抗气阻性和低温性，在我国大部分地区都可使用。

进口制动液常见的有DOT3、DOT4等规格，DOT4优于DOT3。

4 制动液的检查

打开制动主缸储油室盖，检查制动液液面是否位于MAX～MIN之间。若低于MIN线，应对制动系统进行检修。然后，将制动液补充至MAX处。需要注意的是：不可将制动液溅到车身漆面上(制动液对油漆有强烈腐蚀作用)。由于制动液多为醇醚类，吸湿性强，应注意密封，同时还应检查主缸储油盖上的小孔是否畅通。不同型号的制动液不能混用。

三 齿轮油

1 齿轮油的特性及分类

齿轮油主要用于变速器、驱动桥、传动机构等处的润滑，颜色多为深黑色；双曲线齿轮油一般为黄绿色、深绿色、深棕红色。

齿轮油的分类与发动机润滑油相似，标号从GL—1到GL—6，数字越大，品质越高(GL—4即可满足一般轿车的需要)。黏度区分按SAE标准分为70W、75W、80W、85W、90、140、250七个级别，前4种适用于低温工况。目前市场上有许多新型齿轮润滑油，既适合低温也适合高温条件，如美孚HD齿轮油的黏度为SAE80W～90。

2 齿轮油的选用

普通齿轮油和双曲线齿轮油不能互相代替,否则,将造成双曲线齿轮过早损坏或变速器齿轮的腐蚀性磨损。

黏度高未必润滑性就好。过高的黏度会使阻力增大,导致燃料消耗大幅度增加。

润滑油添加过少,起不到润滑作用;过多,会产生较大的搅油损失,降低机械效率,还会产生渗漏,一般加到与齿轮箱加油口下缘平齐即可。

3 微型汽车变速器齿轮油的使用

目前,长安、夏利、奥拓、比亚迪等微型车的保有量较大,这些车的变速器均采用同步器,要求高质量的润滑油。如果润滑油黏度太高,阻力大,会造成同步器结合锥面间的油膜破坏不彻底,出现摩擦系数低,烧坏同步器的现象。

变速器润滑油的添加应按要求执行。如夏利轿车采用 80W ~90 中负荷齿轮油,容量为 1.9 ~2.0L;长安微型车采用 18 号双曲线齿轮油,容量为 1.0L。通常微型汽车在磨合期后需换一次润滑油(磨合期为 1000 ~2500km),以后的更换按使用维修要求定期进行。

4 自动变速器油液的检查和更换

(1)一般情况下,轿车每行驶 1500km 应检查一次油面高度。自动变速器油液过量,会使变速器过热或漏油。

检查方法是:在驻车挡位,使自动变速器预热(空转 3 ~4min),当油温达到 70℃左右时,拔出油尺看油面是否在 F 位置,同时还应检查油液质量,用感官判断油液颜色、气味、黏度,若发现老化应及时更换。

(2)轿车行驶 30000km 或两年时,自动变速器油液应予更换。

更换方法为:将车停稳,拉上驻车制动;起动发动机,预热 3 ~4min;熄灭发动机,拆下油底壳放油螺钉,放出自动变速器油;加注油液,从加油口处加入大部分油液后,起动发动机,将操纵手柄从 P 到 L(或 1)逐挡操纵一遍,然后回到 P 挡,再重新检查液面高度,补足缺少部分。

四 汽油

汽油选用的主要依据是压缩比。压缩比高的发动机,应选用标号(即辛烷值)较高的汽油;而压缩比低的发动机,应选用标号较低的汽油。若选用不当,会导致功率下降、油耗增加,严重时还会损坏机件;低压缩比发动机使用高辛烷值汽油则造成浪费。压缩比在 8.0 以上,使用 93 号或 97 号汽油;电喷发动机(压缩比在 8.0 以上)使用无铅汽油,标号在 93 号以上。

五 三滤

三滤指空气滤清器、润滑油滤清器和汽油滤清器,其作用是过滤各种杂质。

1 空气滤清器

空气滤清器维护时间间隔为 6000 ~8000km。有时虽然更换时间或里程未到,但滤芯内已沾满灰尘或油污,也需立即更换。空气滤清器分干式与湿式两种,多数汽车使用干式,内有纸质滤芯,不能清洗,清洁时可用压缩空气吹掉尘土。

2 润滑油滤清器

现代汽车普遍采用全流式,可与润滑油同时更换。

3 汽油滤清器

目前广泛使用外壳透明的一次性整体式汽油滤清器。由于不可拆,若过脏,需更换总成。更换间隔一般为 2000 ~ 3000km,对电喷发动机来说,汽油滤清器有方向性要求,不能装反。

5.3 新车使用须知

新车使用,应充分注意走合期维护,走合期维护的质量好坏直接影响到汽车的使用寿命。

走合期结束后的维护相当于一级维护,一般由生产厂家免费提供。走合期内的维护比较简单,一般情况下可自己动手完成。走合期里程为 2000 ~ 3000km,主要内容是清洁、润滑、紧固等。

一 走合前维护

走合前维护是为防止汽车出现事故和损伤,保证汽车顺利完成走合期的作业。

(1)清洁。清洁全车,检查各部位连接情况,全车外漏的螺栓、螺母必须紧固。

(2)检查与维护。驾驶新车前,应做好检查与添加工作。

(3)将各润滑部位按规定加注润滑油或润滑脂。

(4)使用规定标号的燃油。

(5)检查补充冷却液。

(6)排除“四漏”(漏油、漏气、漏水和漏电)现象。

(7)检查底盘技术状况:变速器各挡位能否正确变换,转向机构各部位有无松旷、发卡现象,轮胎气压是否正常。若发现变速器或转向系有故障,应将车送到维修站维修。

(8)检查蓄电池、喇叭、灯光、仪表等的工作是否正常。

(9)检查制动性能,看制动距离是否合适、有无跑偏和制动发咬现象。如不符合要求,应查明原因,及时排除。

二 走合中期维护

走合中期维护在汽车行驶 500km 左右时进行,主要是对汽车各部位技术状况开始发生变化部分进行一次及时维护，以恢复其良好的技术状况，保证下阶段的走合顺利进行。

(1)润滑。润滑汽车各润滑点。汽车行驶30～40km时，检查变速器、分动器、前后驱动桥轮毂和传动轴等处是否发热或有噪声。如发热或有噪声应查明原因，予以调整或修理。

(2)检查。检查制动效能和制动管路密封程度，必要时加以调整和紧固。

(3)紧固。新车行驶150km后，检查一次全车外部螺栓、螺母的紧固情况；行驶500km时，将前、后轮毂螺母紧固一次，有些车需对缸盖螺栓进行进一步拧紧。在拧紧缸盖螺栓时，应按规定顺序由中间螺栓开始，依次向两侧及上下部位拧紧，以防汽缸垫皱起影响汽缸密封性。铸铁缸盖应在发动机达到正常温度后拧紧，铝合金缸盖则必须在发动机冷态下拧紧。缸盖螺栓拧紧力矩的大小，应符合具体车型使用说明书的规定要求。

在汽车走合中，注意观察各总成温度，并随时检查和排除“四漏”。

三 走合后维护

汽车走合结束后，应及时送厂家指定维修站进行走合期后的维护。其目的是：进行全面检查、紧固、调整和润滑，使汽车达到良好行驶状态；生产厂家对汽车售后服务的身份认定。

如果没在走合期后按规定送厂维护，就会失去这一免费服务的机会，并有可能丧失生产厂家对用户售后服务和质量的认定。走合结束后，厂家提供的维护内容有：更换润滑油，清洗润滑油道，更换润滑油滤芯；测量汽缸压力，清除燃烧室积炭；拆除限速装置并调整发动机怠速；检调制动系统；检查、调整离合器踏板自由行程；检查、紧固前悬架和转向系统。

汽车虽已通过走合期，但在走合期后开始的3000～4000km内，实质上是处于由走合期到使用期的过渡阶段。因此，发动机仍不能以很高转速运转，车速不宜过快，车辆不要超载并尽量避免在恶劣路面上行驶。

5.4 汽车驾驶基本知识

一 驾驶证

1 驾驶证种类

我国机动车驾驶证(以下简称“驾驶证”)可分为民用驾驶证、军用驾驶证和武警驾驶证，它们分别由公安、军队、武警车辆管理部门核发和管理。拖拉机的驾驶证，由农业机械主管部门发放。驾驶证按照有效期限分为6年、10年、长期三种。驾驶员应按驾驶证载明的准驾车型驾驶机动车且在驾车时随身携带驾驶证。

驾驶员初次申领驾驶证后的12个月为实习期。在实习期内驾驶机动车的，应在车身后部粘贴或者悬挂统一式样的实习标志。

驾驶员在实习期内不得驾驶公共汽车、营运客车或执行任务的警车、消防车、救护车、工程救险车以及载有爆炸、剧毒或放射性等危险物品的机动车；驾驶的机动车不得牵引挂车。

2 驾驶证准驾车型和代号

依据2007年4月1日起施行的《驾驶证申领和使用规定》（公安部第91号令），驾驶证的准驾车型及代号如表5-4所示。

准驾车型及代号 表5-4

<table>
<tr><th>准驾车型</th><th>代号</th><th>准驾的车辆</th><th>准予驾驶的其他准驾车型</th></tr>
<tr><td>大型客车</td><td>A1</td><td>大型载客汽车</td><td>A3、B1、B2、C1、C2、C3、C4、M</td></tr>
<tr><td>牵引车</td><td>A2</td><td>重型、中型全挂、半挂汽车列车</td><td>B1、B2、C1、C2、C3、C4、M</td></tr>
<tr><td>城市公交车</td><td>A3</td><td>核载10人以上的城市公共汽车</td><td>C1、C2、C3、C4</td></tr>
<tr><td>中型客车</td><td>B1</td><td>中型载客汽车（含核载10人以上、19人以下的城市公共汽车）</td><td rowspan="2">C1、C2、C3、C4、M</td></tr>
<tr><td>大型货车</td><td>B2</td><td>重型、中型载货汽车；大、重、中型专项作业车</td></tr>
<tr><td>小型汽车</td><td>C1</td><td>小型、微型载客汽车以及轻型、微型载货汽车；轻、小、微型专项作业车</td><td>C2、C3、C4</td></tr>
<tr><td>小型自动挡汽车</td><td>C2</td><td>小型、微型自动挡载客汽车以及轻型、微型自动挡载货汽车</td><td></td></tr>
<tr><td>低速载货汽车</td><td>C3</td><td>低速载货汽车（原四轮农用运输车）</td><td>C4</td></tr>
<tr><td>三轮汽车</td><td>C4</td><td>三轮汽车（原三轮农用运输车）</td><td></td></tr>
<tr><td>普通三轮摩托车</td><td>D</td><td>发动机排量大于50mL或者最大设计车速大于50km/h的三轮摩托车</td><td>E、F</td></tr>
<tr><td>普通二轮摩托车</td><td>E</td><td>发动机排量大于50mL或者最大设计车速大于50km/h的二轮摩托车</td><td>F</td></tr>
<tr><td>轻便摩托车</td><td>F</td><td>发动机排量小于等于50mL，最大设计车速小于等于50km/h的摩托车</td><td></td></tr>
<tr><td>轮式自行机械车</td><td>M</td><td>轮式自行机械车</td><td></td></tr>
<tr><td>无轨电车</td><td>N</td><td>无轨电车</td><td></td></tr>
<tr><td>有轨电车</td><td>P</td><td>有轨电车</td><td></td></tr>
</table>

3 驾驶证的记分和审验

道路交通安全违法行为累积记分周期（即记分周期）为12个月，满分为12分，从驾驶证初次领取之日起计算。依据道路交通安全违法行为的严重程度，一次记分的分值为：12分、6分、3分、2分、1分五种。驾驶员在一个记分周期内累积记分达到12分的，应当在15日内到驾驶证核发地或者违法行为地公安机关交通管理部门接受为期7日的道路交通安全法律、法规和相关知识的教育。

年龄在60周岁以上或者持有大型客车、牵引车、城市公交车、中型客车、大型货车、无轨电车、有轨电车准驾车型的驾驶员，应当每年进行一次身体检查，在记分周期结束后 15 日内，提交县级或者部队团级以上医疗机构出具的有关身体条件的证明。

二 仪表及指示灯识别

仪表盘结构见图 5-2。指示灯种类及含义见表 5-5。

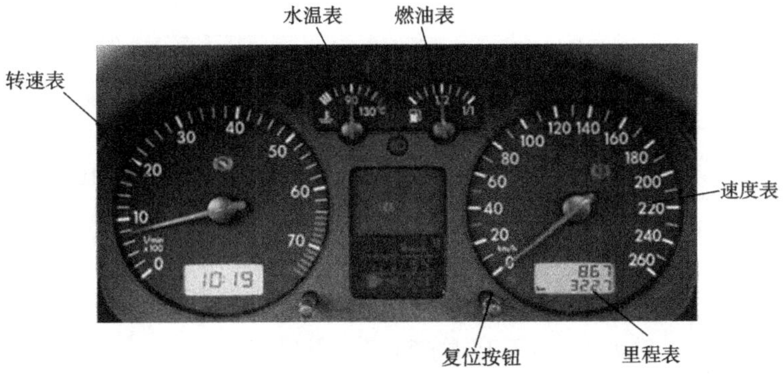

图 5-2 某汽车的仪表盘

指示灯种类及含义 表 5-5

指示灯符号	名　　称	指示灯含义
	驻车指示灯	驻车制动器拉起时，此灯点亮。驻车制动器放下时，该指示灯自动熄灭。在有的车型上，制动液不足时此灯会亮
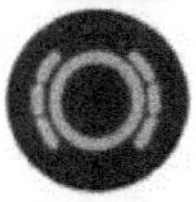	制动盘指示灯	显示制动盘摩擦片磨损情况的指示灯。正常情况下此灯熄灭，点亮时提示车主应及时更换故障或磨损过度制动片，修复后熄灭
	蓄电池指示灯	显示蓄电池工作状态的指示灯。接通开关后点亮，发动机起动后熄灭。如果不亮或常亮不灭应立即检查发电机及电路
	安全气囊指示灯	显示安全气囊工作状态的指示灯，接通开关后点亮，约 3 ~ 4s 后熄灭，表示系统正常，不亮或常亮表示系统存在故障
	润滑油指示灯	显示发动机润滑油压力的指示灯。该灯点亮时表示润滑系统失去压力，可能有渗漏，此时需立即停车关闭发动机进行检查
	水温指示灯	显示发动机冷却液温度过高的指示灯。此灯点亮报警时，应即时停车并关闭发动机，待冷却至正常温度后再继续行驶
	ABS 指示灯	接通开关后点亮，约 3 ~ 4s 后熄灭，表示系统正常。不亮或长亮则表示系统故障，此时可以继续低速行驶，但应避免紧急制动
	发动机自检灯	发动机工作状态的指示灯。接通开关后点亮，约 3 ~ 4s 后熄灭，发动机正常。不亮或长亮表示发动机故障，需及时进行检修

指示灯符号	名　称	指示灯含义
	燃油指示灯	提示燃油不足的指示灯。该灯点亮时，表示燃油即将耗尽，一般从该灯点亮到燃油耗尽之前，车辆还能行驶约 50km
	车门状态指示灯	显示车门是否完全关闭的指示灯。车门打开或未能关闭时，相应的指示灯会点亮，提示车门未关好，车门关闭后熄灭
	前后雾灯指示灯	该指示灯用来显示前后雾灯的工作状况，前后雾灯接通时，两灯点亮，左侧的是前雾灯显示，右侧为后雾灯显示
	转向指示灯	转向灯亮时，相应的转向指示灯按一定频率闪烁。按下双闪警示灯按键时，两灯同时点亮，转向灯熄灭后，指示灯自动熄灭
	远光指示灯	显示前照灯是否处于远光状态，通常的情况下该指示灯为熄灭状态。在远光灯接通和使用远光灯瞬间点亮功能时该指示灯点亮
	安全带指示灯	显示安全带状态的指示灯。当安全带没有系好时，该灯会点亮进行提示，直到系好安全带才熄灭，有的车还会有声音提示

三 基本驾驶技能

1 汽车驾驶的操纵件识别

驾驶操纵件分脚部操纵件（图 5-3）和手部操纵件（图 5-4 ~ 图 5-7）。

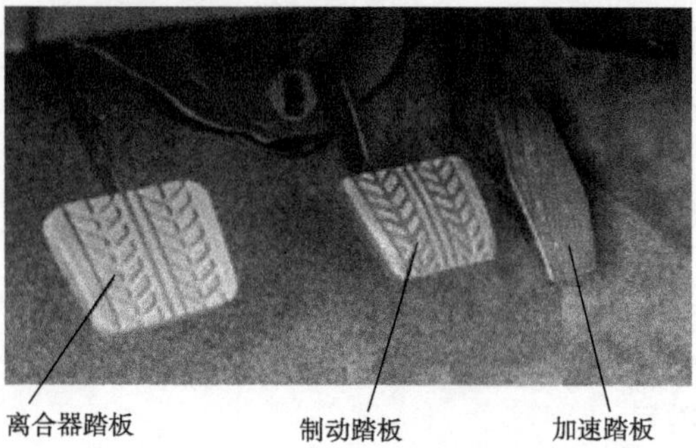

图 5-3　脚部操纵件

离合器踏板：它是离合器操纵装置，用来控制离合器的分离与接合，以实现动力的传递和切断。踏下时离合器分离；松开时离合器接合，换挡和起步都要踏下离合器踏板。自动变速器汽车无此踏板。

制动踏板：车辆的减速和停车都由它控制。在踏下制动踏板产生制动作用的同时，制动灯电路接通，车尾的红色制动灯点亮。

加速踏板：它通过连接杠杆来控制节气门的开度，以调节进入汽缸的可燃混合气的成分及数量，使发动机的转速提高，调节车辆行驶速度。

2 变道行驶

在多车道的道路上超越车辆、避让障碍物、转弯、掉头或停车需要变更车道时，应正确选择行驶车道和变更时机，安全进行变道行驶。如操作不当，易造成交通事故(图5-8)。

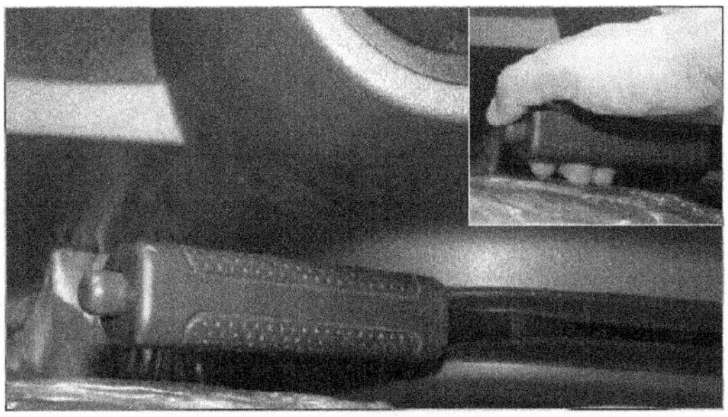

图5-4　驻车制动操纵杆

驻车制动操纵杆：其作用是防止停车溜车，紧急制动时也可使用

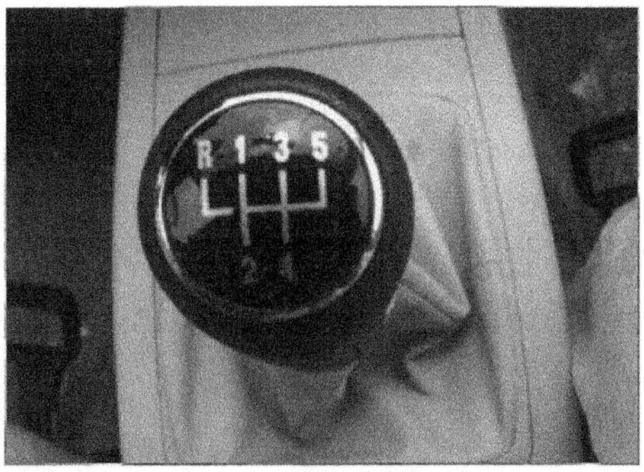

图5-5　手动变速器选挡手柄

变速器操纵杆：操纵变速器，以改变传递力矩、行驶速度、前进或倒车

图5-6　自动变速器选挡手柄

P-驻车挡；R-倒车挡；N-空挡；D-前进挡(1—4)；2-前进挡(1—2)；L-前进挡(1挡)；O/D OFF—超速挡开关

图5-7　手自一体自动变速器选挡手柄

S-运动模式，+为增挡，-为降挡；其他同自动变速器

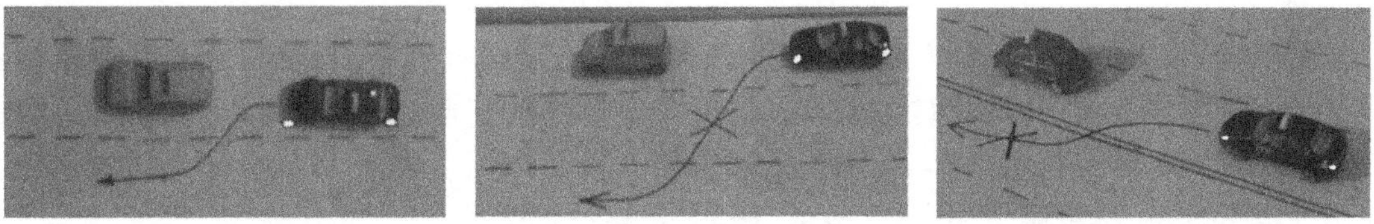

a)汽车变道行驶路线　b)不可连续变更车道　c)实线一侧严禁变更车道

图5-8　汽车变道行驶

❸ 转弯

转弯时既想要快速通过弯道又不希望产生太大离心力的话，就必须充分利用道路宽度，尽量以趋于直线的大弧度转弯。转弯开始前要靠着弯道外侧驶入，到中间时要靠弯道内侧行驶，也就是说在弯道弧顶的地方应该紧靠着弯道的内侧行驶，在过了弯道弧顶之后，再切回弯道的外侧，靠着弯道的外侧驶出弯道，即过弯时要选择“外—内—外”的转弯路线。

❹ 倒车

倒车时，应先观察周围情况，选定进退的目标，无把握或必要时应下车查看，并注意前后有无来车。选好后倒目标后，在车辆停止情况下，短鸣喇叭，发出倒车信号，换入倒挡，根据目标的需要按照下述的倒车驾驶姿势之一进行倒车操作。

（1）直线倒车。应保持前轮的正向倒退，转向器的运用与前进一样。如倒车时车尾向左（或右）偏，应立即将转向器向右（或左）转动，待车尾摆直后即可将转向器回正。

（2）转向倒车。应掌握“慢行车，快转向”的操作方法。倒车要注意观察车后状况，同时要控制好方向。倒车转弯时，前面外侧车轮的半径圆弧大于后轮半径圆弧。因此，要十分注意车前外侧的车轮，避免与障碍物发生刮碰。

5 掉头

汽车掉头的基本操作见图 5-9。

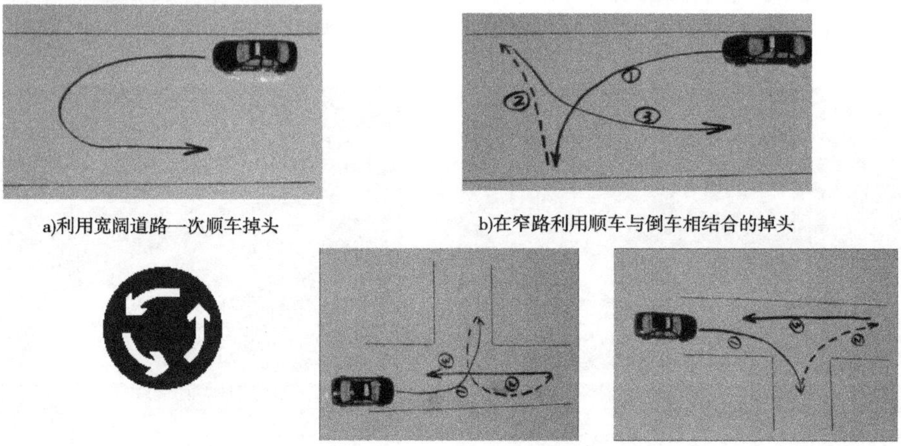

a)利用宽阔道路一次顺车掉头　b)在窄路利用顺车与倒车相结合的掉头

c)利用环岛路口掉头　d)利用丁字路口掉头

图 5-9　汽车掉头

6 会车

两车交会，应“礼让三先”（先让、先慢、先停），靠右通过。会车前，要注意观察道路是否有足够的宽度进行会车，以及对面来车后面有无障碍物和来车有无超越障碍物的企图；对面来车后面有无车辆要超越来车，有无行人和自行车突然闯入。如有以上情况，应立即减速，并做好停车准备，尽量避免在窄桥、隧道、涵洞、急转弯处会车。

会车地点应选择在道路较宽处，道路的宽度受限制时应选择双方都能保证安全的较宽处会车。一般情况下：

（1）会车有困难时，有让路条件的一方让对方先行。

（2）有障碍的一方让对方先行。

（3）下坡车让上破车先行，但下坡车已行至中途而上坡车未上坡时，让下坡车先行。

7 超车

1）超车操作方法

（1）确认超车安全，打开左转向灯，鸣喇叭（禁鸣区除外），夜间采用变换远、近光灯的方法；

（2）向左并线；

(3)提速,但不得超过最高限速;横向间距不小于1m,也不能太大;

(4)从后视镜完全看到被超车辆时,开右转向灯;

(5)向右变线,完成超车,见图5-10。

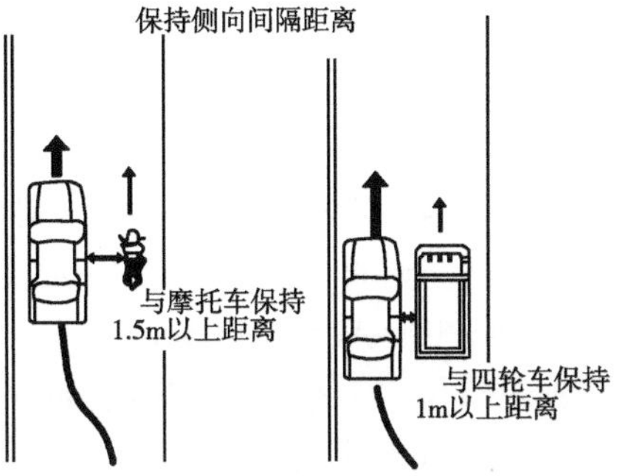

a)保持合适的横向距离

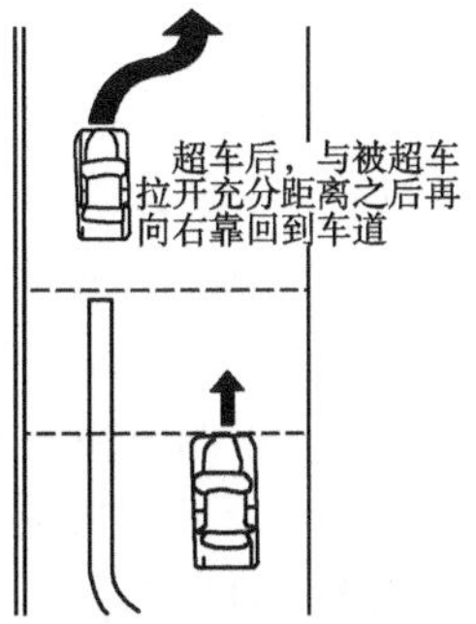

b)超车后行驶路线

图5-10　汽车超车

2)超车禁忌

(1)严禁在前方有交叉路口时超车,如图5-11a)所示,此时被超的车辆有可能左转弯,同时前面也可能有从交叉路口横向驶过来的汽车。

(2)严禁在弯道附近超车,由于视线受阻,无法加速行驶。另外,很可能对面有车辆驶来,处理不当会发生撞车,如图5-11b)所示。

(3)严禁在有黄色中央线的地方,从左侧越线超车,如图5-11c)所示。

(4)严禁与对面来车有会车可能时超车,如图5-11d)所示。如果距逆行车道上来车较近(一般为150m)时超车,很可能在超越未完成时就发生碰撞。

(5)严禁前车正在超车时超车,如图5-11e)所示。由于前车加速行驶,一是不容易超越,使超越时间加长,危险性加大;二是两辆超越车抢道并行,容易引发车祸。

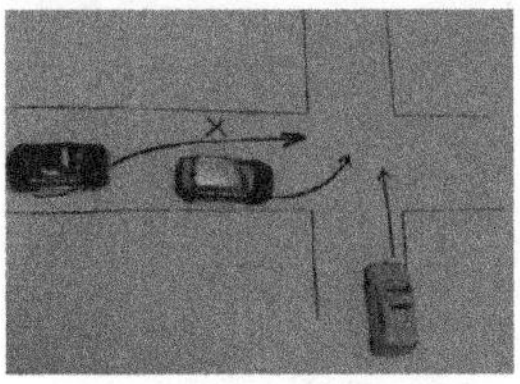
a)严禁交叉路口超车

b)严禁弯道附近超车

c)严禁在中央线左侧超车

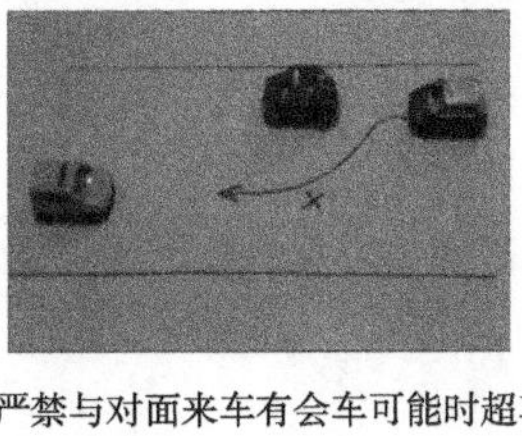
d)严禁与对面来车有会车可能时超车

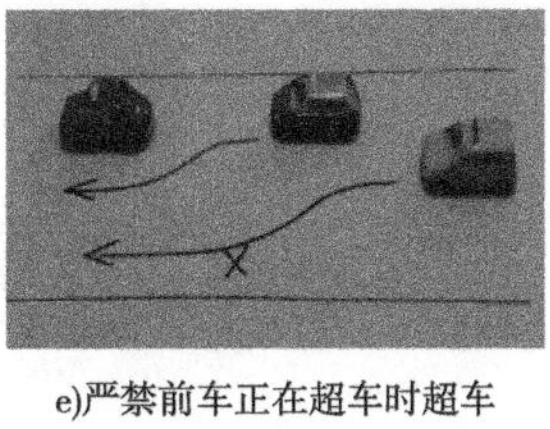
e)严禁前车正在超车时超车

图5-11　汽车超车禁忌

(6)严禁上坡临近坡顶时超车,此时无法判断来车情况。

(7)严禁下陡坡时超车。坡太陡,车速不好控制,尽量不超车。

(8)严禁在隧道、铁道路口、人行横道超车。

(9)严禁在道路条件不好时超车,如在冰雪路、泥泞路等路段道路。

（10）严禁在汽车技术状态不好时超车，例如在车辆有故障特别是转向、制动、燃料系统有故障时；低速车跟高速车时；对损坏的车辆进行牵引时；本车装有限速装置时。

8 制动

汽车制动是为了实现减速或停车，合理使用制动对于保证行车安全、节约燃料、减少轮胎磨损和延长机件使用寿命有着十分重要的意义。

（1）点制动法。即用脚踩下制动踏板，使汽车制动，然后放开踏板解除制动；再踩下，再放松，就像蜻蜓点水一样轻轻点制动，使车速逐渐降低。这种方法通常在雨天、冰雪路面或泥泞路面上使用，用以防止汽车的跑偏和侧滑（用于没有加装 ABS 的汽车）。

（2）预见性制动法。行驶中，根据已发现的车辆、行人、地形变化，或预料将会出现复杂局面和情况，提前抬起加速踏板，利用发动机怠速牵阻作用降低车速，然后根据情况连续或间歇轻踏制动踏板，使汽车平稳减速或停车。这种方法不但能保证汽车行驶的安全，而且还可以节约燃料，使机件和轮胎受到最小的损害，在实践中经常使用。

（3）发动机制动。汽车行驶时，驾驶员抬起加速踏板，不踩离合器，仅靠发动机的怠速牵阻作用迫使汽车降速，从而达到制动目的。此法适用于下坡行驶，避免频繁使用脚制动造成制动器过热而制动效能下降的一种方法，常与预见性制动交替使用。

9 停车入位

车辆需停放时，应严格遵守交通法规的有关规定，按指定地点依次停放，注意停放整齐，并留有随时可以驶出的距离。在允许停放车辆的地点或停车场，通常都设有停车位标线，应严格按照规定的停车位置停车。纵向停放时，应与前车保持随时可以驶出的间距；横向排放时，应考虑车门能自由开启，以防刮碰车辆。停车场停车方法如图 5-12所示；路边停车方法如图 5-13 所示。

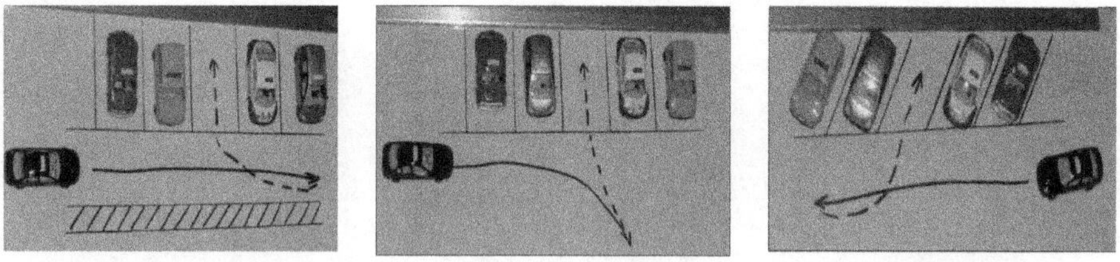

a)车位前没有空闲的地方　　b)车位前有空闲的地方　　c)斜线式停车场

图 5-12　停车场停车

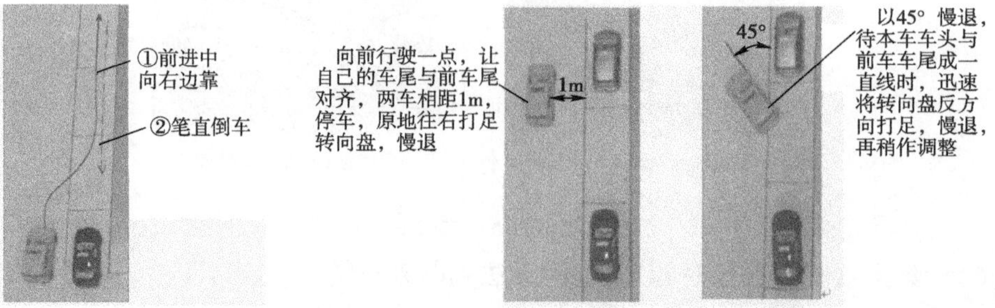

a)有两辆车以上车位的路边停车　　b)只有一个车位的路边停车

图 5-13　路边停车

四 特定路况的驾驶操作

1 城市道路驾驶

城市道路交通的特点是人口密集,街道多种多样,路上人多车杂,各种车辆来往频繁,混合交通的情况很多,交通拥挤堵塞现象严重等。因此,在城市道路上驾驶员一定要精力充沛,思想高度集中,耐心谨慎,沉着机警。要随时随地控制好车速,作好制动或停车的准备,以防出现突然情况,而发生意外事故。

(1)没有划分车道的道路驾驶:车少时在道路中间行驶;会车、被超车时,靠右侧行驶,同时要注意右侧行人和非机动车的安全。

(2)划分车道的道路驾驶:根据所驾车型在对应的车道驾驶,变更车道时,提前开启转向灯,确认安全后变更车道,变更后及时关闭转向灯。

(3)通过人行横道:车辆行经人行横道时,必须提前减速,并注意观察交通信号。人行横道绿灯亮时,车辆必须停在人行横道线外,让行人优先通过。通过无人行横道灯控制的人行横道时,应在确保行人安全的前提下通过。遇行人正在通过时要耐心等待,特别是老人、盲人等,不得用鸣笛逼催,更不可绕行。

(4)通过公共汽车站:公共汽车站附近,车辆、行人相对集中,交通混乱,行至此位置时,应提前降低车速,注意观察周围情况及动态,谨慎驾驶。超越停驶的公共汽车时,应减速、鸣笛,并与其保持较大的横向距离通过,以防车前窜出行人。

(5)通过狭窄街道:通过狭窄街道时,应正确判断和估计街道宽度,既要注意观察前后交通动态,又要顾及车轮的位置,切忌猛打猛回转向盘。遇人员稀少的街道,不能麻痹大意,更不能开快车;遇人多车多时,不要急躁,要控制车速,随时做好制动和停车准备。

(6)通过学校门口:学校门前,尤其是上学和放学时,人员混杂,秩序混乱,行经学校门口时,应提前减速,注意观察学生动态,主动避让,确保安全。遇学生嬉戏、奔跑、打闹时,要迅速减速,适当鸣喇叭,待其状况稳定后再正常行驶。

(7)胡同、小巷行车:进入胡同、小巷时,应降低车速,勤鸣喇叭,注意观察胡同、小巷内车辆和行人的动态,随时做好采取应急措施的准备。进入胡同、小巷后,应尽量在道路中间低速行驶,随时做好停车的准备,以防从一侧胡同、小巷有车辆和行人穿越。

2 坡道驾驶

坡道驾驶令许多新驾驶员发怵,尤其是在一些城市里的路口信号灯处的坡道,新手操作起来更是手忙脚乱,或者发动机熄火,或者向后溜车。其实,只要掌握了坡道驾驶的要领,再通过坡道就是一种享受了。

1)坡道起步

汽车坡道起步操作失败主要有两种情况:一是发动机熄火,二是起步溜车。原因主要有三个:一是加速踏板没有及时配合;二是松驻车制动的时机掌握不准确;三是加速踏板和离合器配合不好。只要掌握了离合器踏板、加速踏板和驻车制动操纵杆的密切配合,就能做到坡道起步迅速、平稳和准确。

上坡起步操作要领:左手握稳转向盘,视坡度情况,轻踏离合器踏板,提高发动机转速;右手握紧驻车制动器,右手拇指按住驻车制动器的按钮,使保险锁打开,适度踩下加速踏板，离合器踏板的操作要快一些，当离合器处于半联动状态时（可感觉左脚掌有轻微颤动或发动机的声音变得沉闷），将驻车制动杆推到底，缓慢踏下加速踏板的同时，继续松抬离合器踏板即可平稳起步。动作要协调迅速，时机把握要准，若过早放松驻车制动器，车辆会因未能获得足够的牵引力而后溜，过迟，则会因制动力过大不能起步，造成发动机熄火。

下坡起步可按平路起步要领操作，但加挡前的加速时间可适当缩短，起步时的挡位可根据坡度选择。下坡起步应先松开驻车制动杆使车辆开始溜动时，再缓抬离合器踏板，一经联动可视情况挂入中速挡行驶。

2）坡道驾驶

上坡时的关键是提前选择好合理速度和挡位，尽量避免中途换挡，所以应该在上坡前根据坡度大小选好挡位。坡度平缓，可在平路加速，利用惯性冲破；上陡坡时需比平地更大动力，上坡之前需降低挡位；接近坡顶时视线会受影响，看不清对面情况，要慢速行驶，随时准备制动。下坡时的关键是控制车速。下坡时，车速越来越快，一定不能空挡滑行或长时间使用行车制动器，要注意使用发动机牵阻制动，选择较低挡位行驶。

3）坡道停车

上坡停车时，应先选好停车地点，并逐渐将车驶向右侧，降速，再踏下离合器踏板。待车辆即将停住时，踏下制动踏板将车停稳。发动机熄火后，拉紧驻车制动，将变速器挂入一挡，必要时在车轮后垫三角木或石块。下坡停车时，先选好停车地点，平顺地踩制动踏板减速。待车即将停住时，踩下离合器踏板并进一步踩下制动踏板使车辆停住，拉紧驻车制动，发动机熄火后，挂入倒挡，必要时在车轮前垫三角木或石块。

3 通过桥梁

桥梁前一般有交通标志（如限速、限轴重、限载质量等），通过桥梁前应注意观察此类标志，并严格遵守。桥梁因结构和材料不尽相同，承载能力和交通流量也各不一样。

（1）水泥桥、铁桥。需注意限制载质量或限制轴重标志所限定的数值。遇桥面狭窄，道路不平时，应事先换入低速挡，以缓慢的速度通过，并注意不要为了避绕凹坑而过于靠边行驶。在窄桥上跟车行驶时，应保持足够的安全距离，尽量避免在桥上制动或停车。

（2）拱形桥。拱形桥梁多用石料筑砌或用水泥浇筑，桥面宽窄不一、拱度较大、视线受阻，不便于观察对面情况（图5-14）。通过拱形桥时，由于桥对面盲区较大，视距受到影响，看不清对方车辆和道路情况，应减速、鸣喇叭、靠右行驶，随时注意对面来车和行人及非机动车的状态，行至桥顶更应减速，并随时做好让行和停车准备。切忌冒险高速冲过拱桥，以免发生碰撞，切不可盲目高速冲过拱桥。夜间应用变换远、近灯光示意。

（3）通过木桥。木桥材料牢固性差且易腐烂，承载能力小。通过木桥时，应降低车速，缓慢行驶。遇有年久失修的木桥，过桥前应检查桥梁坚固情况，必要时让乘车人员下车步行过桥或卸下车上的部分货物，再用低速挡通过，并随时注意桥梁受压后的情况，若已驶入桥中听到响声，应继续加速行驶，不宜中途停车。发现桥面板松动，要预防外露铁钉刺破轮胎。

（4）通过便桥、吊桥、浮桥（图5-15）。这些桥承载小，安全性和稳定性差，车辆通过时危险性大。通过时应首先停车检查能否通过，确认可以通过时，要提前换入低速挡，握稳转向盘，稳住加速踏板，平稳过桥。切不可中途变速、制动、停车或起步。

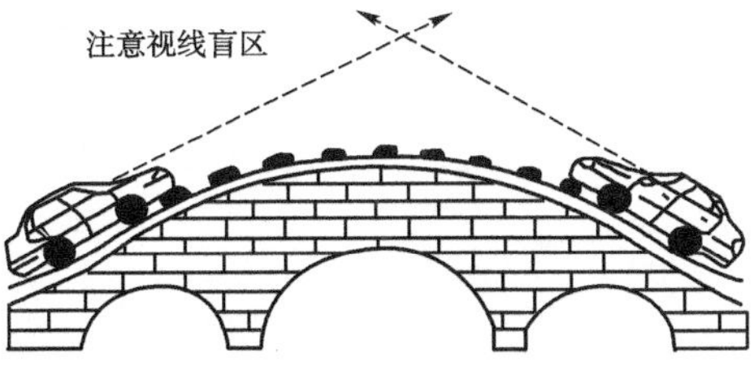

图 5-14　拱形桥视线盲区

图 5-15　浮桥

(5) 立交桥(图 5-16)。通过前应注意观察立交桥的形式,并注意指路标志和指示标志所指引的方向。通过立交桥时,按规定或限速标志限定的速度行驶,确保行车安全。

(6) 漫水桥或漫水路(图 5-17)。通过时应停车察明水情,确认安全后,低速通过。行驶中视线尽量避开水流,否则,容易造成错觉。避免在中途变速、急转向和停车。

图 5-16　立交桥

图 5-17　漫水路

4 通过铁道路口

铁路道口往往是事故多发地点。通过时应按交通信号或者管理人员的指挥通行;没有交通信号或者管理人员的,应减速或者停车,在确认安全后通过。

(1) 通过无交通信号灯控制的铁道路口(图 5-18)时,应提前减速慢行。驶进路口前,需停车观察,确认无火车驶来时低速通过,做到"一慢、二看、三通过"。道口两侧有障碍物阻挡视线或夜间以及雨雾视线不清时,应仔细观望,必要时下车观察;严禁冒险通过。

(2) 通过有交通信号灯控制的铁道路口(图 5-19)时,应按信号通过或听从铁路道口管理人员的管理和指挥。当遇道口栏杆(栏门)关闭、音响器发出报警、红灯亮或管理人员示意停车时,必须依次将车停在停车线以外等待放行,切不可冒险强行通过。

5 通过隧道

隧道分为单行隧道和双行隧道。隧道内一般都比较狭窄和黑暗,有时路面湿滑。有的隧道在入口处设有信号灯,只有当绿色信号灯亮时,车辆方可驶入。行车中发现有隧道标志时,应提前降速。驶入隧道前注意观察指示标志和限制标志,开启车灯。短隧道开启示宽灯,较长隧道开启近光灯。进入隧道后,由于光线骤然变暗,视力难以瞬间适应,所以要减速慢行。

图 5-18　无交通信号灯控制的铁道路口

图 5-19　有交通信号灯控制的铁道路口

（1）单行隧道（图 5-20）。通过单行隧道时应提前降低车速，观察对面有无来车，确认安全后方可通过。如发现对面有来车时，应及时在隧道口外靠右停车避让，待来车通过或见放行信号后再驶入。进入隧道前打开示宽灯或近光灯，适当鸣喇叭，缓行通过。

（2）双行隧道（图 5-21）。汽车驶入前应开启示宽灯或近光灯，靠右侧行驶，注意与对面来车安全交会。在双行隧道内行驶，应注意交会车辆，并加大车辆的侧向间距，会车时禁用远光灯。隧道内回声大，尽量避免使用喇叭。

图 5-20　单行隧道

图 5-21　双行隧道

6 沙土路驾驶

驾驶汽车通过海滩、河滩等沙土地段时，应注意：

（1）停车仔细观察路段软硬和干湿情况，再决定通过路线和方法，如果沙层不超过所驾车辆的轮胎横断面，而且沙路较短时，可高速通过。如果沙层较深或面积较大，应循车辙行驶，不要绕行或超车。通过表面有硬皮的沙层时，不能循车辙行驶，应另选路线。

（2）行车中要尽量保持直线行驶，遇弯道应尽量扩大转弯半径，防止因前轮转向阻力增大而侧滑和陷车。

（3）保持平稳车速，不可忽快忽慢，转向盘的操纵要保持均匀，不可猛打猛回，尽量减少换挡；如必须换挡时，动作要敏捷，保证车辆有足够的行驶动力。

（4）起步时，可用比正常起步挡高一挡位起步，松抬离合器稍快些，使车轮突然前冲一下，离开原来沙窝。在沙土路上一旦不能起步，不可再反复起步，以防车轮进一步下陷。

7 夜间道路驾驶

夜间驾驶、视野窄、视觉差、会车眩目等都对行车安全极为不利，尤其在照明不佳时，更难判断,给驾车带来一些困难。

(1)夜间道路识别与判断。白天能见度高,道路情况比较容易观察。而夜间的道路情况,大部分需要凭经验去判断。通过交叉路口时,若路口有光线直射出来,说明有车辆从路口驶出。这时,应减速、鸣笛,交替使用远、近灯光提醒对方。若灯光中有影子闪烁,说明其汽车前还有行人或骑车人,且距路口较近,一定要提前减速,以免造成事故。

夜间行车还可通过对方来车的灯光判断前方路面情况。若对方的车灯稳定不变,说明前方道路平坦;若其灯光突然不见,则前方有可能有路口或弯道;若其灯光左右大幅摆动,则前方是弯曲道路;若其灯光上下浮动,则前方是坡路或有坑洼。

(2)夜间灯光的使用。夜间驾驶时灯光的正确使用,是夜间安全行车的关键。

车辆起步时,应打开近光灯和尾灯;途中停车时,应打开近光灯、尾灯及危险报警闪光灯。进入市区,应关闭远光灯,使用近光灯。车辆交会应关闭近光灯,只开示宽灯。转弯、车道变换时,应提前打开转向灯,并连续切换灯光示意来往车辆及行人注意。

8 山路驾驶

(1)上坡。上长坡前,应对车辆作一次日常维护,并加足冷却水。上坡过程中,要经常观察仪表的工作情况,特别是水温的变化,水温过高时应停车怠速(不可熄火)降温,必要时补充冷却水和润滑油。上陡坡时,要加大与前车的纵向安全距离,防止前车突然熄火后溜,否则躲避不及易造成撞车事故,雨雪天行驶更应注意。要注意两侧地形,便于在发生意外时能及时采取安全措施。行近坡顶时,由于视线盲区增大,无法预知对面来车及行人的情况,此时务必靠右行驶、并鸣号示意、不准超车。

(2)下坡。下长坡前,应先检查制动系统和转向系统是否安全有效(包括制动液和动力转向液的液面高度),如下坡道为滑路,应装好防滑链条。下长坡时,必须挂入低速挡,充分利用发动机的牵阻作用,合理使用制动控制车速,不准熄火滑行,必要时采用间歇点制动。但不可单纯依赖行车制动器。下坡车应给上坡车以充分的便利,要经常注意上坡车辆的动向,有时可以通过喇叭声和山下道路扬起的灰尘来作出判断。会车时要给上坡车留出较宽的路面,必要时,主动选择安全地点靠边等让。

9 泥泞路驾驶

泥泞路面较软、变形较大,行驶阻力增大。同时转向盘难以控制,控制行驶路线难度大。泥泞或松软路面使附着力下降,驱动轮易发生滑转。制动效能降低,制动时制动力很容易超过附着力,车轮会被迅速“抱死”而使车辆发生侧滑。在驶入泥泞、翻浆道路以前应停车进行观察,摸清泥泞、翻浆程度及路面长度,防止车辆陷入泥泞、翻浆路段进退两难。

(1)行驶路线的选择。尽量选择路面平整,路基坚实,泥浆较浅的路面行驶。如道路上有车辙,可循车辙行驶,因为车辙路面一般比较坚实,而且能一定程度限制车辆侧滑的摆动范围。遇有两边低、中间高的路面时,要保持在道路中间行驶,并保持左右车轮高低一致。

(2)起步与车速的控制。选择高一挡位,如果一次起步不成,应稍向后倒车,然后再起步。同时,还应稳住加速踏板,以防因加速过急造成驱动力超过附着力而发生驱动轮滑转。在驶入泥泞、翻浆道路前应及早换入适当挡位,以保持足够动力顺利通过。中途尽量避免换挡、制动、转向和停车。行驶中车速不可忽快忽慢,以防车轮滑动过快而产生侧滑。

(3)转向盘的运用。转向盘的转动要匀顺和缓,尽量保持车辆直线行驶。车辆需要靠边时,应在路中减速或换入低挡,再逐渐缓慢向右转动转向盘驶向路边。

(4)制动踏板的运用。减速时应以发动机的牵阻为主,尽量避免使用行车制动器,更不可采取紧急制动。必须制动时,应采取间歇制动的方法,若发生制动引起整车滑移时,要迅速放松制动踏板,并握稳转向盘,以免发生事故。制动踏板的踏下应缓慢,不可过快,以免因突然减速引起侧滑。

(5)加速踏板的控制。控制要平稳,使汽车匀速行驶,路面越滑,加速踏板的踩踏要越轻。踏下加速踏板不可过快,以免因突然加速引起侧滑。一旦加速踏板踩的力过大,便会产生侧滑、甩尾,此时,应立即松抬加速踏板,并将转向盘打向甩尾一侧,侧滑就会停止,然后再修正方向继续行驶。

10 冰雪路驾驶

冰雪路面突出的特点是“滑”。汽车轮胎在坚实的冰雪路面上的附着系数只有沥青路面的1/5,使汽车行驶困难。

(1)起步。起步时应选择高一级挡位。在没有安装防滑链的情况下起步,可使用离合器半联动状态下稍加停留,加速踏板位置要适中,以免起步时汽车猛烈前冲或牵引力过大而使车轮空转,甚至侧滑。若起步时打滑、空转可以倒一下车重新起步,不要总是在一个地方反复起步。有后桥差速器锁的,可将后桥差速器锁定,以便动力均匀分配给两个驱动车轮。

(2)加减挡。冰雪路面要保持中速或低速行驶。加减挡时,应缓抬离合器踏板,同时缓踏加速踏板,使汽车平稳换挡,防止侧滑。

(3)制动。冰雪路面禁止采取紧急制动,否则会很危险。因此,冰雪路面尽量采取预见性制动。如遇紧急情况,可强行减挡,左手握稳转向盘,右脚间歇踩制动踏板,右手握紧驻车制动器操纵杆,并一拉一回减速停车,避免使用紧急制动,防止车辆侧滑或翻车。若因制动引起侧滑,应立即放松制动,使车轮保持滚动,稳住或稍抬加速踏板,缓慢、适当向后轮侧滑的方向转动转向盘,可连续数次回转转向盘,以便调整车身。待车尾回复直线后,再把转向盘回正,并控制好车速,正常行驶。装有 ABS 的汽车,不会因为紧急制动出现侧滑现象(图 5-22),但是在冰雪路面就应加大车距(图5-23),因为制动距离会大大增加。

图 5-22 侧滑

图 5-23 行车与前车保持安全距离

(4)停车。行车途中尽量少停车,以防撞车、溜滑和冻结。如需停车,应提前换入低速挡,选择好安全地点,减速、靠边、慢拉驻车制动杆。若在冰雪路面停车时间较长,应在轮胎下面铺上沙土或清除车轮下的积雪,以免轮胎与地面冻结在一起。

11 雾天驾驶

雾天行驶的特点是能见度低(图 5-24),路况难辨别,易发生事故。雾天驾驶时应注意的是:

(1)控制好车速。能见度不足 30m 时,车速应控制在 20km/h 以内;若能见度在 5m 以内,应停止行驶,在安全的地方停车,并开启雾灯和危险报警闪光灯(图 5-25)。

图 5-24　雾天特点

图 5-25　开启雾灯和危险报警闪光灯

(2)正确使用灯光。打开雾灯,引起其他车辆和行人的注意,同时还要打开前照灯、示宽灯和尾灯。后车与前车近距离行驶时,不能使用远光灯。

(3)多用喇叭。在条件允许时,应多使用喇叭,以引起其他车辆和行人的注意。听到来车喇叭声,应鸣笛回应。

(4)选择可靠参照物。雾天能见度低,可寻找可靠的参照物行驶,如路旁的护栏等。如有同向车辆行驶,则可与前车保持适当的安全距离跟随行驶。

12 雨天、冰雹天驾驶

(1)加大车距。雨天行驶时,车辆制动性能变差,应与前车保持足够的安全距离并控制车速,避免紧急制动和急转方向,防止车辆打滑、侧滑和陷车。

(2)注意观察。遇有行人和非机动车时,应多鸣喇叭,并尽量增加与其的横向、纵向距离。会车时不要过于靠边,以防路肩塌陷。

(3)低速涉水。遇积水处有自行车和行人时,应放慢车速,以免把水溅到行人身上。当行经积水较深的路段,需要涉水时,发动机应保持较高转速,且不得换挡,以防止积水进入消声器。车速不能过高,以免积水溅到电器元件上,造成短路。

(4)慎用制动。涉水后,用低速挡行驶,并连续轻踏制动踏板,使制动器摩擦发热,蒸发掉水分,待制动效能恢复后再正常行驶。

(5)突然遇到冰雹时,应该适当降低车速。因为车速加上冰雹降落的速度,会使冰雹砸在车上的力量更大,有时一粒花生米大的冰雹落在加速行驶的车上,力量可能会大过鸡蛋大的冰雹,因此在冰雹天气应减速慢行或找有遮掩处停车等候。

13 风沙天驾驶

(1)注意行人、自行车的动向。在刮大风时,有些行人用纱巾蒙上脸,或戴上墨镜,视野受到一定的限制;还有的人加快脚步狂奔乱跑;有些骑自行车的人低着头只顾拼命往前骑。开车时最好以中低速度行驶,随时准备制动停车。

(2)注意安全措施。大风天开车时,应把车窗玻璃关紧,防止沙尘进入驾驶室,影响驾驶者的视线。如果驾驶的是货运车辆,对车上装载的物品要捆扎牢固,防止被大风吹走或散落,更要防止车上物品掉下砸伤行人。在大风天,为避免出现高空坠物砸车的现象,停车不要溜边儿,最好远离楼房、电线杆、枯树,实在没有地方停车也要尽量远离阳台和窗户。

(3)不能单靠喇叭。受大风的影响,有些行人或其他车辆的驾驶员根本无法听到汽车喇叭的声音。所以,在遇到不稳定的目标时,不要试图狂按喇叭,那样做无济于事。

(4)快速躲避障碍物。如果突然出现危险,来不及制动时,必须及时躲闪,以求得最大的安全系数。转动转向盘要由慢到快,逐步进行,且转向盘转动幅度不应大于半圈。完成躲闪动作后,应迅速将转向盘回正,这样汽车很快就会从左右摇摆的状态中恢复平稳。驾驶者在整个过程中也不要紧盯着障碍物,而是应将视线对着正确的行驶方向。

(5)降低车速,加大安全车距。多尘道路上尾随行车,应注意保持较大车距,警防追尾事故的发生。自行车、三轮车、摩托车等受风力作用稳定性变差,相遇时应加大安全距离。另外,降低车辆与风速的相对速度,亦可减少风沙对车辆的冲击力,以减少漆面磨损。

14 高速公路驾驶

1)驶入收费口的操作

驶入高速公路前,密切注视指示牌和情报板上的道路及天气情况,确定能否进入高速公路。确定可进入后,选择通道上方亮绿色信号灯且车辆相对较少的收费口排队通过。如果接近收费口前面没有其他车辆时,应提前控制车速,不要太快,以免在收费口前造成急制动或因收费口路面湿滑,汽车失控撞向收费亭或冲过收费窗口。

进入收费口,尽量将车身靠近收费亭,停车时使驾驶室门窗对准收费口,便于与收费人员交接现金及通行卡。在入口处领到通行卡或票据后,要妥善放置,以备出口时交卡或验票。

在汽车准备进入匝道口前,一定要注意方向、地点、标志牌,以免出错。

2)由匝道驶入行车干道的操作

汽车在匝道行驶时,应注意防止高速转弯。有些连续转弯的匝道,越转离心力越大,如果速度过高会产生侧滑,撞向护栏,特别是在湿滑及冰雪路上,更要格外小心(一般情况下匝道内车速不得超过40km/h)。匝道上严禁超车、停车、掉头、倒车。当汽车通过匝道驶入行车干道右侧的加速车道时,要尽量在短时间内提高车速,以接近正常行驶车辆的速度并入干道,以免影响其他车辆行驶。驶入干道前,应打开左转向灯,示意行车干道上的后续车辆注意避让,并注意观察后视镜,如图5-26所示。

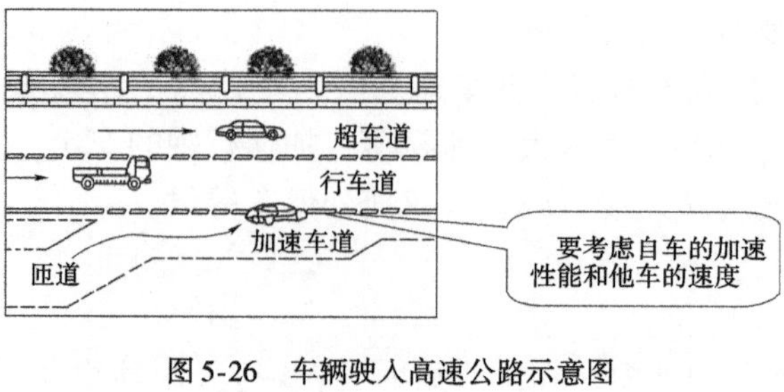

图5-26　车辆驶入高速公路示意图

3)速度选择

车辆进入高速公路后,无论是正常行驶,还是超车或让车,都应严格遵守最高车速和最低车速规定。行驶时注意限速标志，按照要求行驶。

4）分道行驶

高速公路上紧靠中央隔离带的第一条车道为超车道，超车后应迅速返回行车道。道路最右边的是路肩和紧急停车带，紧急停车带主要用于车辆发生事故或塞车时供交警、消防、救护、工程抢险等车辆之用，其他车辆不得随意占用。隔离带和紧急停车带中间的为行车道，行车道有的为一条，有的为两条或更多。每条行车道都规定有不同的行驶速度（图5-27）。

5）高速公路跟车，应注意保持足够的车距

一般正常情况下汽车以100km/h的速度行驶时，应与前车保持100m以上的车距；遇有风、雨、雪、雾天气，道路湿滑时，应将此距离拉大2～3倍。高速公路上设有车距确认标志（图5-28），可根据该标志检验与前车的行车间距，驾驶员可根据需要适时调整车速。跟车行驶时，眼睛不要只盯着前车，以免形成静态视觉，难以观察车距变化，导致追尾。

6）高速公路超车

（1）超车前首先观察室内后视镜，再观察左侧后视镜，最后将头转向左侧直接观察盲区内的道路情况。

（2）确认安全后，打开左转向灯并逐渐向超车道变线，与前车"错位行驶"以便观察前车之前的道路情况，同时注意前车有无向左侧车道变线的倾向。黄昏或阴雨天光线较暗时，可利用前照灯照射反光标志牌或远近光闪烁来提示前车。

（3）当超车条件具备后，加速超越前车，不得长时间与被超车辆并行。

（4）超车后，应在驶离被超车辆50m以后，打开右转向灯，然后加速逐渐返回行车道。

（5）严禁在道路右侧、加速车道、减速车道和路肩超车，不得在前车已开左转向灯准备超车时超车。

7）停车

高速公路不准随意停车。若车辆发生故障必须停车时，应将车靠向路右侧，在紧急停车带临时停放。进入紧急停车带停放的车辆，车身要正，不准斜向停放。临时停车时车内乘客必须由右侧车门下车，在右侧路肩停留，不得在行车道随意走动。停车时需打开应急灯，并在车后100m处设置故障标志牌（图5-29）。在行车道因故障停驶的车辆，必须设法尽快将车移动至紧急停车带，不准占用行车道停车。

图5-27　高速路分道

图5-28　车距确认标志

图5-29　故障标志牌

五 常见不文明驾驶行为

如今，全国上下正在全力营造和谐社会，良好的交通秩序是和谐社会的标志之一。文明驾驶，从我做起！常见不文明驾驶行为见图5-30。

a)不打转向灯强行并线　b)随意停车　c)雨后行车不减速

d)向车外抛掷杂物、吐痰　e)乱鸣喇叭　f)与行人和非机动车抢道

g)随意变道乱并线　h)市区开远光灯行车　i)长期占用超/快车道

j)直行车占用转弯车道　k)停车不规范　l)窄路掉头

m)强行超车　n)堵车排队时强行逆行　o)中间线上突然右转

p)在车流中穿插　q)双线合一你争我抢　r)单向双车道上切线行驶

s)恶意反超车　t)盲弯越线超车　u)路边停车突然开左门

图 5-30　常见不文明驾驶行为

5.5 汽车美容与装饰

一 汽车的护理品

汽车护理品分为美容品、清洗品、润滑油添加剂、保养品等4类。例如:夏季潮湿,电路受潮后有时难以起动,电路干燥剂不仅可使这一难题迎刃而解,还可直接保护发动机电路系统;冬季温度低,汽车难以起动,有了起动液,发动机即可快速起动;冬季风窗玻璃上凝结的冰、霜、雪,也无须再费时费力地慢慢清除,只需用除冰剂一喷即可。其他如制动系统清洁剂、汽油净化剂、动力增强剂、尾气排放降低剂等均以其高效、实用而备受车主青睐。

在五花八门的汽车用品中,属于发动机维护方面的润滑油添加剂更是种类繁多。如加入润滑油中的抗磨剂、防锈剂、驱散剂、消泡剂、黏度指数改善剂、发动机保护剂、金属减活剂、乳化剂等。它们品牌不一、作用各异(有的注重环保,有的注重修复,有的注重提高发动机动力),选择时要特别注意其功能和适用范围。

二 外部装饰与美容

1 外部装饰

汽车外部装饰因车主个性不同而有所差异。一般人会要求突出美观、实用、与众不同的特色,包括加装保险杠、轮架、轮眉防撞条、车顶排灯、挡泥板、高位制动灯等,这些物品既实用又能点缀汽车,形成独特个性。

加装保险防撞装置(如前后防撞杆、轮眉防撞条等),可减轻外界物体所造成的冲撞力,起防护作用,同时也可增强汽车的强悍感。加装挡泥板,可防止盐碱物及碎石、泥土等附着在车身上,有效保持汽车清洁。加装高位制动灯,可利用其位置醒目且发光面积大的优势,既起到美观作用,又预防汽车追尾。

2 外部美容

汽车外部美容不仅限于洗车、打蜡等日常工作,还包括保洁、表面漆抛光、保护、翻新等。高质量的外部美容需要由专业美容店利用专业技术及设备、专用美容品完成。一部整车的全套美容从几百元到几千元不等。

(1)洗车。经常洗车不仅可使车身光洁,也会冲走车体表面的腐蚀性灰尘、污物,起到保护漆面的作用。

(2)抛光。抛光前应检查漆面,如手感粗糙,说明漆已被氧化,应选用抛光剂抛光。也可使用抛光打蜡二合一的产品涂在毛巾或海绵上用力擦磨车身,当擦拭布上沾有车漆时,表明氧化层已被磨下，就可进行打蜡了。

(3)打蜡。汽车外漆由基漆外覆清罩漆构成。打蜡既对车漆起到维护作用，又可保持漆面靓丽。

车蜡分液体蜡、膏状蜡、保护蜡、光亮蜡等，可根据需要选择。一般应考虑车蜡特点、车辆新旧程度、车漆颜色及行驶环境等因素。对一般汽车，选用普通珍珠色或金属系列车蜡即可满足要求；新车最好用彩涂上光蜡以保护车体光泽和颜色；夏天宜用防紫外线车蜡；行驶环境较差时则以能起保护作用的树脂蜡为宜。同时，所选车蜡还应与车体颜色相适应，一般车身颜色较深时宜选黑色、红色、绿色系列车蜡；浅色车体宜选银色、白色、珍珠色系列车蜡。

进行汽车打蜡时，首先要在清洗车身时去除灰尘和污物后，将蜡均匀地涂在海绵绒布上，在漆面上进行环状抛擦，直到光亮为止。注意经常清洗擦布，并避免车蜡接触到橡胶和塑料部件。一次作业要连续完成，不可涂涂停停，一般蜡层涂匀后5～10min，应用新毛巾擦亮，但快速车蜡应边涂边抛光。

打蜡的周期，每年以3～5次为宜，可根据车辆使用环境及漆面状况适当增减。

汽车打蜡应注意的事项是：

①新车不要随便打蜡。有人购回新车后便给车辆打蜡，这是不足取的。因为新车本身的漆层上已有一层保护蜡，过早打蜡反而会把新车表面的原装蜡除掉，造成不必要的浪费，一般新车购回5个月内不必打蜡。

②要掌握好打蜡频率。由于车辆行驶的环境、停放场所的不同，打蜡的时间间隔也应有所不同。一般若有车库停放，多在良好道路上行驶的车辆，每3～4个月打一次蜡；露天停放的车辆，由于风吹雨淋，最好每2～3个月打一次蜡。当然，这并非是硬性规定，一般用手触摸车身感觉不光滑时，就可再次打蜡。

③打蜡前最好用洗车水清洗车身外表的泥土和灰尘。切记不能盲目使用洗洁精和肥皂水，因其含有的氯化钠成分会侵蚀车身漆层、蜡膜和橡胶件，使车漆失去光泽、橡胶件老化。如无专用的洗车水，可用清水清洗车辆，将车体擦干后再上蜡。

④应在阴凉处给汽车打蜡，以保证车体不致发热。因为随着温度的升高，车蜡的附着度就会变差，进而影响打蜡质量。

(4)清洗车身镀铬件。汽车保险杠、后架多为镀铬件，应保持清洁。平时可用黏有汽油的布擦拭，并涂少许透明漆，以防生锈。

(5)修补划痕。汽车因意外碰撞、摩擦造成漆面划伤，视程度选择合适方法修补。如较轻，用快干漆修补；如划痕较深伤及金属，就应进行打磨、钣金、刮腻、涂层等全方位处理(最好到专业维修厂进行)。

三 内部装饰与美容

汽车内饰已形成系列，包括车窗装饰、内饰、座椅装饰、附加设备等。

(1)车窗装饰。最常见的方式是贴膜。车窗覆膜色彩斑斓，既能体现车主个性，又具有隔热、防止玻璃爆裂及隐蔽的功能。

汽车用膜自面市以来，经历过三个阶段，先后有“茶纸”“防爆膜”“防晒隔热膜”三种。选膜时，主要应该考虑膜的清晰度、透明度、隔热率、防刮伤性等。

一种极其简便的判断膜的优劣的方法是：剪下一小块膜，在地下摩擦或者拿化油器清洗剂试验，容易掉色、易刮痕的就是劣质膜，而擦不掉颜色的、不易刮伤的就是好膜。

(2)汽车内饰。内饰包括地胶、脚垫、地套、座套、靠垫、杂物箱、香水瓶等。

(3)汽车座椅装饰。最常见的是将普通面料座套换上真皮座套,或其他材料的座套、坐垫、靠垫等可供选择的装饰品。

夏天天气热、湿度大,车内容易受潮而产生很多霉菌,尤其是座椅内的海绵减振材料最易吸收潮气而被污染。所以为了保持座椅干净,应该及时更换、清洗座套,如果有条件的话,最好准备两套座套轮流使用。

(4)附加设备。它包括高档视听设备(音响、CD 机、电视机等)、纯毛地毯、桃木转向盘、桃木饰板、冰箱、热水器等。一些小摆设和小挂件也是汽车美容的组成部分。

(5)内饰的维护。车内卫生包括清洁烟灰缸、擦拭车窗、整理脚垫、脚踏等。

仪表盘、车门饰板等大部分采用塑料材质,时间长了会老化、脆化、龟裂,平时注意清洁或在仪表板、车门饰板上涂一层清洁保护水蜡,以减少损伤。

5.6 汽车日常护理

一 冷却系的检修与维护

1 水箱

检查水箱只需看副水箱水位是否在上下限之间即可。平时应养成打开主水箱盖,观察水位状况的习惯。需注意的是,必须等水温降下后才能打开水箱盖,否则有可能被水蒸气烫伤。

主水箱盖内有一橡皮垫圈,具有防止水蒸气泄漏的功能。如发现垫圈失去弹性并老化,应立即更换。

汽车使用一段时间后,水箱内壁及冷却管道中会产生水垢,水垢长时间滞留在金属表面,会造成一定的损伤并降低冷却效果。因此,当水垢较多时,应用水垢清洗剂清洗。清洗时将清洗液加入水箱,起动发动机并保持怠速运转,使水充分循环,20 ~ 30min 后排净脏水,加入清水怠速运转 10min。

2 冷却液的使用

冷却液主要成分为乙二醇,呈碱性,pH 值在 7.5 ~ 11 之间,冰点低于 -25℃,沸点高于 106℃,有效期 1 ~ 2 年。每 2 年应更换一次冷却液。加注时,首先放完原有冷却液,再关闭散热器和发动机缸体上的放水开关,将冷却液缓慢加入散热器中,直到从加水口中流出为止;然后重新连接好水箱和散热器软管,并向膨胀水箱中加注冷却液,使其液面高度达到膨胀水箱中部略高处为止;最好安装好散热器盖,起动发动机,使其怠速运转,直到膨胀水箱中没有空气出现为止。

3 节温器的检查与维护

节温器发生故障时，会导致发动机升温慢，低速行驶时温度偏低，这一现象在冬季尤为突出。节温器阀门不开启的表现为水箱上水室热而下水室很凉，应进行检查和维修。

实际检查过程中，还应考虑具体车型。如上海桑塔纳轿车发动机的冷却风扇由电动机驱动，它受散热器上温控开关控制，当散热器的温度为93～98℃时，风扇开始运转；当散热器温度下降到88～93℃时，风扇停止工作。如发动机熄火后，散热器温度低于88℃，风扇还在工作为不正常；发动机运转时，如散热器温度高于93℃，风扇不转动也不正常，需检修或更换温控开关。

二 轮胎的检查和换位

1 检查轮胎状况

1）轮胎气压

拧开轮胎气嘴防尘帽，用轮胎气压表测量轮胎气压，其值应符合规定。气压不足时，应补气；气压过高时，应适当放气。若气压过低，应检查有无漏气现象。

2）检查轮胎胎面磨损情况

检查轮胎侧面有无划伤、胎冠有无裂纹。

当轮胎磨损标记显露出来时，应更换轮胎如图5-31所示。小型车的轮胎在胎面上嵌入的磨损标记（一般有8条，宽度为12.5mm）位于轮胎侧壁，有“TW 1”标记。对行驶于一般道路的车辆，当其花纹深度小于1.6mm（行驶于高速路的小于2.4mm；行驶于雪地的小于4.0mm）时，磨损指示带就会显露出来。如果能从邻近的两个以上槽中看到磨损指示带，轮胎就应更换；如果轮胎上有硬伤切口或暴露帘线的裂隙及出现凸起等现象，说明轮胎存在严重的故障隐患，也应更换。使用中应避免轮胎磨损到露出磨损标记。若轮胎磨损到这种程度，非常容易导致不安全事故的发生，应稍微提前更换。

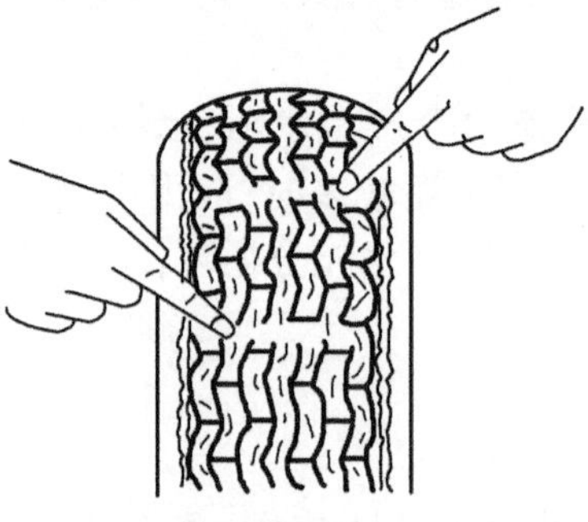

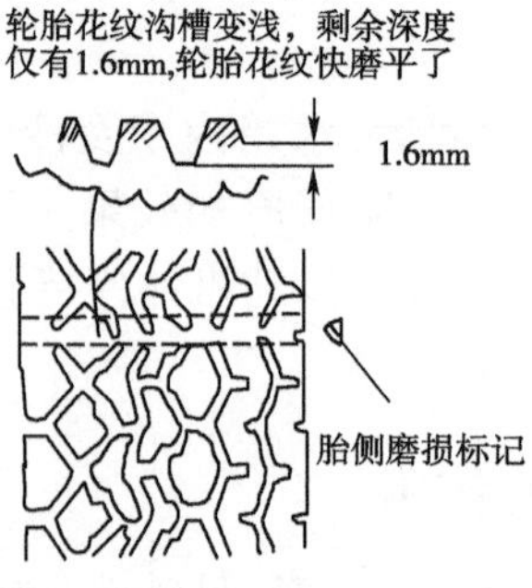

图5-31 轮胎磨损标记

更换轮胎应符合汽车本身的要求，规格合乎规定。为保证行车安全，若使用冬季全天候轮胎（图5-32）必须将全车轮胎同时更换。

轮胎胎面的磨损可反映出车辆使用情况和转向系统的技术状况。当转向系统技术状况正常并能正确使用时,轮胎没有异常磨损现象。当上述环节出现异常时,轮胎就会出现异常磨损,如图 5-33 所示。

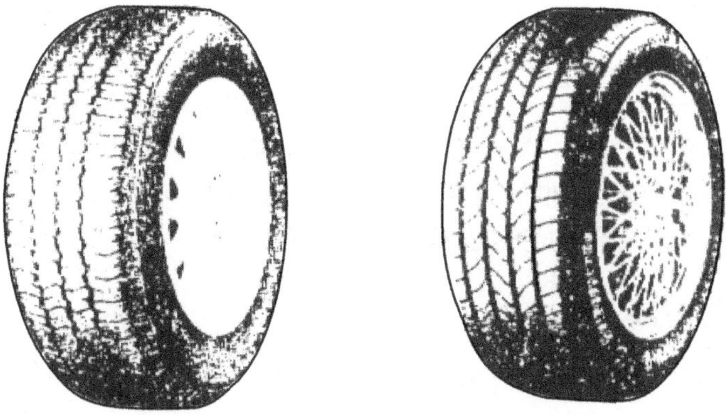

a)四轮驱动车用全天候轮胎

b)轿车用全天候轮胎

图 5-32　全天候轮胎

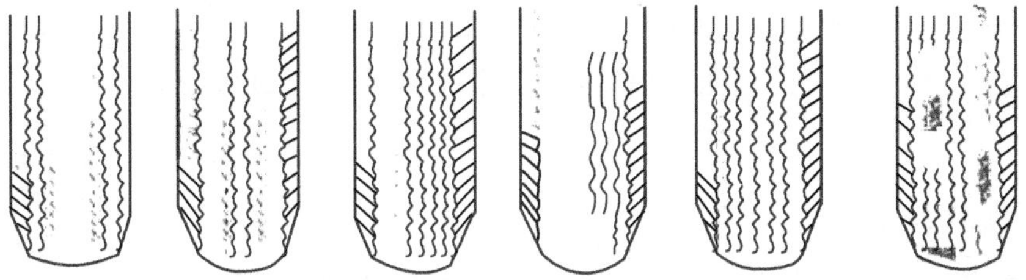

气压过高　气压过低　前轮前束不正确　前轮外倾不正确　轮辋翘曲　轮胎动平衡失调

图 5-33　轮胎胎面异常磨损

2 轮胎换位

轮胎换位能使胎面磨损均匀,延长使用寿命。换位时应根据轮胎特点采用不同换位方法。换位间隔时间一般为新胎用到 15000km 行程时,以后每行驶 10000km 进行一次。轮胎换位方法很多,小型四轮汽车换位法如图 5-34 所示。换位时需注意子午线胎与斜交胎不能混装。

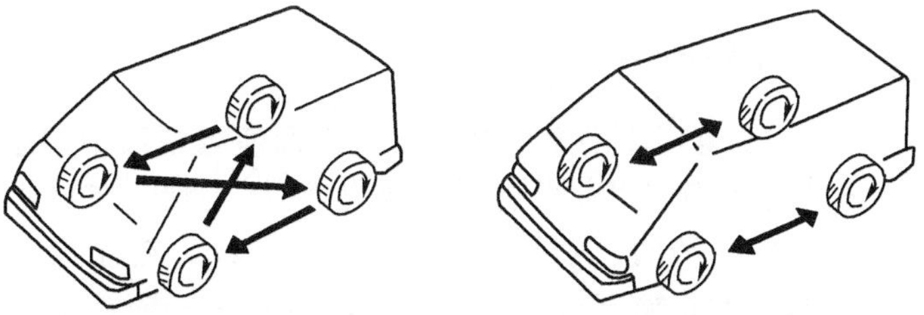

a)斜交轮胎的换位

b)子午线轮胎的换位

图 5-34　小型四轮汽车轮胎换位方法

三 火花塞的维护

火花塞间隙的大小对发动机性能影响很大:间隙过小,不仅火花微弱,还易因积炭而产生漏电;间隙过大,所需击穿电压较高,不仅发动机不易起动,而且高转速时易发生“缺火”现象。目前广泛采用的计算机控制点火系统,火花塞间隙一般为 1.0 ~ 1.2mm。

1 火花塞的检查

逐缸卸下火花塞进行检查。若火花塞电极呈灰白色，且无积炭，说明工作正常；若电极严重烧蚀或有积炭甚至污迹，说明有故障。

对燃烧状态不好的火花塞，应进行清洁（去除火花塞磁体上的积炭和污物），然后检查其性能。检查时，将火花塞放在缸体上，用中央高压线接触其接线柱，打开点火开关使高压电跳火，让高压电通过火花塞，如果从火花塞间隙处跳火，基本可说明火花塞是好的；如果间隙不跳火，说明火花塞内部磁体的绝缘已被击穿，需更换。

2 火花塞的清洁

如果火花塞有油污和积炭，应清洗干净；瓷芯如有损坏、破裂，应更换火花塞。清除积炭时，不要用火烧烤。

3 检调电极间隙

火花塞电极间隙因车而异。若间隙太大，可用工具敲打外电极进行调整，但不要用力过大，否则外电极可能会因过度弯曲而损坏；若间隙过小，可用平口螺丝刀插入电极间隙，将其调整到符合要求。

4 更换火花塞

火花塞的使用寿命一般为20000～30000km。使用达到寿命极限时，电极部分会烧蚀成圆形，需更换。

四 蓄电池的检查和维护

蓄电池的使用寿命一般为2～3年。汽油机汽车所用蓄电池电压为12V，内装铅板、隔板和电解液。使用中应随时注意电极桩的清洁。如极桩上有氧化物，可用布蘸热水将其擦净；如果仍有擦不掉的锈斑，可用砂纸将其磨光，再用刷子刷干净。在极桩上涂润滑脂是最好的维护方法。保持蓄电池表面的干燥，可减轻电量的逐渐消耗。

1 蓄电池液面高度的检查

正常工作情况下，由于发电机不断地向蓄电池充电而使电解液中的水因电解、蒸发而损耗，导致液面下降、硫酸与水比例失调，影响了充放电效果。因此，在日常维护中，如果发现蓄电池液面低于壳体上的min线时，应添加蒸馏水至max线。需注意的是，既不能用自来水、天然水代替蒸馏水（其中的杂质会加大蓄电池自放电），也不能补充市售电解液（以免导致硫酸浓度过大）。

2 蓄电池的充电

蓄电池一般在行驶3个月或10000km时进行一次补充充电。定期、及时的补充充电，能及时消除硫化，恢复容量。

（1）充电前，应检查、补充电解液液面高度，使其达到规定。

（2）接通充电机，以蓄电池额定容量10%的充电电流进行充电。当单格电压达2.4V

时，将充电电流减少一半。当单格电压达2.7V时，充电结束。

(3)充电结束后，对电解液相对密度进行检查和调整。标准相对密度值为1.26～1.30。如浓度过小，可加入相对密度为1.40的浓电解液；如浓度过大，可用蒸馏水稀释，调整后再以小电流继续充电30min左右，使电解液混合均匀。

3 检查电解液相对密度

电解液密度的大小随蓄电池充、放电程度的不同而有所变化。电解液相对密度小于1.23，说明蓄电池需充电。

4 蓄电池更换

如果汽车浸水或发生车祸，都需将蓄电池从车上拆下(先拆负极后拆正极，安装时顺序相反)重新充电或换用新蓄电池。需注意的是，蓄电池拆下再装回时，车上的时钟需重新调整；若车门锁、音响等有密码设定，也必须重新设定密码后才能工作。

5 免维护蓄电池使用

免维护蓄电池与常规蓄电池的作用原理相同。但前者的外壳是密封的，没有加水口，电解液中的水蒸发后并非跑到蓄电池之外，而是在密封的壳体内冷凝后流回，使之保持正常浓度。它的使用寿命一般为4年左右。

免维护蓄电池可通过在其上所设的一个电量监视器检测存电的多少，监视器颜色的变换表明电解液中硫酸及水的比例，因而间接反映了蓄电池的存电状况。这一检查程序可以丰田汽车装用的免维护蓄电池为例加以说明：A型密度计呈绿色时，说明蓄电池放电量在25%以下；呈浅黑色时，说明蓄电池需充电；呈透明或浅黄色时，说明电解液已低于极板，蓄电池报废。B型密度计呈蓝色时，说明蓄电池放电在25%以下；呈白色时，说明蓄电池需充电；呈红色时，说明电解液低于极板，蓄电池报废。

免维护蓄电池也需进行充电，充电方法与普通蓄电池相同。充电时每单格电压应限制在2.3～2.4V之间。

当免维护蓄电池接近报废时，即使充电，使用寿命也不会保持太长，只能作为救急措施。

5.7 汽车部分故障的应急处理

一 制动失灵

当制动失灵时，驾驶员首先要保持冷静，根据路况和车速控制好方向的同时迅速减挡，利用发动机的牵引阻力来控制车速。减挡时，把高速挡迅速换入中低速挡，这时发动机会有很大的牵引阻力使车速迅速降低，同时也可以用驻车制动配合换入低速挡，然后用驻车制动控制车辆停住。如果利用驻车制动效果不好,可以快速观察判断利用周围障碍物使车辆停下,或低速控制车辆至平坦路段逐渐停下。

当上坡制动失灵时,应适时挂入中低挡,保持足够的动力驶上坡顶停车。如果需要半坡停车,应保持前进低挡位,拉紧驻车制动,随车人员要及时用石块、垫木等物卡住车轮,假如出现后滑现象,车尾应朝山坡或安全一面,并打开前照灯和紧急信号灯,这样可以引起前后车辆的注意和避让。车子不减速,直接向周围物体上靠的方法是极危险的,高速剧烈地乱撞会直接损坏车辆,同时容易被物体反弹造成碰撞和翻车。

此外,还应注意的是车辆在下长坡、陡坡时,不论有无情况都应该踩一下制动。它的好处在于一旦发现制动失灵,可以赢得控制事故的时间,减少惊慌情绪,做到冷静控制车辆。

二 转向失控

(1)现象:当转向机构中有零件破裂、脱落、卡滞时,会使转向机构突然失控。

(2)对策:遇到转向失控,要沉着冷静判明险情程度,尽快制动停车,同时对其他汽车的驾驶员和行人信号示警,如打开紧急闪烁灯和前照灯,鸣喇叭并打手势。对于装有助力转向和助力制动的汽车,若突然发现转向困难,或制动不灵,说明助力部件出了故障,要谨慎驾驶,低速前进,在适当地点将车修好。

三 轮胎爆胎

爆胎之前,往往不易被发现,在听到爆炸声,并随之出现强烈跑偏、摇摆等现象时才意识到。前轮爆胎危险较大,往往导致急剧跑偏,容易造成撞车、冲出路面乃至翻车等严重事故。

一般说来,驾驶员听到爆胎声的第一反应是踩制动,而这是最危险的动作。正确做法是:不要惊慌,双手紧握转向盘,保持车辆直线行驶,同时缓抬加速踏板,让车辆自然减速,待车速降低后,再轻踩制动踏板,并打开右转向灯,让车辆向路边安全地带缓缓停靠。

(1)前轮爆胎的处置。前轮爆胎后,汽车会立即向爆胎侧偏驶,危险较大。此时驾驶员一定要极力控制转向盘,及时矫正汽车大幅度的偏驶倾向,轻踩制动踏板,千万不要紧急制动,以免车头部分承受太大的力。爆胎的前轮会不平稳地滚动,甚至可能脱离轮辋。此时,也可以迅速换低速挡,用发动机牵阻作用把车速将下来,并停到较为安全的地方。

(2)后轮爆胎的处置。后轮爆胎,汽车尾部会摇摆不定、颠簸不止,但汽车不会失控,相对安全。正确做法是:保持镇定,双手控制住转向盘,让车保持直线行驶,最好使用反复"点制动"的方式,把汽车重心前移,使完好的前轮受力,以减轻后轮胎所受负荷,同时注意不要过分踩制动踏板。

四 车轮脱落

行驶中车轮脱落非常危险,会导致汽车失控,甚至翻车;脱落的车轮甩出去,还会伤及路人和其他车辆。轮胎脱落多因轮轴固定螺母脱落或轮胎固定螺母断裂所致。遇到这种情况,整车会失去平衡,车轮脱落就会露出制动盘(鼓)或轮轴,这些机件戳入地面,就会形成回转中心,使车辆绕其转动。发生车轮脱落时,驾驶员应立即松开加速踏板,采取紧急制动，并用双手将转向盘向汽车回转相反方向打，尽快将车停下，以防止危险程度进一步发展。

五 离合器分离不开

发动机起动后，完全踩下离合器踏板仍难以挂上挡；或变速杆在一挡上，踩下离合器踏板起动发动机时，汽车就立即前行或起动不了，这是手动挡汽车离合器分离不开的典型表现。这种故障，轻则换挡困难，并发出打齿声；重则挂不上挡，无法正常起步。

途中应急处理时，应首先检查储油罐内油液是否缺失。如果油液为普通的缺失，可进行补充；如果补充后无效，应请修理厂进行救援。

如果离合器分离不开，无法正常起步，应急情况下可以不用离合器起步，方法有以下3种：

(1)首先起动发动机，在怠速运转下，用人力或其他外力推动汽车前进后，再挂入一挡行驶。

(2)当无人可助时，可先挂一挡带挡起动发动机，当车辆起步后再加速至2挡换挡。

(3)如果无法带挡起动，只能先起动发动机，在猛踩加速踏板的同时迅速换入低速挡强行起步。此法操纵较难，也易损坏变速器，尽量不用。

六 润滑油压力降为零

汽车在运行中，润滑油表针突然指在零位，这可能是个非常严重的问题，处理不好会出大事故，造成很大的损失；也可能只是个普通的小毛病，因为润滑油压力表指针指向零不一定等于润滑油压力为零。但遇到这种情况，必须引起重视。

处理方法如下：

(1)要立即停车查明原因。先检查外部有没有润滑油泄露的痕迹，5min后检查油尺的刻度，如果有泄漏，说明润滑油管路、滤清器盖等某处破裂或油底壳放污螺塞松脱而漏油，应及时给予修复，然后加速，之后再起动发动机。

(2)若润滑油数量足够，且外部没有泄露痕迹，在检查润滑油压力表到感应塞的连线是否完好。如果松脱，接好后起动发动机观察润滑油压力是否正常。

(3)如果润滑油压力表到感应塞的连线完好，不能盲目起动发动机，则需要查看供油情况，若没有问题，可继续行驶，到维修点详细检查。

七 油底壳破碎

如果油底壳穿孔，可用锥形木棒塞住，也可用布条卷成锥形塞住，塞得越紧越好。然后用一布袋将其箍紧固定，以免行车中堵塞物掉出。

在维修站检查维修油底壳有裂缝漏油时，可将润滑油放出，拆下油底壳，将胶布或塑料布剪成比裂缝稍大一些，形状大体相同的补衬垫，放在裂缝上，再在上面压一块铁皮。裂缝处的周围及铁皮上钻若干个小孔，用金属丝插入孔内，将铁皮铆在油底壳上，即可防漏。

油底壳修复后，如润滑油不够而又无润滑油补充时，可临时用花生油、棉籽油、豆油等临时代用。待有条件补充润滑油时，需将油底壳清洗干净。

本章小结

1. 家用汽车的选购，应该遵守“需求第一、物有所值、量力而行”的基本原则。而确定具体的购买车型时，应该从用途、经济实力、道路状况、汽车动力性及发动机类型、汽车质量、安全性、维修保障体系、操纵性能、汽车配置、汽车重量等十个方面去考虑。选择汽车颜色时，需要考虑五个方面的协调：与用车环境相协调，与车型相协调，与车主的气质、个性和心理需求相协调，与交通安全相协调，与维护与维修相协调。

2. 车主接车时，应通过检查底盘与蓄电池、观察是否属于新车、倾听发动机声音、观看车身外观、检查驾驶舱、挑选离合器与制动器、体验行车感受等方面来检查车的质量。

3. 汽车运行材料主要有润滑油、制动液、齿轮润滑油、汽油、三滤等。

4. 新车使用时，需要注意做好走合前、走合中、走合后的维护。

5. 驾驶汽车必须持有相应的驾驶证。驾驶证实行年检制和道路交通安全违法行为累积记分制。一名合格的驾驶员，应该掌握不同路况下的驾驶操作。

6. 汽车美容与装饰包括护理用品的选用、外部装饰、内部装饰。

7. 汽车在日常护理时，主要包括冷却系、轮胎、火花塞、蓄电池等项目的维护。

8. 行车中，部分严重影响行车安全的故障主要有：制动失灵、转向失控、车轮脱落、离合器分离不开、润滑油压力降为零、油底壳破碎等，应该掌握应急处理的基本方法。

习题

一、填空题

1. 选购家用轿车的具体车型时，应该主要考虑＿＿＿＿＿＿、＿＿＿＿＿＿和＿＿＿＿＿＿的原则。

2. 所谓“零公里”车，是指里程表的所显示的行驶里程数不超过＿＿＿＿＿＿km。

3. 在润滑油标识 SAE10W 中，W 代表＿＿＿＿＿＿，1W 代表＿＿＿＿＿＿。

4. 汽油发动机的换油周期一般为＿＿＿＿＿＿km，柴油发动机的换油周期一般为＿＿＿＿＿＿km。

5. 汽车的走合期里程一般为＿＿＿＿＿＿km。

6. 高速公路行车，若汽车以 100km/h 的速度行驶，应与前车保持＿＿＿＿＿＿m 以上的车距；遇有风、雨、雪、雾天气，道路湿滑时，应将此距离拉大＿＿＿＿＿＿倍。

7. 汽车打蜡的周期，每年以＿＿＿＿＿＿次为宜。

8. 轮胎换位间隔时间一般为新胎用到＿＿＿＿＿＿km 行程时，以后每行驶＿＿＿＿＿＿km 进行一次。

9. 火花塞间隙一般为＿＿＿＿＿＿mm。

10. 电解液密度小于＿＿＿＿＿＿时，说明蓄电池需充电。

二、简答题

1. 家用汽车选购原则是什么？

2. 选择润滑油，应该遵循哪四条基本原则？

3. 汽车在走合期的主要维护内容包括哪些？

4. 转向倒车时，应采用什么样的操作方法？
5. 超车有哪些禁忌？
6. 汽车坡道起步操作失败，一般是什么原因造成的？
7. 坡道停车，应该掌握什么要领？
8. 为何下长坡时，不准熄火滑行？
9. 为何要进行轮胎换位？
10. 行车时，若遇轮胎爆胎，怎么处置？

参 考 文 献

[1] 李景芝,张祖斌.汽车的故事[M].济南:山东科技出版社,2000.
[2] 李景芝,刘有星.汽车维修服务接待[M].北京:人民交通出版社,2010.
[3] 蔡兴旺.汽车概论[M].北京:机械工业出版社,2005.
[4] 孙东升.汽车概论[M].武汉:武汉理工大学出版社,2008.
[5] 王彤.汽车概论[M].北京:人民交通出版社,1997.
[6] 金国栋,唐新蓬.汽车概论[M].北京:机械工业出版社,2002.